10간干12지支와 태극太極

# 나는 36°C다

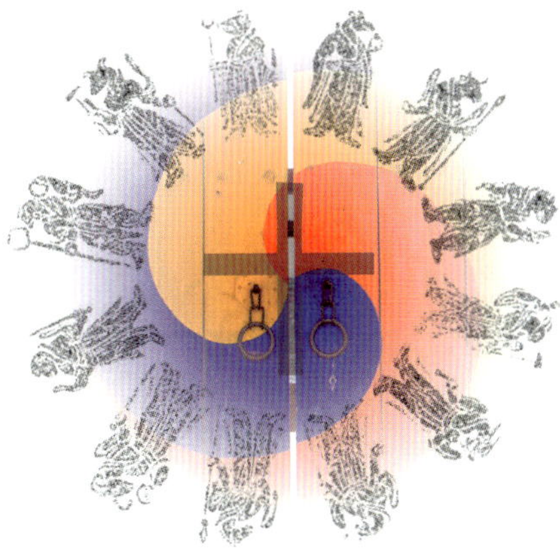

10간干12지支와 태극太極
나는 36°C다

초판 인쇄 2021년 6월 10일
초판 발행 2021년 6월 15일

지은이/ 정귀성
엮은이/ 박행원
펴낸이/ 남기수
펴낸곳/ 도깨비
출판등록. 제 1989-3호(1989년 5월 8일)
주소. 부산광역시 북구 금곡대로 268.
전화. 051-518-1591

ISBN 978-89-88104-65-1 03440
책값은 표지에 있으며, 잘못된 책은 바꾸어 드립니다.

10간干12지支와 태극太極

# 나는 36℃다

정귀성 지음

깨비

# 책머리에

1.

10간(干)12지(支)는 지구에 살고 있는 모든 생명체를 이해하는데 매우 중요한 개념이다. 그리고 10간12지를 이해하기 위해서는 태양이나 태양계에서 목성과 지구와의 관계를 정확하게 이해해야 한다. 지구 생명체의 생체기본온도 36℃를 기준으로 10배(10간)한 값이 지구의 태양공전주기(360일, 1년)가 되고, 그 지구공전주기에 12배(12지)한 값이 목성의 태양공전주기(12년)가 된다. 이것을 10간12지라고 하며, 10간12지나 60(10간12지로 이루어진 60갑자)이라는 숫자는 지구 생명체의 탄생과 성장과정에서 매우 중요한 의미를 갖는다.

이 책에서 태양은 3개, 달은 2개로 설명한다. 태양은 우리가 알고 있는 태양과 함께 한빛(무한초점)태양과 흰빛태양이라는 두 개의 태양(으로 생기는 현상)을 더하여 이해해야 한다. 한빛태양은 태양의 무한초점focus의 현상이며, 흰빛태양은 지구 대기권의 $CO_2$층에 의한 스크린screen 현상이다.

지구의 중위도 지역에서 살고 있는 우리는 매일 이른 아침과 저녁에 빨간 한빛(무한초점)태양과 낮의 흰빛태양을 관찰할 수 있다. 이 빨간(한빛)태양에서 흰빛태양으로 변화하는, 즉 빨간색, 노란색, 흰색, 청색의 변화과정을 '색동'이라고 하고, 이 변화는 한빛태양과 흰빛태양의 밝기비율 때문에 나타나는 현상이다. 한빛태양과 흰빛태양의 (초점)직경비율은 400:109로 이 비율은 태양계에서 매우 중요하며, 지구와 달의 직경비율과 일치한다. 또한 달의공전거리는 지구 직경, 한빛태양 직경(해무리), 달의 무한초점 직경(달무리), 이 3가지의 직경이 일치해야 한다. 태양의 초점현상과 초점효과는 본문에서 자세히 설명한다.

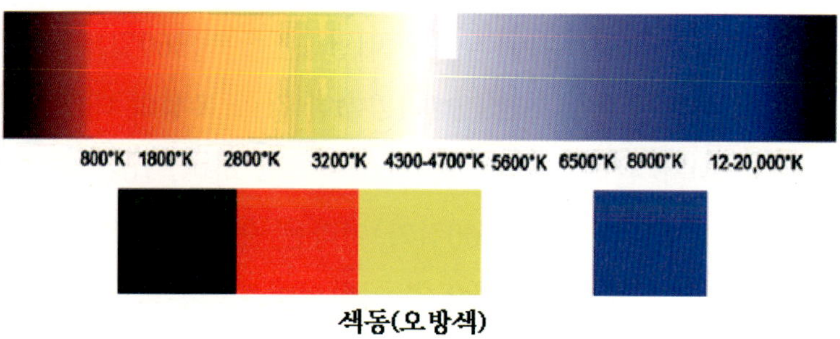


그림1. 색동순서

그림1의 위쪽은 탄소에 열을 가했을 때 가열온도에 따라서 나타나는 빛의 색을 나타내며, Color temperature(색온도)라고 한다. 색온도의 우리말인 색동은 한빛태양과 흰빛태양의 밝기 비율에 따라 변화하는 빛의 색을 의미하며, 개념적으로는 같다. 영어로 흰빛을 White color라고 하고, 흰색은 그냥 White로 사용한다.

2.

한빛태양(무한초점태양)은 태양 표면이 13.5배(400:109)로 증폭되어 투영된 것으로 온도나 모양은 태양과 같지만, 우주 공간의 절대온도 때문에 식어서 빨간색의 태양으로 관찰된다. 이 한빛태양의 온실효과로 태양은 우주 공간의 절대온도에서도 식지 않고 무한의 에너지를 갖게 된다. 수소핵융합에 의해서 태양이 무한의 에너지를 갖는다고 하는 이론은 극히 잘못된 것이며, 흰빛태양도 $CO_2$층에서 $CO_2$를 태워 빛과 열을 증폭해서 지구에 공급한다.

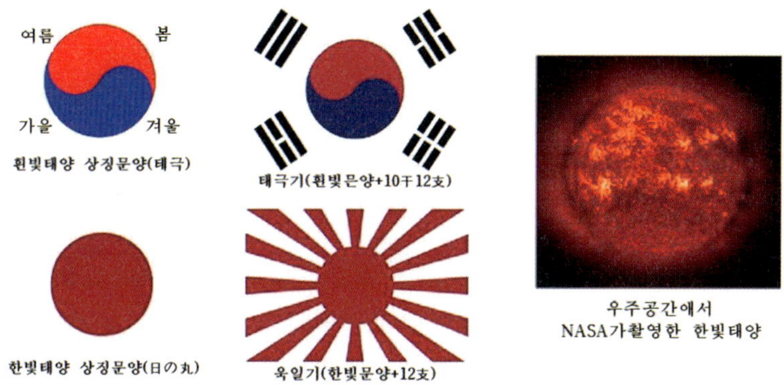


그림2. 한빛태양과 흰빛태양의 상징문양

그림2는 태양의 상징문양들이다. 한빛태양은 단순한 문양 Symbol으로 日の丸(일본국기)로 표현하지만, 우리말로는 '귤'이라고 하는 것이 올바른 표현으로 생각된다. 욱일기는 12지를 상징하는 12줄이 정상이며, 욱일기가 정확하게 무엇인지

를 모르기 때문에 다양한 줄을 사용하는 것으로 생각한다. 태극은 흰빛태양의 상징문양이고 회전방향은 북반부 기준으로 지구 자전 및 공전방향을, 물방울 모양은 온도변화를 나타낸다. 북반부는 동지가 기준이기 때문에 우측 상단이 기준점으로, 좌측 방향으로 4계절 봄, 여름, 가을, 겨울을 나타낸다. 태극기는 태극에 10간12지를 포함하여 매우 다양한 의미를 나타내는 문양이다.

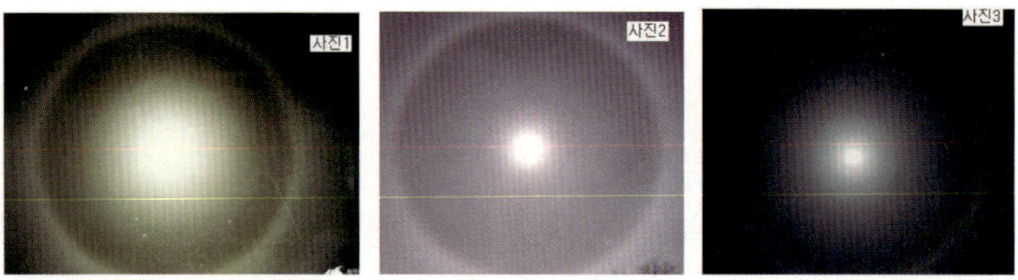


사진1. 달과 달무리

달도 사진1과 같이 우리가 알고 있는 달과 무한반사초점달의 2개가 있다. 달과 무한반사초점달의 밝기 비율 때문에 평소에는 관찰이 어렵지만, 구름이나 기타의 원인으로 달의 밝기가 어두워지면 무한반사초점달의 밝기가 밝은 외곽형태, 즉 달무리 현상이 관찰된다. 태양, 지구, 달은 자전속도가 같고 공전하기 때문에 어디에서 관찰해도 같은 면만 관찰된다. 즉 지구에서 태양이나 달은 항상 같은 면만 관찰되므로, 마치 정지된 것처럼 느껴지는 것이다.

사진2는 세계 각 지역의 인터넷 검색자료에서 일출사진을

사진2. 세계각지역의 일출

모은 것이다. 수평축에서는 한빛태양의 관찰이 어렵고 흰빛 태양의 색만 바뀐다. 중위도에서는 한빛태양이 선명하게 관찰되지만, 고위도(북, 남반부)에서 한빛태양은 대기산란의 영향으로 넓게 퍼져 보인다.

태양은 준 액체상태(마그마)의 물질로, 지구 인력 때문에 태양 표면이 늘어나게 된다. 따라서 태양 초점이 지구 중심에 이르게 되어 극지에서 관찰되는 태양은 점으로 관찰되어야 하지만, 지구의 기울기거리(2,541㎞) 때문에 점으로 관찰되지 않게 된다. 우주공간에서 관찰하면 붉은색의 한빛(무한초점)태양을 관찰할 수가 있다. 그림2의 한빛태양(NASA촬영)에서와 같이 검은색은 표면에서 튀어나온 부분(산)이고, 노란색 부분은 계곡으로 태양의 표면이 완전한 평면이면 적색만 관찰되고, 이러한 울퉁불퉁한 구 모양을 우리말로는 '귤'이라고 한다.

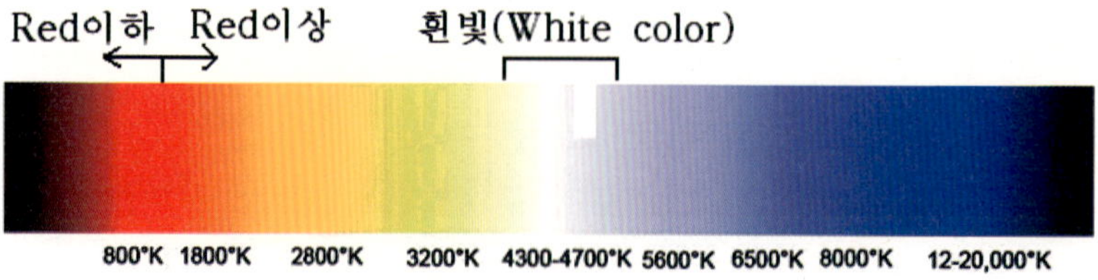


그림3. 색온도표(Color Temperature Chart)

3.

빛의 속도는 30만km/s라고 알려져 있지만 이는 잘못된 것이다. 빛은 본래 속도가 없는 것이지만 그림3에서와 같이 Red 이하는 밝기신호를 포함하지 않는 순수AC신호이기 때문에 30만km/s의 전파속도를 갖고 있지만, 밝기신호를 포함하는 Red이상의 신호는 그 속도가 무한대다. 따라서 AC신호 1 Cycle(Hz)의 파장 길이가 30만㎞이므로, 빛의 속도가 아니라 전파속도30만km/s라고 하는 것이 정확한 표현이다.

지구나 태양의 은하공전속도(217km/s)때문에 지구에서 2억km 이상 떨어진 모든 항성은 흰빛으로 관찰되며 전파통신은 불가능하다. 즉 우주공간의 모든 항성은 그림2의 한빛태양의 사진처럼 Red로 관찰되어야 하지만, Red는 30만km/s전파속도를 갖기 때문에 지구에서 Red는 관찰이 불가능하고, 흰빛은 속도가 무한대이기 때문에 우주공간에서 손실이 거의 없어서, 지구에서 전파속도로 수십억 년 거리의 별(항성)도 관찰이 가능하게 되는 것이다. 따라서 30만km라고 하면 순수AC신호 1 Cycle(Hz)의 파장 길이(Wave length)이고, 30

만km/s는 빛의 속도가 아니라 전파속도를 의미한다.

전파통신에서 전파는 30만km/s의 속도를 갖기 때문에 필수적으로 원거리통신은 공간손실이 크고, 지연Delay현상으로 원격제어에도 부적합하다. 따라서 속도가 무한대인 전파는 작은 출력으로 지연이 없는 원거리(수십억㎞)통신이 가능하기 때문에 이 전파를 이용한 통신기술개발이 필요하다.

4.
기체는 몇 가지 성질 중에서 빛과 열을 증폭하는 성질이 있다. 대표적으로 산소($O_2$), 이산화탄소($CO_2$), 수소(H), 기타 등이 있으며,

1) 산소($O_2$)는 주로 열을 증폭하고, 증폭도는 수십 배이고, 증폭도(Amplification)는 공급량에 비례한다.
2) 이산화탄소($CO_2$)는 빛과 열을 비슷한 비율로 증폭하고, 증폭도는 수백 배이고 증폭도는 공급량에 비례한다.
3) 수소(H)는 주로 흰빛을 증폭하고, 증폭도는 수천 배로, 증폭도는 공급량에 비례한다.

흰빛태양은 지구 $CO_2$층에서 $CO_2$를 태워서 빛과 열을 지구에 공급하는데, 지구에서 발생되는 $CO_2$발생량은 일정한 것이 아니라 들쭉날쭉하기 때문에 지구온도의 변화폭(일교차)

이 크다. 이 변화폭을 줄여주기 위해서 북극과 남극의 빙하가 존재하는데, 지구에서 발생되는 $CO_2$량이 기준치를 초과해서 흰빛태양의 열 증가(온난화)로 북극과 남극빙하가 녹고 있다. 이에 따라 빙하에 숨겨져 있던 저온·고온바이러스가 동작하여 $CO_2$발생량이 많은 최상위 포식자를 제거해서 지구의 온도를 조절하게 된다. 그런데 그 증가폭이 너무 급격하게 증가하여, 살상력이 우수한 고온바이러스(코로나19)가 지속적으로 발생하고 있다.

사진3. 북극빙하상태 비교

사진3은 인터넷 검색 자료로 북극 빙하의 상태를 비교한 사진이다.

5.

저온 및 고온바이러스(Virus, 코로나19)에 대해 지금 전 인류가 전전긍긍하고 있다. 저온바이러스는 일반적으로 독감이라는 것으로, 고온바이러스에 비해서 독성이 약하기 때문에 살상능력이 낮다. 하지만 고온바이러스는 치명적이며 지구온도가 증가할수록 그 독성은 강해지는 특성을 갖고 있다. 저온바이러스의 동작방식은 높은 온도에서 낮은 온도로 변화할 때 활성화되고, 고온바이러스는 반대로 낮은 온도에서 높은 온도로 변화할 때 활성화되며 전염성이 매우 강한 특성이 있다.

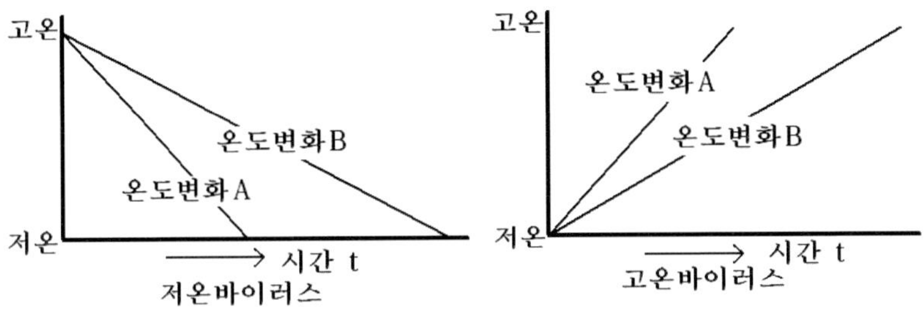


그림4. 온도변화와 바이러스발생량

그림4에서 단위시간 동안 온도변화 폭이 클수록(A) 발생량이 많고, 적을수록(B) 발생량은 줄어든다. 즉 일교차가 크면 클수록 고온바이러스(코로나19)의 발생량이 증가해서 감염발생률이 높게 된다.

저온바이러스는 빙하가 대략 30% 이내로 녹을 때 발생하고, 고온바이러스는 빙하가 대략70% 이상 녹아내릴 때부터 발생하며, 고온바이러스가 동작하면 저온바이러스(독감)는 발생이 안 된다. 따라서 현재 독감바이러스에 의한 사망자수가 줄어드는 것은 독감백신을 맞아서 예방이 되는 것이 아니라 저온바이러스는 발생이 안 되기 때문이므로 독감백신 주사는 맞을 필요가 없다.

1) 고온바이러스는 혈액pH 농도와 온도변화(일교차) 조건에 의해 활성화되면, 인두실에서 구강선분비액을 영양분으로 증식하여 숨을 쉴 때마다 허파의 꽈리에 달라붙어 산소흡수량을 현저하게 감소시켜 산소부족증으로 사망에 이르게 한다. 허파꽈리표면의 탄력성이 우수한 건강한 사람은 피해가 경미하거나 적지만, 혈액pH 농도(5.0pH이하)가 낮아서 탄력성이 떨어지면 왕관처럼 생긴 고온바이러스가 허파꽈리에 달라붙어서 피해가 크게 된다.

2) 북・남극의 빙하가 녹아서 지구의 미세온도조절 기능이 사라지면 지구온도의 변화폭(일교차)이 크게 되고, 변화폭이 크면 클수록 고온바이러스 발생량이 많아진다. 따라서 지역에 따라서 발생건수에도 차이가 발생한다.

3) 우리나라에서 신천지나 사랑의 교회 등에서 집단으로 발생하는 원인은 따로 있다. 온도가 낮은 교회 안으로 많은 사람이 동시에 입장하게 되면 교회내부의 온도가 급격하게 증가해서 고온바이러스(코로나19)가 활성화되어, 혈액pH농도가 낮은 사람부터 감염증식 되어 주변 바이러스의 밀도를 상승시켜 집단으로 감염시킨다. 따라서 고온바이러스의 밀도를 낮춰주는 마스크 쓰기나 거리 두기는 상당한 효과가 있다.

4) 북・남극의 빙하가 원상복구가 안 되면 북반부 기준으로 겨울에는 북극에서, 여름에는 남극에서 고온바이러스가 유입

되어 독성이 매년 2씩 증가한다. 따라서 2020년을 기준으로 코로나19가 2021년에는 코로나21, 2022년에는 23, …하는 식으로 명명되는 것이 바람직스럽고, 현재처럼 변이 바이러스로 지칭하면 오히려 혼란스럽게 된다. 온도변화폭(일교차)이 점차 커지면서 독성도 증가하므로 온도증가 속도로 볼 때 대략 앞으로19년(2039년) 정도가 최대값으로 보면, 수 년 내로 대책을 강구하지 않으면 전 지구 인구의 대략 50-70% 정도가 사라질 수도 있으며 지구는 원상회복이 어려울 것으로 예측된다.

6.
어찌 보면 별의미가 없어 보이는 10간12지와 태극(태극기)을 해석하여 무엇을 할 수 있는가?

1) 기본수명으로 성장한 후에 암수를 분리하는 어종은, 대량생산에 매우 유리한 방식이다. 하지만 지구온난화로 이들 어종의 어획량이 급감하고 각종 비용의 증가로 가격이 증가하

게 되었고, 또한 이들 어종은 어린 치어의 확보가 어렵기 때문에 인공양식은 한계성이 있어 그 결과로 안정적인 인공치어 생산이 무엇보다 중요하게 되었다. 따라서 이러한 문제를 해결하기 위해서는 10간12지를 이해하고, 활용하지 않으면 안 된다.

2) 연어, 민물장어, 고등어, 전어, 멸치, 기타 등의 인공치어의 생산원가는 거의 무시할 수 있는 정도가 소요되기 때문에 마진율이 매우 높다. 이들 어종의 어린 치어는 주로 바닷물에 포함되어 있는 영양 암류를 먹이로 이용하는 어종으로, 파이프라인을 건설하면 육상 어느 곳에서나 대량으로 인공양식이나 치어의 생산이 가능하다. 때문에 경제성이 매우 높을 뿐만 아니라, 가공공장을 포함하면 고용 효과도 공업 생산에 버금갈 것으로 생각된다.

3) 우리나라는 자원이 없는 나라이지만, 어업 자원으로써 최적인 천혜의 개펄이나 다도해를 갖고 있다. 이를 적절히 이용하는 것으로 공업생산보다 더 많은 국가이익을 얻는 것이 가능할 뿐만 아니라 친환경이라는 장점도 많다.

4) 우주공간은 회전력으로 결속된 회전체의 집합체로, 항상 질량이 큰 쪽이 Master가 되고, 질량이 작은 쪽이 Slave가 된다. 회전 방향은 시계 방향과 반시계 방향으로 회전하면서 태

양, 지구, 달의 3자관계가 성립되며, 회전방향이 같으면 서로 끌어당기고, 서로 다르면 아무 작용도 하지 않는 성질이 있다. 하지만 회전각이 이루어지는 위치(공전거리)에 오면 공전하고, 회전방향이 같으면 항상 질량이 작은 회전체가 질량이 큰 회전체로 끌려간다.

여기서 회전력을 적절하게 이용하면 회전비행체(비행접시)를 만드는 것이 가능하다. 나아가 태양의 동작원리 즉 무한초점에 의한 빛과 열의 증폭 효과를 이용하면, 적은 비용으로 열에너지(전기)를 얻게 되어 미래의 식량 자원이나 에너지를 해결함으로써, 미래는 보다 나은 삶을 살아가는 것이 가능하게 된다.

## 차례

## 3부 지구생명체



## 4부 사람

1부

# 10干12支와 태극

# 10간12지와 태극

## 1. 10간(干)12지(支)

태양계는 태양의 빛과 열을 활용하여 지구의 각종 생명체를 만들기 위해 존재한다. 그리고 태양의 크기(질량)나 지구의 크기(질량)는 지구에서 생명체를 만들기 위한 단백질Protein의 기본동작온도 36°C를 기준으로 결정된다. 그 기준이 되는 변수의 값이 10간12지이고, 이 10간12지는 태양계라는 하드웨어와 지구생명체라는 소프트웨어 사이에서 연결고리 역할을 한다.

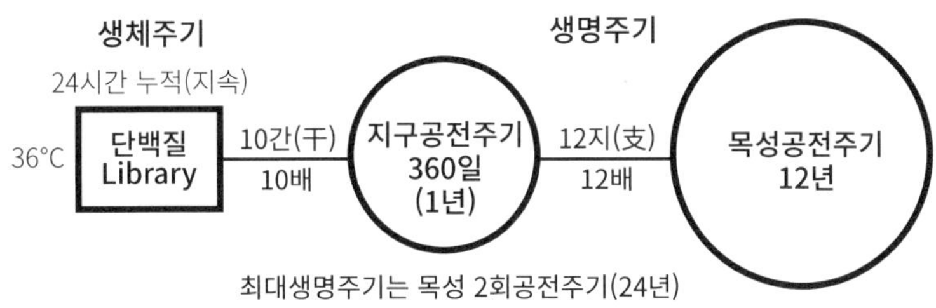


그림1. 10간12지 개념도

지구에서 생명체를 만들기 위한 단백질의 기본동작온도 36°C를 '생체기본온도'라고 한다. 이 생체기본온도가 24시간(하루)동안 누적(지속)될 때 구성요소가 가장 간단한, 즉 생명체 규모가 가장 작은(기본적인) 생명체가 만들어지는데, 이것을 '생체주기'라고 한다. 이 생체주기를 10배한 값이 '생명주기'이며, 이때의 비율 값을 '10간干'이라고 한다. 사람(여성)의 경우, 생체주기는 288일(0.8년)이며 생명주기는 8년이 된다. 또한 이 생체주기를 누적온도로 표시하는 것을 '생체누적온도'라고 한다.

식물을 포함하는 지구의 모든 생명체는 이 단백질Library의 시간변화로 탄생하게 되므로, 그 시간적인 기본값은 24시간(하루)이고, 생체주기는 생명체의 종과 종을 구별하는 최소한의 시간적인 간격(단위)을 의미한다. 또한 생체주기의 값이 클수록 생명체의 규모는 커지게 되고, 생명체의 규모가 클수록 생명주기는 길어지게 된다.

생명체에서 1초는 36℃에서 세포가 하나가 둘로 바뀌는 시간을 의미한다. 하루(24시간)는 86,400초로 세포가 36℃에서 86,400번 분화해서, 즉 2에 86,400승으로 분화해서 가장 기본적인 생명체가 만들어지는 것을 생체주기라고 하고, 온도변화에 따라서 이 시간적인 값은 차이가 발생한다. 즉 18℃에서는 2일이 걸리고, 9℃에서는 4일이 걸리는 것을 의미한다.

지구에서 생명체를 만들기 위해서는 태양열 및 기타의 열이 절대적으로 필요하다. 태양은 준 액체상태(마그마)인 구球 형태의 발광발열체로 일정거리에 에너지 밀도가 높은 무한초점을 만들게 되고, 이 무한초점에 의한 온실효과와 구 형태를 유지하기 위한 회전력(은하공전)에 의한 마찰열로 무한의 열과 빛의 에너지를 만들게 된다. 무한초점과 태양의 비율은 400:109가 된다. 또한 태양의 지구초점효과 때문에 지구 자체만으로는, 즉 지구는 완전한 형태의 구球이기 때문에 지구의 수평축에만 태양의 빛과 열이 작용하게 되어, 지구표면에서 태양열과 빛의 사용효율이 현저하게 저하하게 된다.

지구표면의 태양열과 빛의 사용 효율을 극대화시키기 위한 지구의 수직축 기울기의 기본 값은 360°/16=22.5°이지만, 4계절이 변화할 때 태양열이 겹치는 부분이 발생하게 되므로 1°Shift시켜서 23.5°를 사용하기 때문에 지구의 수직축자세제어가 필요하며, 이 수직축의 기울기는 지구의 질량과 준 액체상태인 지구 마그마의 비율 값으로 결정된다. 또한 태양의 지구초점거리제어나, 그림2에서와 같이 수직축 기울기의 방향제어는 목성을 활용하지 않으면 안 되기 때문에 이 목성과 지구의 공전주기비율은 12배가 가장 적합한 비율이 되므로 이 배율 값을 12支라고 하며, 이 12支는 지구의 질량과 마그마의 질량비율 값으로도 사용된다.

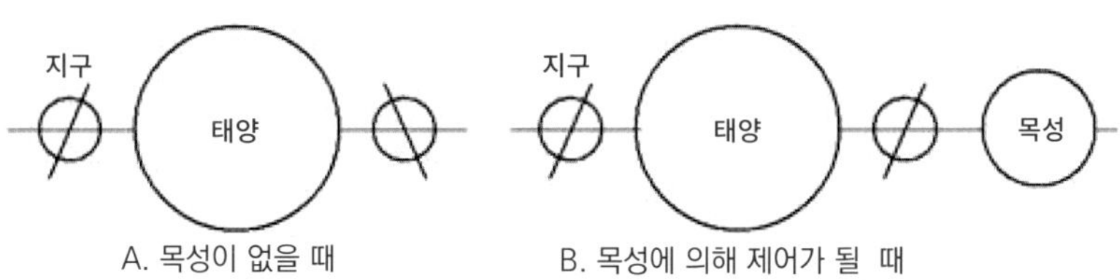


A. 목성이 없을 때 B. 목성에 의해 제어가 될 때

그림2. 목성에 의한 지구기울기 방향제어 개념도

따라서 지구마그마의 질량은 대략, 지구질량$\times 1/\sqrt{12}$가 되고, 기울기는 이 질량 값이 클수록 수직축에 가깝고, 반대로 작으면 수평축에 가깝게 된다.

12支는 여러 가지의 의미를 포함하고 있으며, 12支는 목성의 태양공전거리, 질량, 지구마그마의 총량(기울기)등을 결정하는 기준 값이 되고, 지구의 모든 생명체의 기준 시계(Reference Clock)역할을 한다. 따라서 목성은 모든 지구생명체의 수명을 결정하는 시간적인 동기신호의 기준이 된다.

생체기본온도 36℃를 12支로 나눈 값 3℃를 생체기본단위온도라고 하고, 이 생체기본단위온도는 수정되고 부화할 때 암수를 분리하는 과정이나, 생명체의 종을 구별하는데 필요한 최소온도 변화범위가 되며, 이 값은 생명체의 종류나 주위 환경조건에 따라서 2배(6℃)나 3배(9℃)의 값을 사용하기도 하고, 일정기간 동안의 상승이나 하강을 검출해서 동작한다.

따라서 생명체의 종을 구별하는 가장 기본적인 시간적인 변화는 24시간(생체주기)이고, 온도범위는 생체기본온도 36℃를 12支로 나눈 값 3℃가 생체기본단위온도가 된다. 즉 높은 산의 식물분포는 생체기본온도의 2배인 6℃를 기준으로 식물의 종류가 다르게 분포하거나, 바다에서는 3℃ 차이로 바닷물고기의 종류가 다르게 분포하는 것을 의미한다.

이를 정리하면 생체주기를 10배(10간)한 값이 지구기본공전주기가 되고, 지구공전주기를 12배(12지)한 값이 목성의 공전주기가 되며, 이 지구와 목성의 공전주기 값을 생명주기라고 하고, 생명주기의 최대값은 목성공전주기의 2배(24년)가 된다. 따라서 생명주기는 최소 10일에서 최대 24년이 되며, 10간은 생명체의 종과 종을 구별하는 간격을 정의한 것이고, 12지는 생명체의 기본수명을 정의한 것으로 생명주기와 10간12지는 서로 밀접한 관계가 있으며,

생명주기/10간=생체주기, 생명주기×12지=기본수명의 관계가 있다.

벼는 생명주기가 10일로 생체주기는 하루(24시간), 기본수명은 120일(3모작)이 되고, 사람(여성)은 생명주기가 8년으로 생체주기(임신기간)는 288일, 기본수명은 96년 즉 8년(96개월)/10간=9.6개월(288일), 8년×12지=96년이 된다.

지구의 기본공전주기는 360일이고, 지구의 기울기(4계절변화) 때문에 지구의 실제 공전주기는 365.25일이 되므로 지구공전주기에 동기하여 종족을 번식하는 지구생명체는 이 오차를 보정해 주지 않으면 안 된다. 이 공전주기오차를 보정하는 방법에는 여러가지의 방법이 있으며, 그 기준이 되는 것이 목성의 공전주기가 된다. 즉 지구 자체만으로는 질량이 작기 때문에 태양의 공전주기의 오차가 발생하게 되고, 이 오차는 수100년 정도는 별 문제가 없지만 수천 년이나 수 만년이 되면 무시할 수가 없게 된다.

따라서 지구에 비해서 질량이 큰 목성의 공전주기에 지구의

공전주기를 동기시킬 필요가 있으며, 목성의 영향을 가장 많이 받는 동지를 전후해서 지구와 달은 목성과의 동기同期를 이루게 된다. 따라서 지구생명체 시계의 기준점은 동지가 되며, 과거 농경시대는 북반부에서는 동지를, 남반부에서는 하지를 검출해서 일년의 기준점으로 사용했으며, 그 흔적들이 지구 곳곳에 남아 있고, 농경사회에서의 씨앗뿌리는 시기는 매우 중요하기 때문에 대형 건축물에 의해서 정확도를 높게 했을 것으로 생각된다.

지구 생명체에서 3이라는 숫자는 여러가지의 의미를 포함하고 있고, 매우 중요한 의미를 갖고 있으며, 과거 기록상으로 까마귀발이 3개(3족오)라든지 불가에서 108이라고 하는 것은 둘 다 같은 의미를 갖고 있으며, 이 의미를 해석하기 위해서는 10干12支를 해석해야만 그 의미를 해석하는 것이 가능한데, 이 10干12支에 대한 설명이 없이 단순하게 기록으로만 남아 있었기 때문에 지금까지 해석이 불가능했다.

여기서 3이라고 하는 의미는, 생명체 규모가 작은 생명체 즉 식물이나 Egg type(알의 형태)으로 종족을 번식하는 생명체는 그 규모가 작기 때문에 종과 종사이의 간격이 24시간(하루)으로 충분하지만, 생명체의 규모가 큰 Baby type인 생명체(온혈동물)는 종과 종의 간격이 넓어져야 하며, 최소간격이 3일(108℃) 이상 즉 기본수명이 1년 간격이 되어야 한다. 따라서 3족오足烏에서의 3은 Baby type으로 종족을 보존하는 생명체의 임신기간의 간격을 의미하고, 이를 생체누적온도로 표시하는 것이 108℃(36℃×3일)다. 따라서 까마귀발이 3개라는 것과 108이라는 숫자는 같은 의미를 갖는다.

즉 3(3일)이나 108(생체누적온도108℃)은 Baby type으로 종족을 번식하는 생명체(온혈동물)의 임신기간의 간격을 의미하며, 날짜(3일)보다는 누적온도(108℃)로 표시하는 것이 보다 정확하다. 그 이유는 임신기간은 임신기간중 자궁의 온도변화에 따라서 그 기간이 정확하게 일치하지 않기 때문이며, 사람의 경우 출산 예정일보다 늦거나 빠른 경우가 이에 해당된다. 즉 임신기간은 생체누적온도로 계산하면 정확하지만, 날짜로 계산하면 임신기간의 오차가 발생하게 된다.

## 2. Color temperature(색동, 색온도)

10干12支는 생명체의 탄생이나 성장 등에 필요한 태양열(온도)을 기준으로 한다. 지구상의 모든 생명체는 태양열 못지않게 중요한 것이 태양에서 만들어진 빛으로, 이 태양의 빛Sun light을 정의한 것이 색동 혹은 Color temperature(색온도)라는 개념이다. 태극은 이 Color temperature를 상징하는 문양Symbol으로 북반부 기준 4계절 변화와 지구의 자전 및 공전방향을 의미한다.

Color temperature는 탄소(Black)에 열을 가해서 온도가 상승하면, 그림3와 같이 온도에 따르는 고유의 Color(파

그림3. Color temperature

장)가 나타내게 되는데, 이때 가해지는 열의 온도를 Color temperature라고 하며, 절대온도 K값으로 표시하고, 모든 Color파장을 포함하는 빛을 흰빛(White color)이라고 한다.

이 흰빛(White color)이나 Color신호는 Luminance(명암신호)를 포함하고 있으며, 열(Color temperature)에 의해서 만들어진 Color와 흰빛에 포함된 Color는 서로 다른 성질을 갖고 있다. 즉 흰빛에 포함된 Color는 주위 온도변화에 관계없이 항상 일정한 Color신호이고, 열에 의한 Color신호는 열에 따라서 Color파장(주파수)이 변화하기 때문에 Color신호에 열이 있느냐, 그렇지 않느냐는 매우 중요한 의미를 갖게 된다.

시각기능을 갖는 모든 생명체는, 생명체의 규모에 따라서 태양빛이나 기타의 빛을 이용해서 사물을 인식(인지)할 때, 생명체의 규모나 필요에 따라서 다음의 3가지의 종류가 있다.

1) Luminance신호 및 Color파장을 동시에 인지하는 생명체

주로 생명체 규모가 큰 생명체에 적용되고, 필요에 따라 감지영역의 차이 즉, Color파장의 감도나 Color파장의 감지 범위가 다르게 된다.

2) Luminance신호만을 인지하는 생명체

생명체의 규모에 따라서 물체를 인지하는 해상도나 감도차이가 발생된다.

3) Color파장만을 인식하는 생명체

Color파장을 인지하는 생명체는 주로 생명체 규모가 작은 곤충이나 식물 등은 감지하는 Color파장의 영역은 차이가 발생되고, 특정 color파장만을 감지하기도 하고, 특히 식물에는 많은 영향을 준다.

사람은 규모가 크고 가장 복잡한 생명체로, Luminance신호를 인지하는 기능과 Color파장을 인지하는 2가지 형태로 사물을 인지(인식)하는데, 인종에 따라서 감지영역은 차이가 발생되고, Color파장은 파장신호이기때문에 특정의 위상차이가 발생되는 Color와 Color가 인접하면, 서로 간에 간섭을 주게 되어, 전혀 다른 Color로 인지하게 되고, 사람에 따라서 특정의 파장을 인지하지 못하는 것을 부분색맹이라고 한다.

흰빛(White color)에 포함된 Color신호 중에서 에너지밀도가 높고 파장의 길이가 중간 정도에 위치하는 것이 Green color이기 때문에 주로 광합성으로 에너지를 만드는 식물에 가장 많이 사용되는 Color가 Green이고, 4계절 변화가 있는 지역에서 여름이 지나고, 가을로 접어들면서 주위 온도가 내려가면, 식물의 종류에 따라서 다르겠지만, 낙엽의 Color가 흰빛(White color)이하의 Color 즉 Yellow, Orange, Red로 바뀌게 되어, 가을이면 단풍이 물들게 된다.

## 3. 태극(Color Temperature Symbol)

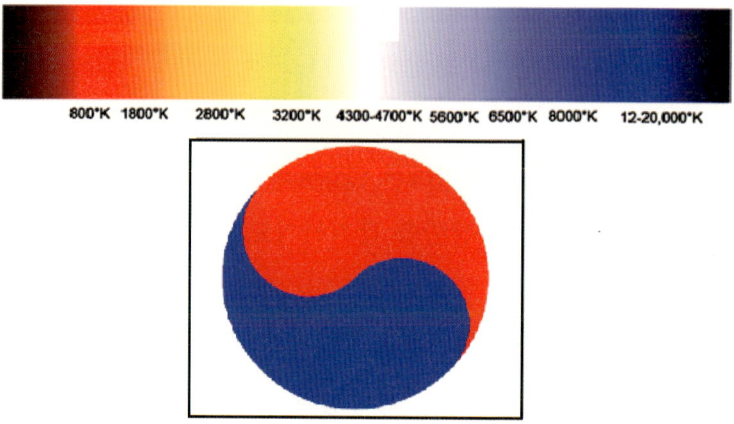


그림4. 태극

태극은 Color temperature(색온도)를 표현하는 Symbol로 회전방향은 지구의 자전 및 공전방향(북반부기준)을 나타내며, 바탕은 흰빛(White color)을 의미한다. Red는 색온도(Color temperature)가 가장 낮고 Blue는 색온도가 가장 높은 것을 의미하며, 사람의 시각범위를 나타낸다. 또한 동양에서 태극의 Red는 양(태양) · 남성을 상징하고, Blue는 음(달) · 여성을 상징하는 것으로 해석한다. 10干을 양과 음, 즉 2로 나눈 5를 오행이라고 하고 이를 바탕으로 음양오행설을 만들어 우주나 지구생명체(사람)를 해석하고자 했던 것으로 생각된다.

또한 이 음양의 정확한 의미는, 사람의 탄생과정에서 수정누적온도에 따라서 성별(남성, 여성)이 분리된다. 즉 이 수정누적온도 값이 기준 값보다 높으면(Blue) 여성, 낮으면(Red) 남성으로 분리되는 것을 의미하며, 모든 생명체에 적용된다. 생명체의 종에 따라서 암컷이 우선권을 갖는 종과 수컷이 우선권을 갖는 종으로 구별된다. 즉 수정누적온도가 높은 쪽에 암컷이 우선권을 갖거나 수컷이 우선권을 갖는 것을 의미하며, 대부분의 종은 암컷이 우선권을 갖게 된다.

이 태극 역시 10干12支와 마찬가지로 Color temperature를 정확하게 해석(설명)하는 자료는 사라지고, 유일하게 그 문양(Symbol)인 태극만이 기록으로 남아 있다. 때문에 지금까지 태극에 대한 정확한 해석이 어렵게 되었고, 다양한 형태로 해석되고 있다.

결과적으로 10干12支는 태양의 열을 기준으로 정의되며, 상징문양의 10干은 十자로, 12支는 12종류의 동물이나 기타로, 태극은 태양의 빛을 정의한 것으로써 Color temperature를 의미하고 태극 문양의 Symbol로 표현된다.

## 4. 태극기(the national flag of Korea)

태극기는 10干의 Symbol(十)과 태극을 조합해서 만들어진 것이다. 태극에 8괘의 문양 중에서 4개를 사용해서 봄(5), 여름(3), 가을(4), 겨울(6)의 4계절 변화를 순차적으로 나타내고, 태극의 회전방향(시계 반대방향)은 지구의 자전과 공전방

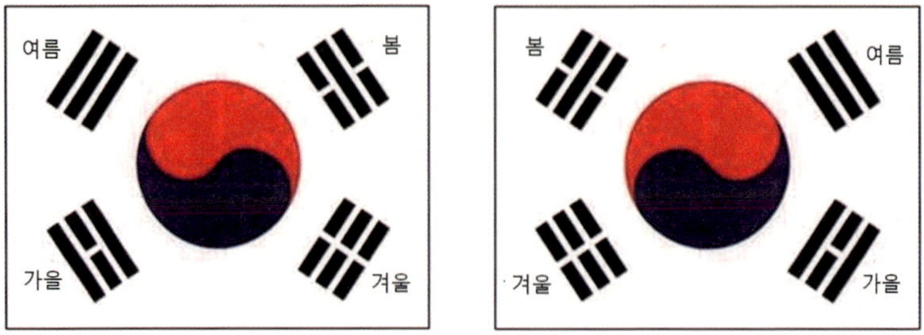


A. 북반구　　　　B. 남반구

그림5. 태극기와 지구4계절변화

향을 의미한다. 8괘는 10간의 Symbol인 十자를 분해해서 길이가 긴 수직막대기를 양陽, 짧은 수평막대기를 음陰으로 배열해서 8가지의 문양(모드)을 구성한 것이다. 또한 8괘는 사람(여성)의 생명주기 8년을 의미하고, 줄이 3개인 것은 Baby type의 임신기간의 간격(3일)을 나타내는 것으로 매우 중요한 의미를 갖는다. 이처럼 태극기는 사람의 Color시각범위, 남성여성의 분리온도, 여성의 생명주기, Baby type생명체의 임신기간 간격, 북반부를 기준한 지구의 자전 및 공전방향, 4계절의 변화 등을 함축적으로 나타내는 문양(Symbol)이다.

또한 8괘 중에서 양의 기운이 가장 강한 3을 여름에, 음의 기운이 강한 겨울에는 6을 배치해서 4계절의 변화를 태극보다 더욱 명확하게 나타내는 것으로, 관점에 따라서는 다양한 해석이 가능한 문양이다. 지구가 목성과 동기를 취한 다음에 오는 봄(5)이 시작(기준)점이 되고, 태극기는 기본적으로 북반부에서의 지구의 자전 및 공전방향과 4계절의 변화과정과 일치한다. 그림5에서와 같이 반시계방향은 북반부의 계절변화를, 시계방향은 북반부와 정반대로 남반부의 4계절변화 및 지구의 자전과 공전방향을 나타낸다. 그리고 목성의 영향으로 북반부의 겨울이 5.25일 길기 때문에 직사각형으로 표현되는 것이다.

태극과 태극기는 다양한 정보를 포함하고 있는 Symbol(문양)이지만, 지금까지 정확한 해석 자료는 사라지고 기호(문양)만 남아 있었다. 때문에 다양한 해석만 기록으로 남아 있으며, 특히 태극은 Color temperature라는 개념을 이해해야만 정확한 해석이 가능하다.

## 5. 태양의 크기와 일출·일몰

중위도 국가인 대한민국과 일본 등에서의 일출과 일몰은 다른 나라에서는 관찰이 어려운 현상이며, 특히 일출 일몰 때의 붉은색의 한빛(무한초점)태양이 가장 크게 관찰되는 지역이다. 일본에서 관찰되는 한빛태양이 지구에서 가장 크게 관찰되기 때문에 일본의 국기인 일장기(균, 日の丸)는 태극기와 같이 흰빛(White color)바탕에 붉은색의 무한초점태양을 의미한다고 하는 것이 정확한 해석이라고 생각된다.

참고사진1에서 Japan사진이 Yellow인 것은 한빛태양의 영향으로 색온도가 상승해서 Yellow로 관찰되지만, 흰빛태양의 영향을 받지 않는 수평선에서 1/2정도 이하면 Red로 관찰되

Korea Japan

참고사진1. 대한민국과 일본의 일출장면

고, 붉은색의 한빛(무한초점)태양은 크기가 점차 커지고, 상대적으로 밝기가 밝은 흰빛태양크기가 커지면서 상대적으로 밝기가 밝은 흰빛의 태양이 되며, 그림6의 Color변화(색동)

일출 일몰

그림6. 일출, 일몰 Color temperature변화

참고사진2. 세계각지역의 일출

참고사진3. 일몰 때의 흰빛태양의 크기변화

과정을 거치게 된다.

참고사진2는 세계 각 지역의 일출 장면을 나타내는 것으로 한빛태양과 흰빛태양의 크기 비율에 따라서 다양한 형태의 일출 및 일몰 장면을 연출한다.

참고사진3은 일몰 때의 태양의 크기 변화를 나타내는 것으로, 태양의 초점이 지구 중심에 맞기 때문에 일몰 때 태양이 점으로 관찰되어야 하지만, 지구의 기울기 거리(2,541㎞)때문에 참고사진3과 같이 관찰이 된다. 참고사진3은 일몰의 변화이지만 일출은 반대의 과정을 거치게 되며, 지구의 수평축에서 관찰되는 태양 크기의 변화가 가장 크게 되고 한빛태양은 흰빛태양에 비해서 상대적으로 어둡기 때문에 관찰이 어렵다.

## 6. 태양의 초점과 절대온도

우주 공간은 절대온도 0°K(-273℃)로 빛은 온도영향을 받지 않기 때문에 원거리까지 보내는, 즉 전송하는 것은 가능하지만 열은 불가능하다.

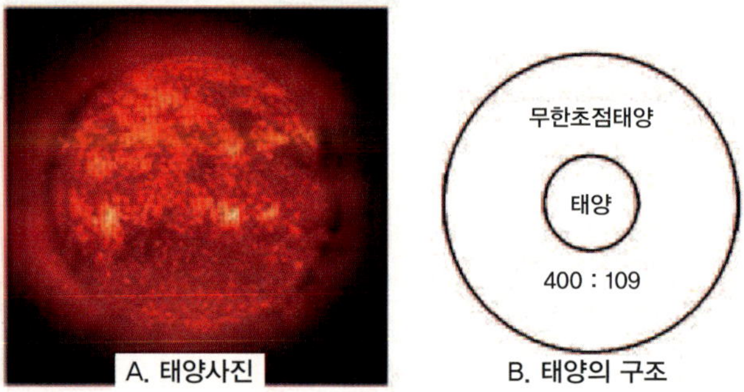


그림7. 무한초점태양

그림7의 A는 NASA가 우주 공간에서 무한초점태양을 촬영한 것으로, 색온도가 4,500°K(흰빛)로 촬영되어야 하는데, 대략 800°K(Red)로 촬영된 것은 우주 공간의 절대온도의 영향으로 3,700°K(4,500°K-800°K)만큼의 열손실이 발생하였기 때문이다. 이 무한초점태양의 온실효과로 그림2의 B의 태양은 열손실이 0가 되어 태양은 무한의 에너지를 갖게 된다. 그리고 태양의 빔(Beam)형태의 초점효과가 없으면 1억5천만㎞ 거리의 지구에 태양의 열을 보내는 것은 불가능하다.

태양은 준 액체상태의 마그마로 지구의 인력으로 태양의 표

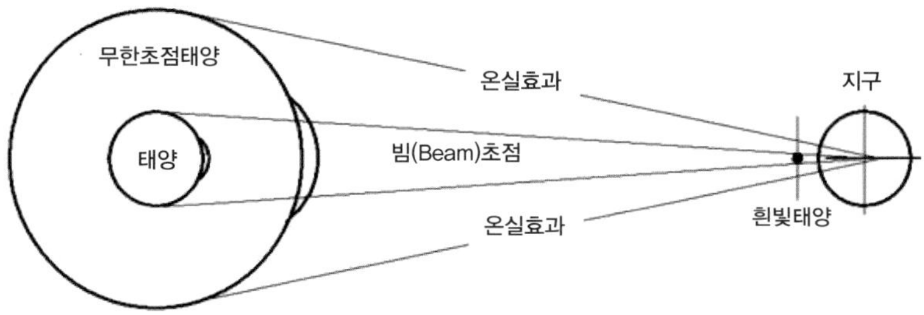


그림8. 태양의 초점효과

면이 볼록 튀어나오게 되면, 태양의 초점거리가 무한초점거리보다 길어지게 되고 그림8에서와 같이 지구중심에 이르게 된다. 이러한 현상은 달의 인력으로 바닷물이 달로 끌려가는 것과 같은 원리로 동작한다. 그림3에서 흰빛태양은 지구대기권층의 Screen효과에 의해서 나타나는 현상으로 이 Screen효과가 없으면 지구에서는 수평축에서만 태양을 관찰하는 것이 가능하게 되고, 기타의 지역에서는 흰빛태양을 관찰하는 것이 불가능하게 된다. 그림9는 흰빛태양과 지구의 거리비율을 나타낸다.

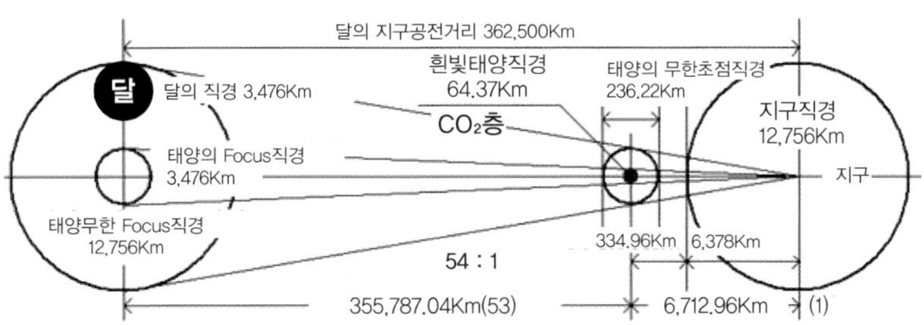


그림9. 흰빛태양과 지구의 거리비율

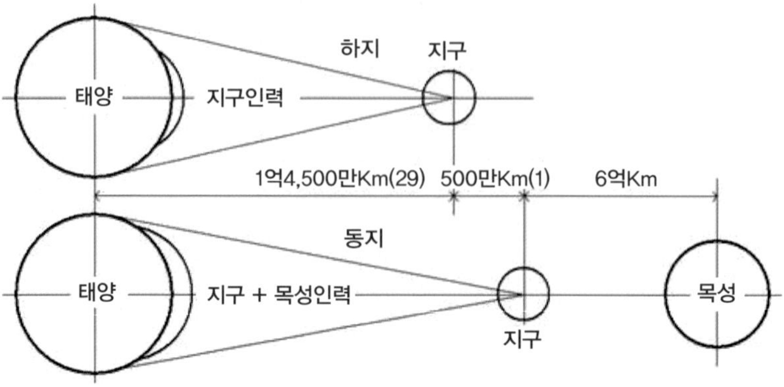


그림10. 목성에 의한 지구초점거리제어

태양의 초점길이는 그림5에서와 같이 하지 때는 지구의 인력에 의존하고, 동지에는 목성과 지구의 인력의 합에 의해서 태양의 초점거리가 500만㎞ 길어진다. 지구에서 관찰되는 흰빛태양의 크기 비율도 30:1로 거의 차이가 나지 않게 된다.

## 7. 죽도(竹島, 대왕암)와 동지

죽도(竹島)라는 단어는 신라(가야)에서 사용하는 단어로, 이 시대(신라)에는 주로 달 공전주기인 태음력을 사용하는 시기로, 한반도는 3면이 바다로 어업은 유리하지만, 농사는 태양의 영향을 받기 때문에 지구공전주기를 기준으로 농사를 지을 필요가 있다. 즉 태양력과 태음력의 공전주기 차이는 1년에 7.5일의 차이가 발생되고, 이를 보정하기 위해서는 매4년마다 윤달(30일)을 추가해야 한다. 따라서 태음력을 기준으로 농사를 짓게 되면, 수확량이 들쭉날쭉하게 되므로 이를 보정할 필요에 의해서, 북반부(신라)는 동지가 기준으로, 동지를 검출해서 보정을 해야 하는데, 이는 상당한 천문학적인 지식을 필요로 한다.

지구나 달의 태양공전주기는 360일로 기본공전주기는 같지만, 지구기울기 방향 제어를 하기 위해서 목성을 활용하기 때문에 지구와 목성은 자전방향이 같다. 따라서 동지에는 지구가 목성으로 끌려가서 지구공전주기는 5.25일 길어지고, 달은 지구와 반대로 태양과 자전방향이 같아서 태양으로 끌려가기 때문에 달의 태양공전주기는 2.25일이 짧아져서 지구와 달의 태양공전주기는 7.5일의 차이가 발생된다.

신라(가야)는 왕의 무덤에 12지상이 조각되고, 특히 가야수장인 김유신 묘에는 12지상과 태극문양이 새겨진 것은 주로 가야(신라)계열이 천문학에 대한 상당한 지식이 있었고, 일본에 죽도(竹島)라는 단어가 있고, 우리나라에는 없다는 것은 신라가 망하고, 천문학, 언어학, 기타의 지식세력(주로가야)의 대부분이 일본으로 건너간 것으로 추정된다.

죽도(竹島, 대왕암)는 동지를 검출하기 위한 대나무 작대기를 세울 수 있는 바닷가 작은 바위섬을 죽도라고 한다. 즉 석굴암(불국사), 골굴사, 대왕암(감은사)의 3축은 동지를 검출하기 위한 시설로, 동지가 가까워 오면 대왕암(감은사)에서 대나무 작대기의 길이를 측정하여, 골굴사로 통보하고 다시 석굴암(불국사)으로 통보해서 최종적으로 불국사 주지가 석굴암의 석불부처님 이마에 박힌 유리구슬이 반짝일 때를 동지 날로 정해지며, 이렇게 3축으로 검출한 이유는 구름이 끼거나 기타의 원인으로 동지 검출이 어려울 때를 대비한 것이며, 이 방법은 약간의 지식만으로도 측정이 가능하기 때문에 죽도(竹島, 대왕암)에 대한 내용은 극도의 보안을 유지하기 위해서, 문무왕의 수중능이라거나 대나무와 관련된 전설을 만들어서 보안을 유지했고, 신라가 망하고 신라(가야) 지식세력의 대부분이 일본으로 건너갔기 때문에 우리나라에서는 죽도라는 단어는 사라지고 대왕암, 죽변(竹邊), 포항 죽도(竹島) 시장 등의 흔적만 남아 있다.

일본에서도 신라(가야)세력이 지금의 시네마현에 정착하여 우리나라에서와 같이 동지를 검출하여 농사를 지었을 것이다. 그 세력도 세월의 흐름과 더불어 서서히 사라졌기 때문에 일본에서도 그 흔적인 죽도(竹島, だけしま)라는 글자만이 남아 있다. 하지만 이런 사실을 알고 정확하게 조사하면 더 많은 자료가 있을 것임에도 불구하고, 단순히 '竹島'라는 단어가 있다고 죽도와는 아무상관도 없는 독도를 오늘날 자기 영토라고 우기는 것은 무지의 극치를 보는 것 같다. 이런 논리라면 전 세계의 바위섬이란 바위섬은 모조리 竹島(だけしま)이며, 모조리 일본영토라고 우기는 것이 더 합리적이다.

# 흰빛태양의 제국, 단군 조선

## 1. 60갑자

태초부터 인류는 달력이라는 개념의 해당년도를 표시하고 활용해야 할 필요성에 의해서 만들어진 것이 60갑자다. 60갑자는 10간12지의 기호를 활용해서 해당년도를 표시하는 것이며, 10간 기호나 12지 기호는 10간의 상징문양인 "十"를 분해해서 만들어진 것이다. 년도를 표시하기 때문에 표시는 해(1년)을 붙여서 사용되었을 것으로 즉, 가해 나해… 로 생각되며, 한 주기는 10간12지의 최소공배수인 60년이 된다. 이를 60갑자라고 하고, 이 60이라는 숫자는 지구생명체에서 매우 중요한 의미를 지니는 숫자다.

신탁통치에 의한 여성권력시절의 초기국가 형태에서 사용되었던 60갑자는 10간12지의 기호를 사용했을 것으로 추측된다. 단군조선은 여성권력이 끝나고 남성권력이 시작되면서 단군이 통치자가 되고 연호를 단기라고 했으며, 권좌의 여성을 신격화한 것으로 보아 권력이 순조롭게 이양되었던 것 같다. 당시 사용하였던 10간12지 기호를 활용한 60갑자가 현재 사용하고 있는 60갑자 형태로 만들어졌다고 생각된다.

초기 12지 기호

ㄱ(ㅋ) ㄴ ㄷ ㄹ ㅁ ㅂ ㅅ ㅇ ㅈ(ㅊ) ㅌ ㅍ ㅎ

초기 10간 기호

ㅏ ㅑ ㅓ ㅕ ㅗ ㅛ ㅜ ㅠ ㅡ ㅣ

초기 60갑자는 12지가 앞머리에

가 나 다 라 마 바 사 아 자 타 파 하

거 너 더 러 머 버 서 어 저 터 퍼 허

고 노 도 로 모 보 소 오 조 토 포 호

구 누 두 루 무 부 수 우 주 투 푸 후

그 느 드 르 므 브 스 으 즈 트 프 흐

현재 사용되는 12지 기호

子 丑 寅 苗 辰 巳 午 未 申 酉 戌 亥

현재 사용되는 10간 기호

甲 乙 丙 丁 戊 己 庚 申 壬 癸

현재 60갑자는 10간이 앞머리에

갑자 을축 병인 정묘 무진 기사 경오 신미 임신 계유

갑술 을해 병자 정축 무인 기묘 경진 신사 임오 계미

갑신 을유 병술 정해 무자 기축 경인 신묘 임진 계사

갑오 을미 병신 정유 무술 기해 경자 신축 임인 계묘

갑진 을사 병오 정미 무신 기유 경술 신해 임자 계축

갑인 을묘 병진 정사 무오 기미 경신 신유 임술 계해

한글과 일본어는 이 10간12지 초기상징기호를 바탕으로 만들어졌다. 일본어는 신라시대에 일본으로 건너간 것으로 생각되어진다. 특히 한글은 한국 고유의 말이다. 세종이 구체적인 글로 종합 정리한 것으로,

자음은 12지 기호에 2가지를 더해서 14개+5개=19개

ㄱ ㄴ ㄷ ㄹ ㅁ ㅂ ㅅ ㅇ ㅈ ㅊ ㅋ ㅌ ㅍ ㅎ

ㄲ ㄸ ㅆ ㅉ ㅃ

모음은 10간의 기호를 그대로 활용해서 10개+2개=14개

ㅏ ㅑ ㅓ ㅕ ㅗ ㅛ ㅜ ㅠ ㅡ l, ㅐ(ㅏ+l) ㅒ(ㅑ+l ) ㅔ(ㅓ+l) ㅖ(ㅕ+ㅣ)

기본문자 33개(19개+14개) 및 기타를 사용해서 다양한 한국말을 원음에 가깝도록 복합적으로 사용해서 문자화(한글)했다는 특징이 있다.

세종시절에 초기60갑자 기호에 대한 자료가 많이 수집되었을 것인데, 훈민정음 서문에 언급이 없었다는 것은 세종의 업적을 높이려고 했던 것으로 생각된다. 이러한 오류는 후세에 많은 혼란을 초래하고, 객관적 사실은 언제든지 밝혀진다는 사실을 명심해야 한다. 그 근거로 몽골 고대 돌무더기에서 그 기호의 기록이 존재하고, 일본어는 신라시대 때 일본으로 전해진 것으로 추측된다.

만약 훈민정음에 10간12지에 대한 기술이 있었다면 많은 사

람들이 관심을 가졌을 것이다. 그리고 10간12지를 해석했을 가능성이 높다. 그렇지 못했던 것이 아쉽다. 지금은 10간12지가 해석되었고, 무한한 가능성과 가치를 갖는다.

무릇 국가 지도자가 진실보다는 명리를 중시하고 서둘러서 잘못된 결론을 내리면, 그 국가나 민족은 패망의 길로 간다는 것을 역사가 증명하고 있다.

### 일본어

| ㅇ | 아(ア,ァ) | 이(イ,ィ) | 우(ウ,ゥ) | 애(エ,ェ) | 오(オ,ォ) |
|---|---|---|---|---|---|
| ㅋ(ㄱ) | 카(カ,ガ) | 키(キ,ギ) | 쿠(ク,グ) | 캐(ケ,ゲ) | 코(コ,ゴ) |
| ㅅ(ㅈ) | 사(サ,ザ) | 시(シ,ジ) | 스(ス,ズ) | 새(セ,ゼ) | 소(ソ,ゾ) |
| ㄸ(ㄷ) | 따(タ,ダ) | 찌(チ,ヂ) | 쯔(ツ,ヅ) | 때(テ,デ) | 또(ト,ド) |
| ㄴ | 나(ナ) | 니(ニ) | 누(ヌ) | 내(ネ) | 노(ノ) |
| ㅎ(ㅂ,ㅃ) | 하(ハ,バ,パ) | 히(ヒ,ビ,ピ) | 후(フ,ブ,プ) | 해(ヘ,ベ,ペ) | 호(ホ,ボ,ポ) |
| ㅁ | 마(マ) | 미(ミ) | 무(ム) | 매(メ) | 모(モ) |
| ㅇ+(ㅑ,ㅠ,ㅛ) | 야(ヤ,ャ) | 유(ユ,ュ) | 요(ヨ,ョ) | | |
| ㄹ | 라(ラ) | 리(リ) | 루(ル) | 래(レ) | 로(ロ) |
| ㅇ+(ㅘ,ㅗ,ㅡ) | 와(ワ,ヮ) | 오(ヲ) | 응(ン) | | |

한글이나 일본어나 같은 고대60갑자 기호(초기10간12지 기호)를 활용해서 만들어진 것으로, 일본어는 이두(吏讀)문에 기초하여 신라(가야)에서 만들어져서 일본으로 건너간 것으로 생각된다. 일본어는 조합이 최대 2종류이기 때문에 문자라

기보다는 기호라는 느낌이 강하다. 기호를 2개 사용해서 부호(code)화한 것으로, '아 이 우 애 오'의 5개의 음을 기준으로 10간을 상징하는 10줄이며, 맨 처음 'ㅇ'이 온 것은 태양을 상징하고, 묵음으로 50음도의 맨 끝에 추가해서 'ㅇ,ン'을 활용했다. 따라서 일본어는 구성이 단순하기 때문에 발음이 복잡한 언어의 발음에는 한계가 있어서, 표의문자(한자)와 조합해서 조사나 접속사 등의 보조문자로서 성격이 강하다. 그리고 애초 한자를 전제로 만들어진 것으로 생각된다. 참고로 12지 기호의 시작인 '子'는 아들자로 해석하지만, '최초, 시작하다'로 해석하는 것이 합리적이라고 생각된다.

일본어 ア(아)는 시작이라는 의미로 '子'에서 만들고, 다음은 ㄱ이지만 센 발음인 ㅋ(ㄱ)을 カ(ガ), 순서상 ㄴ이지만 ㅅ(ㅈ) サ(ザ), ㄸ(ㄷ) タ(ダ), ㄴ ナ, ㅎ(ㅂ, ㅍ) ハ(バ, パ), ㅁ マ, ヤ(ㅑ), ㄹ ラ, ㅇ ワ(와) ン(응)으로 12지 기호인 ㅇ, ㅋ(ㄱ), ㅅ(ㅈ), ㄸ(ㄷ), ㄴ, ㅎ(ㅂ, ㅍ), ㅁ, ㄹ을 사용하고 ㄷ, ㅈ, 의 센 발음인 ㄸ, ㅉ을 추가한다.

10간 기호 중에서 'ㅏ, ㅣ, ㅜ, ㅐ(一변형), ㅗ'로 기본기호 4개와 'ㅏ'와 'ㅣ'를 합한 'ㅐ'해서 5개를 사용하고, 'ㅑ(ヤ), ㅠ(ユ), ㅛ(ヨ)'를 추가해서 일본어 50음도가 만들어졌다. 10간 기호 중 'ㅓ,ㅕ'가 빠진 것은 개인적인 생각으로 '아'와 '어'는 발음상으로 별 차이가 없고, 즉 'ㅇ'의 중복 사용을 피하기 위해서 빠진 겻으로 추측된다.

카타가나와 히라가나에서 '가나'는 고대60갑자 시작인 '가해, 나해'의 '가나'를 붙여서 만들어졌고, 일본어는 그 자체를 사용하기 위한 것이라기보다는 한자(漢字)를 기본으로 사용하면서 발음을 체계화하기 위한, 즉 발음을 간소화하고 센 발음사용을 최소화하기 위한 생각을 많이 해서 만들어진 언어로 생각된다.

한글은 3-4개의 기호를 조합해서 사용하기 때문에 모든 언어를 표현하는데 부족함이 없는 문자다. 하지만 기호를 여러 개 조합해서 사용하기 때문에 띄어쓰기가 필요하고, 문장의 뜻을 정확하게 전달하는 전달력이 떨어지는 단점이 있다. 그 보완책으로 일본어처럼 기호+각종부호를 사용했으면, 훨씬 우수한 한글이 되었을 것인데 아쉬움이 남는다.

## 2. 한글과 일본어 특징

애초부터 일본어는 한자 사용을 전제로 만들어진 문자다. 그리고 한자를 사용하지 않고 순수한 한글 사용을 전제로 만들어진 것이 한글이다. 따라서 한국어나 일본어는 그 뿌리가 같다. 중국 글(한자), 한글, 일본글 각각의 장단점을 비교해보면,

1) 중국 글은 주어 동사가 있다. 그래서 전 문장을 띄어쓰기 없이 연속기술이 가능하기 때문에 전달력은 우수하다. 그렇지만 글자의 개수가 많은 단점이 있어서, 같은 단어가 다양한

뜻으로 표현되고 발음이 다양하기 때문에 학습이 어렵다. 특히 그 뜻이 명확하게 전달해야 할 필요가 있는 과학 분야의 발전이 더디고, 역사적 사실의 해석에 불분명한 치명적인 단점이 있다.

2) 한글은 표현력이 매우 뛰어난 언어로, 다양한 형용사 사용이 가능하지만, 내용 전달력이 떨어지는 단점이 있다. 한글에 관습이 안 된 경우, 다른 나라 언어로 번역할 때 애로사항이 많다. 특히 정확성을 필요로 하는 과학기술 분야의 번역은 오류가 많아서 정확한 의미의 전달이 어렵다. 이러한 사실은 영어로 된 기술적인 내용을 기계 번역기로 번역해보면, 그 분야에 수십 년 공부를 한다고 해도 그 내용을 파악하는 데는 어려움이 따른다. 하지만 같은 내용을 일어로 변역하면 그 내용을 쉽게 파악하는 것이 가능하다. 따라서 한글은 표현력은 매우 뛰어나지만, 다른 언어와 상대적인 번역(교류)이 어려운 단점이 있어서 번역에 정확성보다는 어림짐작이 많은 단점이 매우 많다. 지금이라도 한자병용을 복원해야 할 것으로 생각된다,

3) 일본어의 표현력은 한글보다는 떨어진다. 하지만, 한자 및 다양한 부호의 사용으로, 다른 언어와의 교류가 활발하게 이루어지는 장점이 있다. 다른 문화권의 지식을 도입하기에 대단히 유리하다. 그리고 노벨문학상 작품이라도 한국어는 외국어로 번역이 어렵기 때문에 내용 전달력이 많이 떨어진다. 이런 경우에 일본어는 상대적으로 내용전달력이 우수하기 때문에 일본어가 유리하다.

## 3. 아리랑

태양은 태양(햇빛), 흰빛태양(흰빛), 한빛태양(한빛)의 3종류의 태양으로 구분된다. 그리고 조선(朝鮮)은 아침 햇살처럼 빛나는 나라라는 뜻을 갖고 있다. 단군의 조선은 흰빛태양을 숭배하는 민족의 국가다. 하늘에 제(축제)를 지낼 때는 흰빛태양을 상징하는 흰색 옷을 입고, 4각(방위)흰떡을 상에 올린다. 축문으로 아리랑을 대략 2초 간격으로 3회 반복하면서 제를 지내고, 축제를 하면서 아리랑을 빠르게 부르면서, 축제를 지냈을 것으로 추측된다.

아리랑은 천천히 부르면 웅장한 축문이고, 빠르게 부르면 흥을 돋우는 신명 나는 노래가 된다. 그리고 후렴은 그때그때의 상황에 따라 다양한 가사가 존재하는 형식의 노래이다. 이 당시에는 악기의 보급이 어려웠다. 그리고 목소리만으로 흥과 신명을 돋우어야 할 필요성에 의해서 만들어진 노래가 아리랑이다.

'아리 아리랑 스리 스리랑 아라리가 났네'에서

아리는 하늘(남성) 스리는 대지(여성)을 상징하고 랑은 복수형이다. 아리랑은 젊은 남성들을, 아리 아리랑은 어린아이부터 노인까지 아우르는 남성을, 스리랑은 젊은 여성들을, 스리 스리랑은 모든 여성을, 아라리는 신명과 흥이 났다는 것을 의미하는 것이다.

이 시기에는 지금처럼 한곳에 많은 사람이 모여서 살아가는 것이 아니고, 또한 자손번식이 가장 중요한 행사이기 때문에 이러한 축재(제)를 통해서 젊은 남녀의 맞선자리가 제사라는 형식을 빌려 축제의 자리를 마련했던 것으로 생각되고, 몽골과 중앙아시아 등지에는 그 흔적이 남아 있다.

대한민국에서 한(韓)은 흰색을 의미한다. 그리고 한민족은 흰색 옷을 즐겨 입는 민족이 아니라, 흰빛태양을 숭배하는 민족이다. 하늘이나 조상에 제를 지내거나 축제를 할 때, 흰빛태양을 상징하는 흰색 옷을 입고 4각(방위) 흰떡을 상에 올린 뒤에 제(축제)를 지냈으며, 그 흔적으로 몽골에서 귀한 손님에게 흰 천을 목에 감아주는 풍습이 현재도 남아있다.

## 4. 수소폭탄

수소폭탄을 이해하기 위해서는 태양 빛이나 기체의 성질에 대한 정확한 이해가 선행되어야 한다. 태양이나 태양빛에 관한 내용은, 전 세계에서 유일무이하게 한국어에는 모든 것이 포함되어 있다.

색동, 흰빛(흰빛태양). 한빛(한빛태양), 태극, 태극기, 日の丸, 욱일기, 10간12지, 2팔(8)청춘 등은 태양에 관한 단어들로 매우 중요한 의미를 갖는다.

흰빛태양의 Symbol(문양)은 태극이다. 그리고 태극은 북반부 온도(계절)변화 및 지구 자전 및 공전방향을 상징한다. 태극기의 우측상단이 봄, 좌로 여름, 아래로 가을과 다시 우측으

그림1. 흰빛태양과 태극기

그림2. 한빛태양(무한초점태양)과 일장기

로 겨울을 나타낸다. 이렇게 10간12지(태양열)개념을 추가해서 만들어진 것이 태극기다.

한빛태양의 Symbol(문양)은 일장기(日の丸)이다. 여기에 12지를 추가해서 만들어진 것이 욱일기로 원래 12줄이 정상이지만, 현재는 16줄을 사용하고 있다. 정확한 의미를 모르고 사용하고 있는 것으로 생각된다.

색동은 오방색이라고도 하고, 영어로는 Color temperature 라는 것으로, 탄소(숯)에 열을 가하면 최초 적외선이 발생된다. 이 적외선은 사람의 시각으로는 감지가 안 된다. 그리고 이어서 빨간색, 노란색, 흰색, 청색으로 나타난다. 이때 탄소에 가해지는 열의 온도를 색온도라고 한다. 이 변화를 색동이라하고. 이는 태양의 일출 과정을 의미한다.

어둠이 지나고 아침 해가 뜰 때, 태양이 수평선에 걸쳐있을 때는 빨간색이다. 그리고 수평선 위로 떠오르면 노란색의 태양에서 흰색으로 바뀌는 과정을 색동이라 한다. 그리고 태양의 색이 바뀌는 이유는 흰빛태양과 한빛태양의 밝기 비율 때문이다. 지구에서도 중위도 지역에서만 관찰되는 특이한 현상이다. 특히 수평축에 가까운 일본에서 관찰되는 붉은색의 한빛태양은 가장 안정적으로 관찰된다. 붉은색의 한빛태양은 파장이 긴 빨간색이다. 그리고 위도가 높을수록 대기의 산란으로 흔들려 보이고, 고위도에서는 부채모양으로 퍼져 보인다.

여기서 흰색 빛을 우리말로는 흰빛, 영어로는 White color 라고 하며, 영어에서는 흰색과 혼용해서 사용한다. 하지만 우리말은 이를 구별해서 사용한다. 즉 빛은 흰빛으로, 흰색은 흰색으로 구별해서 사용한다.

여기서 중요한 것은, 흰빛으로 속도가 무한대로 원거리 전송에서 손실이 적기 때문에 흰빛은 멀리까지 전송이 가능하다. 따라서 고출력의 흰빛은 사람이나 기타 동물들의 망막을 파괴하는 수단으로 활용하는 것이 가능하다. 그리고 수소폭탄은 폭발력은 별로이지만, 수소가 폭발할 때 발생되는 흰빛은 대단한 위력을 갖게 된다. 즉 수소폭탄은 폭발 고도에 별 영향을 크게 받지 않기 때문에 원자폭탄보다 훨씬 치명적인 공격

무기가 된다.

기체는 몇 가지의 성질 중에서 빛과 열을 증폭하는 성질이 있으며, 그 대표적인 원소가 산소, $CO_2$, 수소가 있으며, 그 외에도 여러 종류가 있다.

산소는 수십 배의 증폭도가 있으며 증폭도는 공급량에 비례하고, 빛보다는 주로 열을 증폭한다. 그리고 $CO_2$는 수백 배의 증폭도를 갖고 있으며 빛과 열을 거의 비슷하게 증폭한다. 특히 수소는 수천 배의 증폭도를 갖고 있으며, 주로 열보다는 빛을 증폭한다. 따라서 $CO_2$폭탄은 주로 적의 비행기, 군함, 탱크 등의 근접공격(100km이내)에 위력이 있다. 특히 현재의 지대공이나 공대공의 미사일은 충돌해서 공격하기 때문에 명중률은 극히 낮지만, $CO_2$폭탄은 대충 쏘아도 공격이 가능하다. 그리고 지상군의 눈(망막)이나 송전선로를 공격해서 무력화시키기 때문에 치명적인 무기가 되고, 수소폭탄은 열에 의한 공격보다는 흰빛으로 공격하기 때문에 특히 사람이 많이 모여 있는 대도시는 치명적이다. 그리고 흰빛은 공격고도에는 별 영향을 받지 않기 때문에 기존의 무기나 방어체계 즉 금세기 전쟁은 미국식의 폭발력을 이용하는 무기체제는 아무 소용이 없다.

$CO_2$폭탄이나 수소폭탄의 기폭용으로 소형 원자폭탄을 사용하면 폭발할 때의 온도가 1억도이고 빛의 밝기가 1억룩스라고 하고 증폭도가 1,000배라고 가정하면, 출력은 온도는 100억도~1,000억도, 빛은100억~1,000억룩스로 증폭되어 이 정

도면 항공모함이나 어지간한 중소도시는 엄청난 피해를 입게 된다. 그리고 수소폭탄을 소형 원자폭탄으로 기폭하면 그 공격력은 일반폭탄의 수1,000배 정도로, 그 피해는 우리의 상상력을 초월한다.

물론 폭발력을 이용하는 재래식 무기처럼 건물이나 기타 등의 파괴력은 없다. 하지만 현대문명에서 중요한 사람의 망막, 전력망, 통신망을 마비시키고, 특히 자동차는 스스로를 공격하는 가장 치명적인 무기가 된다. 그리고 각종 도로기능을 마비시키고, 눈이 안 보인 상태에서 복구하는 것은 거의 불가능하다. 특히 인구가 밀집한 대도시에서 장기간 전력공급이 안 되면, 그 혼란은 상상하기 힘들다.

참고로 성경에 등장하는 성궤는 일종의 광선무기로 화학적인 반응으로 동작하는 방식으로, 그 구조는 간단하지만, 위력은 대단하다.

## 5. 광선무기

금세기(21세기)는 광선무기 경쟁의 시대다. 광선무기는 태양의 동작원리를 이용해서 만들어지는 무기를 지칭하는 것이다. 지금까지 태양은 수소의 핵융합에 의해서 무한에너지를 갖는다고 알려져 있지만, 태양은 수소와는 아무 상관이 없다. 그리고 구형태의 발광발열체는 일정거리에 무한의 초점을 만드는 성질을 이용하는 것이다. 그 비율은 109:400으로 13.5

배가 확대된다. 확대된 무한초점의 온실효과로 절대온도의 우주공간에서 태양을 보호하는 효과(온실효과)는 무한의 에너지를 갖게 된다.

이 효과는 자연계에서 빛과 열을 증폭하는 유일무이한 현상으로, 우주공간의 모든 항성은 무한히 빛나게 된다. 그리고 태양은 준 액체상태의 마그마로 공전하는 행성의 인력으로, 표면이 늘어나면 그 늘어나는 비율만큼 초점길이가 길어진다. 따라서 이 효과(현상)를 이용해서 광선무기를 제작하는 것이 가능해진다.

광선무기의 최대장점은 연속공격이 가능하고 Scanning(주사)공격이 가능하기 때문에 비행기, 군함, 항공모함, 군사위성, 미사일, 탱크 등의 재래식 군사무기를 무력화시키는 것이 가능하다. 그리고 비용이 거의 들지 않기 때문에 금세기 가장 바람직스러운 군사무기이다. 따라서 어느 나라가 고출력의 광선무기를 개발하느냐가 관건이 된다.

현재의 모든 비행기는 고정익이 대부분으로 헬리콥터를 빼고는 정지비행이 불가능하다. 금세기(21세기)는 정지 비행이 가능한 회전비행체(비행접시)의 개발이 필요하고, 회전 비행체의 구동은 초고속 2상Sine wave구동이 필요하기 때문에 직선성이 우수한 전력소자 개발이 매우 필요하다.

새로운 무선통신방식의 개발이 필요하다. 즉 현재 휴대폰의 4G나 5G는 무선형식의 유선통신 방식이다. 그리고 광Cable 망을 이용하기 때문에 $CO_2$폭탄 공격에 매우 취약하다. 그리고 전파속도 때문에 우주공간에서 2억km이상의 거리는 통신이 불가능한 단점을 보완하는, 새로운 무선통신 방식은 기술적으로는 그리 어려운 과제는 아니다. 그리고 이 문제는 몇 가지의 실험을 통해서 가능하게 된다.

미국의 NASA에서 목성에 위성을 보내서, 목성의 위성사진을 보내왔다고 하는 것은 전파의 속도(30만km)나 은하공전속도(217km/s)에 대한 이해부족에 기인하는 것이다. 그리고 목성은 지구기점 6억km 떨어진 곳에 위치하기 때문에 미국의 실력이 우수하다고 해도 현재의 전파통신기술로는 통신이 불가능하다. 그리고 전파는 속도를 갖기 때문에 공간손실은 피할 수 없는 숙명이다. 때문에 이 정도의 거리를 무선으로 통신을 하기 위해서는 초고출력 송신설비가 필요하게 된다.

현재 핵융합연구소에서 연구하는 핵융합이라는 것은 존재하지도 않고, 불가능한 기술이다. 그리고 수소는 주로 빛을 증폭하는 기체로, 열은 별로이기 때문에 수소 대신 $CO_2$를 연속공급하는 장치를 부가하는 것이다. 화력, 수력, 원자력발전에서 발전설비는 그대로 두고, 동력발생부분을 $CO_2$발열장치로 대체하는 것으로, 저비용과 안전성이 우수한 발전이 가능하다. 여기에 포집기술을 더하면, 이상적인 발전장치가 가능하게 되고, 지구온난화를 완화하는 역할도 하게 되므로 일석2조의 기술방식이 된다.

# 2부
# 태양계

# 빛과 전기신호
(Light & Electricsignal)

빛과 전기신호는 매우 유사한 성질을 갖고 있으며, 신호를 표현하는 용어에는 차이가 있지만 기본적인 개념은 같다.

전기신호는 DC와 AC로, 빛은 Luminance와 Color로 구별되고, 크기의 값은 전압(V)과 Lux로 표시한다. 따라서 전기신호의 성질을 이해하면 빛의 성질을 이해하는 것이 가능하게 된다.

## 1. 전기신호

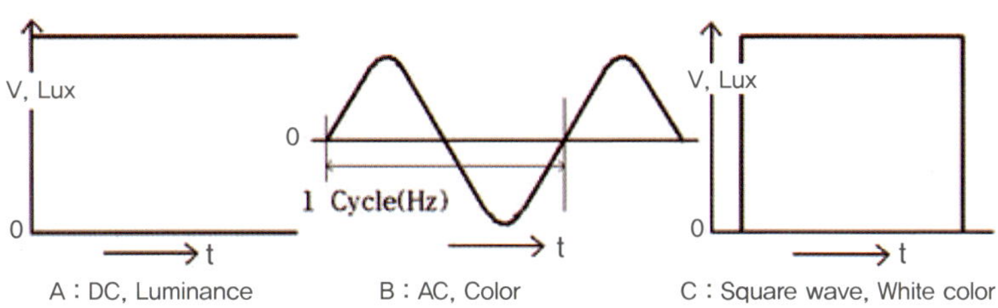


| 구　분 | 크기 값 일정신호 | 주파수성분 | 복합신호 | 높이단위 |
|---|---|---|---|---|
| 전기신호 | DC | AC | Square wave | V |
| 빛(Light) | Luminance | Color | White color | Lux |

그림1. 전기 및 빛의 기본신호

전기신호는 그림1의 A에서처럼 시간변화에 관계없이 항상 일정한 높이(전압)를 유지하는 상태의 신호를 DC라고 하고, B처럼 시간변화에 따라서 일정한 규칙으로 높낮이가 변동하는 신호를 AC신호라고 한다. 또한 C처럼 일정시간 동안 DC 신호가 유지되는 신호를 Square wave라고 하며, 각각의 신호는 고유의 성질과 특성을 갖고 있다.

## DC(Direct Current) 신호

시간(t) 변화에 관계없이 항상 일정한 값(전압)을 유지하는 신호를 DC신호라고 한다. 연결된 도체가 아니면 신호를 전송하는 것이 불가능한 신호로 전파속도는 0이다. 도체의 전송속도는 ∞이지만, 도체의 종류에 따라 약간의 차이가 발생한다.

## AC(Alternate Current) 신호

시간 변화에 따라서 신호의 높낮이가 규칙적으로 변화하는 신호를 AC신호(sine, cosine)라고 한다. 연결된 도체가 없어도 신호(정보)를 전송하는 것이 가능한 신호로, 많은 신호 종류가 존재하며 일정한 전송속도를 갖는다. 또한 단위신호의 간격을 Cycle 또는 Hz라는 단위로 표시하는데, 이것을 Frequency(주파수)라고 한다.

일반적으로 빛의 속도가 30만km/s라고 하는 것은, 바로 이

AC신호의 1Cycle의 파장(Wavelength) 길이를 의미한다. 1초 동안 이동하는 거리가 파장의 길이가 되므로, AC신호의 전파속도는 30만km/s가 되고 주파수 범위는 거의 DC에서 무한에 가까운 신호대역을 갖게 된다. 또한 같은 AC신호라도 DC성분을 포함하는 신호, 즉 맥류의 전파속도는 DC와 같은 0가 된다.

### Square wave

Square wave는 단위시간 t의 길이에 따라서 거의 무한에 가까운 주파수, 즉 f1에서 fn의 다양한 주파수의 성분을 포함하는 신호이다. 이 신호는 Filter라는 장치로, 여러 종류의 주파수 성분을 분리하는 것이 가능하다.

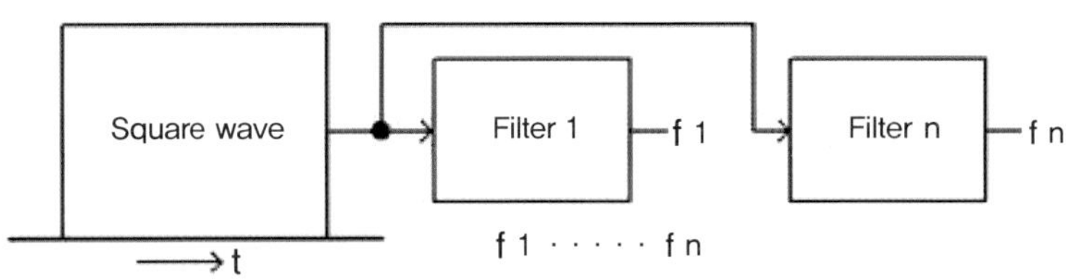


그림2. Square wave, Filter개념도

## 2. 빛의 신호

빛의 신호도 그림1의 A처럼 시간 변화에 관계없이 항상 일정한 높이(Lux)를 유지하는 상태의 신호를 Luminance(명암)신호라고 하고, B처럼 시간변화에 따라서 높낮이가 규칙적으로 변화하는 신호를 Color신호라고 한다. 또한 White color신호는 Luminance신호를 포함하는 여러 가지의 Color파형의 집합체를 의미하며, Color신호는 열을 포함하는 신호와 포함하지 않는 신호로 구별한다. 즉 White color에 포함되는 Color신호는 주위의 온도(열)변화에 관계없이 고유의 파장을 유지하는 신호이고, 열에 의해서 만들어지는 Color신호는 주위의 온도(열)변화에 따라서 Color신호의 파장(주파수)이 변화하는 신호이다.

## Luminance 신호

빛신호도 전기신호의 DC신호와 마찬가지로, Luminance 신호는 시간 변화에 따라서 항상 일정한 밝기(Lux)를 유지하며 전파속도는 ∞(0)이다.

## Color 신호

Color신호는 순수한 AC성분을 의미하며, 시간의 변화에 따라서 규칙적으로 신호의 높낮이가 변화하는 신호를 말한다. 또한 여러종류의 Color신호가 존재하고 일정한 속도를 갖게 되며, 주파수가 높기 때문에 신호의 간격(주파수)을 nm또는 Å이라는 단위로 표시한다. 따라서 Color신호는 순수 AC성분의 신호로 일정한 속도를 갖고 있으며, 전파속도는 1Cycle의 파장 길이가 30만km이므로 30만km/s가 된다. 또한 같은 Color신호라도 Color신호에 Luminance신호가 포함된 Color신호의 전송속도는 ∞(0)가 된다.

### White color

White color는 한정된 대역으로 여러 종류의 Color성분을 포함하는 신호이다. 이 신호는 프리즘(광학Filter)이라는 장치로 Color성분을 분리하는 것이 가능하게 되고, red, orange, yellow, green, blue, violet, magenta로 분리가 된다. 그 외에도 Luminance신호 및 다양한 Color신호를 포함하고 있다.

## 3. Color temperature(색온도)

빛의 신호에서 가장 기본이 되는 것이 Color temperature이다. 자연 상태(태양)에서는 주로 Luminance신호가 포함된 신호가 대부분이기 때문에, 극히 일부를 제외하고는 빛의 속도는 ∞(0)가 된다. 따라서 지금까지 빛의 속도가 30만Km/s라고 하는 것은 1Cycle(Hz)의 파장 길이 및 전파속도를 의미하는 것이고, 이는 Luminance신호가 포함되지 않거나 무시할 수 있을 정도의 순수 AC성분인 Red이하 Infrared까지의 Color신호에만 적용된다. 즉 Red 이하의 신호만이 전파속도 30만km/s를 갖게 된다.

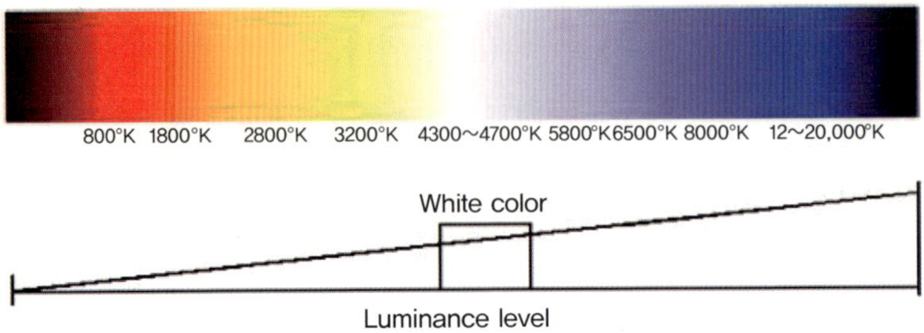


그림3. Color temperature

그림3의 Color temperature는 탄소(Black)에 열을 가해서 온도가 상승하면 온도에 따르는 고유의 Color파장이 나타나게 되는데, 이때 가해지는 온도(열)를 Color temperature라고 한다. 절대온도값으로 표시하고 모든 Color파장을 포함하는 빛을 White color(흰빛)라고 한다.

이 White color는 명암신호와 모든 Color파장을 포함하고 있으며, 전파속도는 ∞(0)가 된다. 일반적으로 알려진 빛의 속도라고 하는 것은 명암신호를 포함하지 않는 순수 Color신호(AC)의 전파속도를 의미한다. 따라서 이 Color파장의 전파속도를 이용해서 거리나 기타를 측정하는 경우(그림3)에서 알 수가 있는 것처럼 Luminance level과 Color level 차이가 큰, 즉 AC성분에 가까운 Red나 Infrared(적외선) 영역에서만이 측정이 가능하게 된다. Red 이상의 Color,

즉 Luminance값이 크고 Color level값이 작으면 거의 Luminance성분이기 때문에 속도가 ∞(0)이므로 측정이 어렵게 되거나 불가능하게 된다.

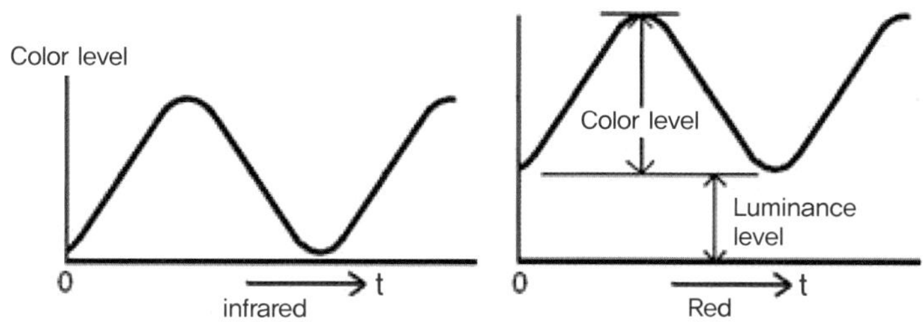


그림4. Luminance, Color level 개념도

그림4는 Luminance, Color의 level 차이 개념을 나타내는 것으로 같은 조건으로 거리나 기타의 측정을 하는 경우 Color level에 비해서 Luminance level의 값이 작은, 즉 Infrared은 Luminance의 Level이 거의 0에 가깝기 때문에 측정감도는 Red에 비해서 우수하지만 사람의 시각은 감지를 하지 못하게 된다. 그 이유는 사람은 발열방식의 생명체로 체온에 의해서 Red 이하의 Color파장을 발산하게 되므로, 시각적인 방해를 받기 때문에 제한된다.

그림5는 Color신호의 Filter효과를 나타내는 것으로 양 신호의 큰 차이는, A는 속도가 ∞(0)이고 B는 순수파장 신호인 AC신호로 30만km/s의 전파속도를 갖게 된다. 즉 Luminance신호를 포함하느냐 그렇지 않느냐는 매우 중요

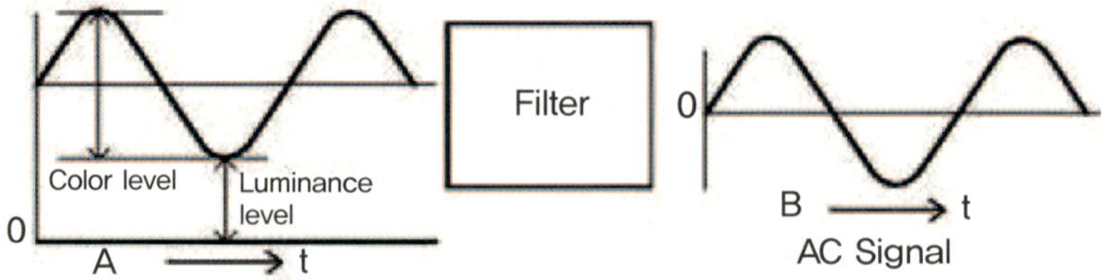


그림5. Color신호의 Filter효과

한 의미를 갖게 된다.

그림6은 White color신호의 구성요소를 나타내는 것으로, 청색(blue)숫자는 Color(AC)성분의 파장 길이를 의미하며 700nm에서 380nm까지 분포한다. 700 이하를 적외선, 380

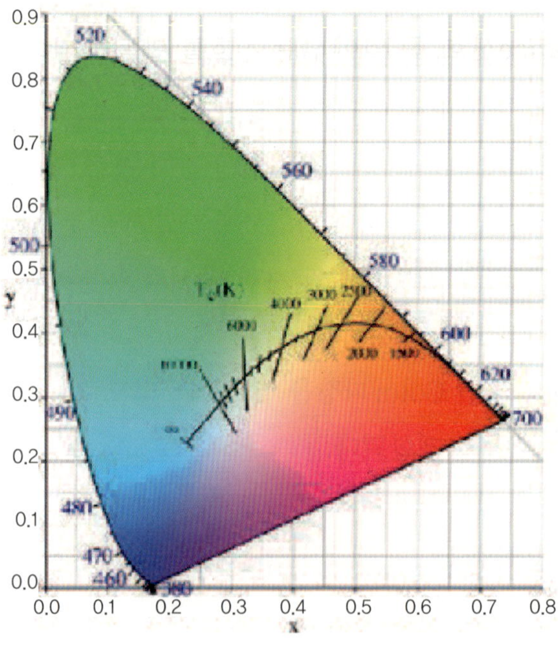


그림6. White color신호의 구성도

이상을 자외선이라고 하며, 그림1의 색온도에 따르는 Color 신호와 White color신호에 포함되는 Color는 같은 Color라도 개념적인 차이가 있다.

현재 우리가 매일보고 있는 Color TV는 White color신호에서 대표가 되는 R, G, B를 Filter로 추출해서 다양한 신호처리를 한 다음, 다시 수신 장치에서 White color신호를 만들게 된다. 태양에서 만들어지는 White color신호와는 다르다.

즉, 태양에서 만들어지는 White color신호는 매우 높은 값의 Luminance신호 및 열을 포함하고 있다. 그러나 TV수상기나 각종 Color display장치의 White color신호는 R, G, B신호를 Y=0.59G+0.3R+0.11B의 비율로 가산해서 유사 Luminance신호, 즉 열이 없는 신호를 만들게 된다.

따라서 White color에 포함되는 Color는 열(온도)변화에 관계없이 고유의 파장을 유지하지만, 그림6의 Color는 열(온도)변화처럼 Color파장이 변화하기 때문에 Color신호에 열이 있느냐 없느냐는 우주 공간이나 지구에서 매우 중요한 의미를 갖게 된다.

## 4. 태양, 항성의 열 및 빛의 에너지 밀도

우주 공간의 태양을 포함하는 모든 항성은 무한초점효과로 일정거리에 무한의 초점을 만들고, 그 비율 값은 400:109가 된다. 따라서 이 무한초점에 의한 온실효과로 태양이나 항성은 무한으로 빛과 열을 유지하게 된다.

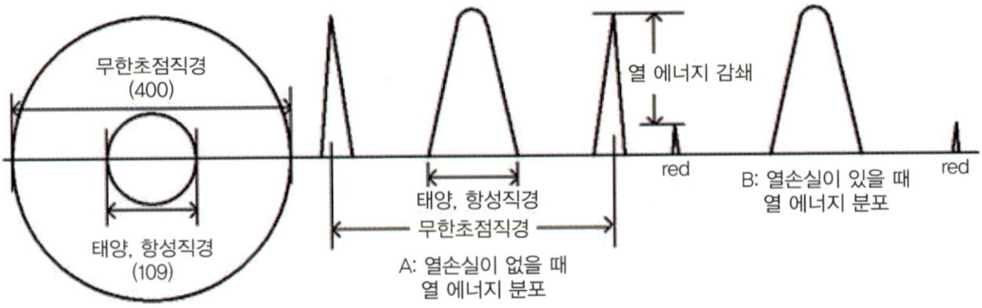


그림7. 태양, 항성의 무한초점의 열에너지 밀도분포

그림7은 우주 공간에 존재하는 태양이나 항성의 열에너지 분포개념을 나타낸다. 우주 공간에서 A는 열손실이 없을 때의 열에너지 분포이고, B는 주위 온도의 영향으로 열손실이 있을 때의 열에너지 분포이다. 무한초점의 열에너지는 우주 공간의 온도가 절대온도 1°K(-273℃)값을 갖기 때문에 열손실이 많게 되어, 거의 0에 가깝게 된다.

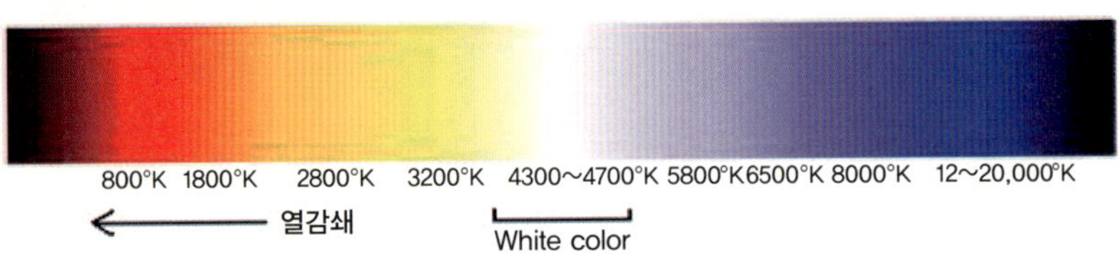


그림8. Color temperature

즉, 그림7의 A에서와 같이 태양과 항성의 무한초점은 열손실이 없을 때는 White color이지만, 그림7의 B와 같이 무한초점의 열에너지가 주위 온도의 영향으로 열손실이 커지면 무한초점의 Color temperature가 낮아지게 되어 White color에서 Red로 변화된다. 그 감쇄값이 Red이하로 내려가면 적외선(Infrared) Camera이 아니면 관찰이 불가능해지고, 열이 가해지면 다시 White color로 변화하게 된다.

따라서 태양이나 모든 항성은 무한초점효과의 Red color로 관찰되어야 한다. 하지만, 여기서 중요한 것은 Infrared, Red color는 Luminance값에 비해서 Color파장의 값이 크기 때문에 전파속도 30만km/s의 속도를 갖게 된다는 것이다.

따라서 태양, 항성의 은하공전의 속도는 217km/s이고, 태양, 항성과 지구의 상대속도는 2배인 434km/s이므로, 30만km/s/434Km/s=691s가 된다.

이 전파속도는 약 11분 30초(2억Km)이상의 거리에서는 붉은(Red)색의 무한초점은 관찰이 불가능하지만, 태양은 지구에서 전파속도가 8분 정도의 거리이기 때문에 Red의 태양으로 관찰된다.

따라서 전파속도로 약 11분30초 이상의 거리에 존재하는 모든 항성(별)은 붉은(Red)색으로 관찰되는 것이 아니라, 전파속도가 ∞(0)인 그림9에서와 같이 White color만이 관찰된다. 약간 노란(Yellow)색에서 청색(Blue)의 범위에서 광학장치의 Color오차에 의해서 관찰되는 것이다. 즉, 뒤의 참고사진1과 참고사진2의 비교사진에서와 같이 광학장치에 따라서 Color가 부정확하게 촬영되어 주로 청색(Blue)에 가까우면 거리가 멀고, 노란색(Yellow)에 가까우면 거리가 가깝다. 직경의 차이에도 같은 결과가 된다. 따라서 지구에서 관찰되는 모든 항성은 그림10의 범위 내에서 관찰된다.

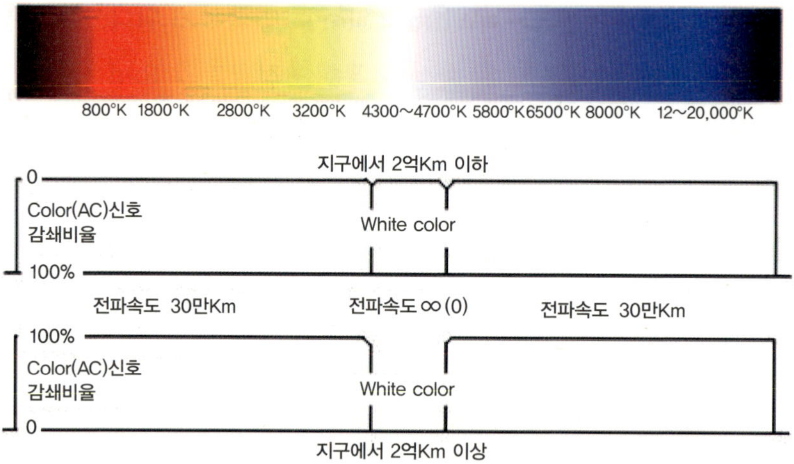


그림9. 관찰거리에 따른 Color신호의 감쇄비율 개념도

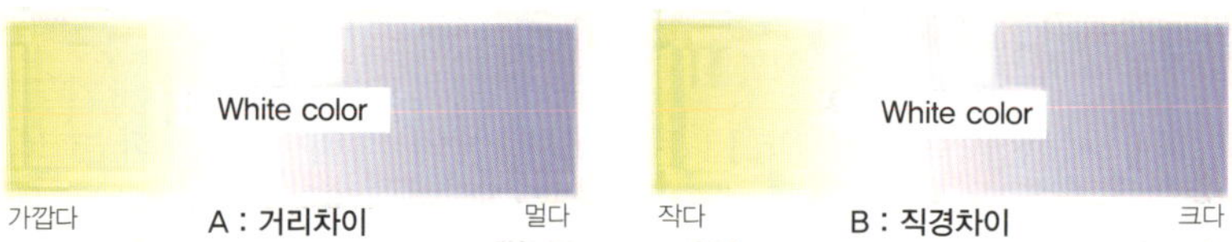


그림10. 항성과의 거리와 Color차이

참고사진1에서 좌측은 태양사진으로, 전파속도로 11분 30초 이내(8분)거리이기 때문에 Red color로 관찰된다. 색온도로는 대략 800°K 정도가 되어 태양으로는 적합하지 않게 된

다. 따라서 우측 사진도 태양과 같이 Red color로 관찰되어야 하지만, Color파장의 전파속도에 의한 관찰거리 제한으로 인해서 Red color는 관찰이 안 된다. 전파속도가 ∞(0)인 White color만이 관찰되지만, 그림10에서처럼 Color 및 Luminance level이 높은 일부의 Color가 관찰되며, 눈으로 직접 관찰할 때의 Color와 광학장치를 사용할 때의 Color는 차이가 발생된다. 그 이유는 모든 광학장치는 색 오차(수차)라는 Color오차를 갖고 있기 때문에 거리가 가까우면 색 오차(수차)값은 무시할 수가 있지만, 관찰거리가 멀수록 이 오차 값은 크게 되어 무시할 수가 없게 된다.

참고사진1. 태양과 항성의 color 비교사진

태양과 무한초점태양의 에너지밀도는 White color(약 5,000°K)로 같지만, 무한초점태양의 열손실로 무한초점태양은 Red(약800°K)로 관찰된다. 따라서 무한초점태양의 열손실은 대략 5,000°K-800°K=4.200°K가 되고, 이 태양의 무한초점 및 태양의 초점 현상이 없으면, 태양은 지구에서 Red태

참고사진2. 별(항성) 사진

양으로 관찰되고 열이 거의 없기 때문에 지구에서 생명체가 살아가는 것이 불가능하게 된다. 지구에서 관찰되는 태양은, 태양의 Focus효과에 의한 White color태양과 Red color의 무한초점태양의 2종류의 태양이 존재한다. 일출 때는 White color태양의 크기가 증가하면서 Color temperature가 증가하게 되어 순차적으로 Red, Orange, Yellow, White color로 변화하게 되고, 일몰 때는 반대로 변화하게 된다. 이러한 현상은 수평축을 기준으로, 위도에 따라서 참고사진3처럼 다양한 태양의 크기와 Color가 관찰된다.

결과적으로, 태양의 무한초점현상과 준 액체상태의 태양표면의 곡률변화에 의한 지구초점효과로 지구에 빛과 열을 공

참고사진3. 각 지역의 일출

급하기 때문에 지구에서는 생명체가 존재하는 것이 가능하게 된다. 그러므로 태양계내의 지구를 제외한 모든 행성에서는 생명체가 존재하는 것은 불가능하게 된다.

# 일식, 월식의 비밀

일식과 월식현상은 태양, 달, 지구, 목성의 매우 복합적인 회전운동으로 인해서 발생되는 현상이다. 회전체의 정위면이나 태양의 초점효과을 정확하게 이해하지 않으면 일식과 월식현상을 이해하는 것이 매우 어렵다.

## 1. 회전체의 정위면

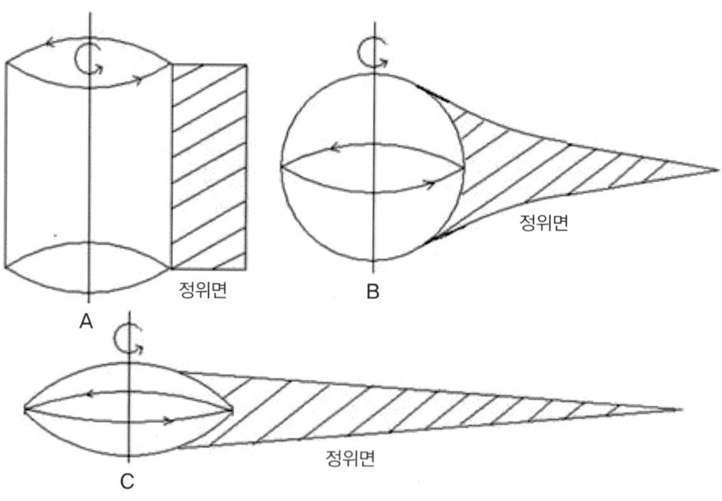


그림1. 회전체와 정위면의 변화개념도

회전체가 회전할 때 회전축과 수평방향으로 작용하는 힘의 범위를 면적으로 나타내는 것을 회전력에 의한 회전체의 '정위면'이라고 한다. 회전체의 질량과 회전속도가 같으면, 회전체의 모양에 관계없이 그 정위면적은 같고 회전체의 회전속도 제곱에 비례한다.

그림1은 회전체의 정위면의 변화를 나타내는 개념도로 빗금을 친 부분이 정위면이다. 회전체A는 정위거리는 짧지만 수직축의 정위폭은 넓어지고, 회전체C는 정위거리는 길어지지만 정위폭은 짧다. 회전체B는 회전체A와 C의 중간 정도의 성질을 갖게 된다.

태양은 구 형태의 회전체로 그림1에서 B와 같은 정위면을 만들게 되고, 태양의 수평축으로 그림2에서와 같이 여러 개의 행성을 거느리게 된다. 따라서 수성은 정위면의 폭이 가장 큰 곳에 위치하기 때문에 수직축의 변동폭이 크다. 목성이나 토성은 크기에 비해서 정위면의 폭이 작기 때문에, 수평축의 안정도는 확보되지만 자체의 회전력에 의해서 태양의 정위면을 이탈하게 된다. 따라서 수평축으로 여러 개의 위성을 추가해

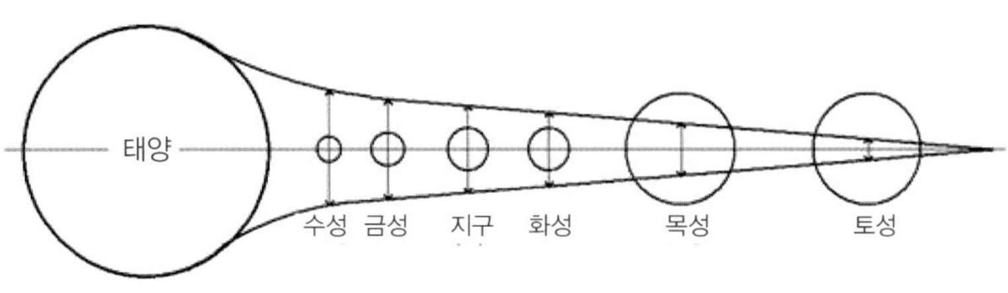


그림2. 태양의 정위면과 각행성의 위치 개념도

서 유사 날개를 부가하지 않으면 태양의 정위면을 이탈하게 되며, 목성이나 토성은 반드시 여러 개(수백, 수천)의 위성과 수직축 자세제어가 필요하다.

그림2의 지구의 태양공전거리에서 정위면의 수직축 변동폭의 값이 지구의 직경 값과 같으면 일식이나 월식은 발생되지 않겠지만, 수직축의 변동값이 지구직경보다 크기 때문에 지구는 상측(N)이나 하측(S)으로 움직이게 되어 지구에서 일식과 월식현상이 발생된다.

## 2. 태양, 지구, 달의 직경비율

그림3은 태양, 지구, 달의 직경비율을 나타내는 것이다. 달의 공전거리는 태양의 무한초점태양직경, 지구직경, 달의 무한반사초점직경의 값이 같은 곳으로, 지구와 달의 직경비율은 400:109로 무한초점태양과 태양의 직경비율과 일치한다.

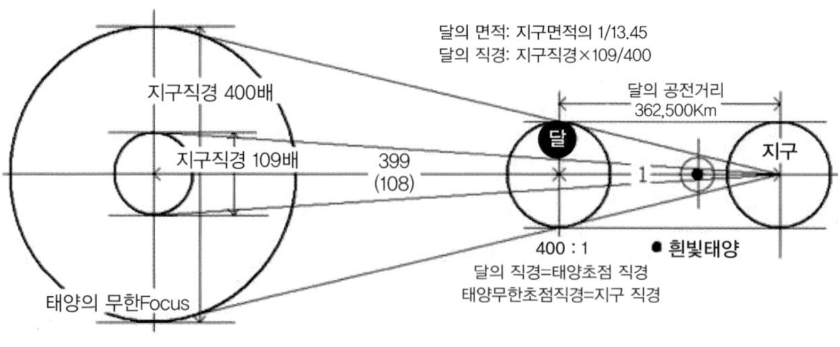


그림3. 태양, 지구, 달의 직경비율

즉, 달의 공전거리에서 태양의 초점직경이나 달의 직경 값은 일치하기 때문에, 지구에서 관찰되는 태양이나 달의 직경은 같은 크기로 관찰된다.

따라서 그림4에서와 같이 지구는 공전할 때 태양의 정위면을 상하로 움직이게 된다. 태양 정위면의 하측(S)으로 이동하게 되면 달이 지구의 공전궤도 상에서 태양의 무한초점 면적을 가리게 되고, 가리는 면적만큼 지구의 태양빛 면적을 가리게 되어 지구의 해당지역만 태양을 가리게 된다. 이런 결과로 지구의 일부지역에서만 일식현상이 발생하게 되는 것이다.

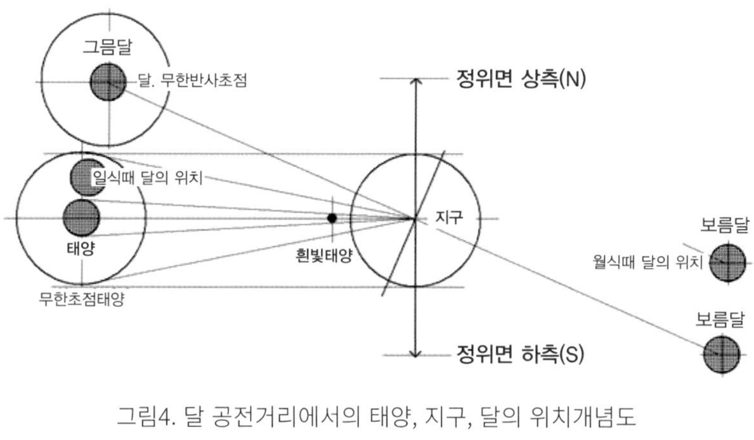


그림4. 달 공전거리에서의 태양, 지구, 달의 위치개념도

그림4에서 지구가 태양 정위면의 하측(S)에 위치하게 되면, 그믐달이 무한초점태양의 일부를 가리게 된다. 지구직경 값과 무한초점태양의 직경 값이 같기 때문에 달이 무한초점태양을 가리는 면적만큼 지구의 면적을 가리게 되고, 무한초점태양의 일부분을 가리면 부분일식 현상이 된다.

반대로 지구가 태양정위면의 상측(N)에 위치하게 되면, 보름달 때 지구가 태양빛의 일부를 가리게 되어 월식 현상이 발생한다.

## 3. 지구와 달의 태양, 목성의 Sine공전궤적

그림5는 지구 및 달의 태양, 목성의 Sine공전궤적을 나타내는 것이다. 춘분에서 추분 때는 목성의 영향을 받지 않고 공전하기 때문에 지구의 태양기본공전 180일로 공전하고, 추분에서 춘분 때는 목성의 영향으로 185.25일 공전하기 때문에 5.25일의 차이가 발생한다. 따라서 남반부의 여름과 북반부의 여름의 길이(날짜)는 5.25일의 차이가 발생한다. 그리고 태양직경 차이의 영향으로 태양열에너지의 총량은 비슷하게 되지만, 반대로 남반부 겨울은 북반부 겨울보다 5.25일 짧기 때문에 남반부는 북반부보다 평균온도가 높게 된다.

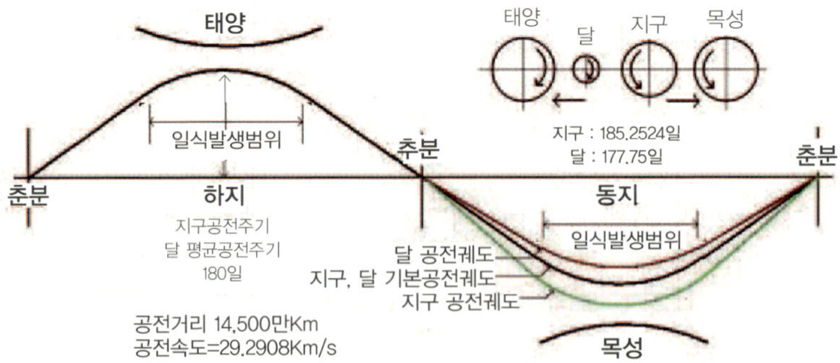


그림5. 지구와 달의 태양, 목성의 Sine공전궤적

또한 지구는 동지가 되면 지구와 자전방향이 같은 목성의 인력으로 목성쪽으로 끌려가게 되고, 달은 태양과 자전방향이 같기 때문에 태양의 인력으로 태양쪽으로 끌려가게 된다. 따라서 달의 태양공전주기는 기본공전주기 보다 2.25일 짧아진 357.75(360-2.25)일이 되고, 지구의 태양공전거리는 5.25일 늘어난 365.25(360+5.25)일이 된다. 이렇게 달과 지구의 태양공전주기는 1년에 7.5일의 차이가 발생하며, 달과 지구의 태양공전주기는 19년 주기로 일치하게 된다. 지구는 목성 쪽으로 끌려가기 때문에 태양의 초점직경이 작아지고, 달은 태양 쪽으로 끌려가기 때문에 달 공전거리에서의 태양 직경이나 달의 직경은 하지나 동지에 관계없이 일정한 비율값을 갖게 된다.

현대 천문학에서는 목성의 역할에 대한 개념이 없기 때문에 24절기라든지 지구공전속도 등은 많은 오류를 포함하고 있다. 하지만 고대 마야나 이집트, 영국(스톤 핸지)등에서는 이러한 개념을 알고 있었기 때문에, 현대보다 더 정확하게 달과 지구의 공전주기를 파악하고 있었을 것으로 생각한다.

## 4. 일식의 발생

지구는 공전(회전)하는 회전체로 그림4에서와 같이 태양 정위면의 상측(N)과 하측(S) 사이를 N쪽이나 S쪽으로 움직인다. 이 움직임은 불규칙적이며, 일식의 발생필요조건은 달의 위치가 그믐달(음력초하루,1일)이고 하지나 동지 근처일 때만이 일식이 발생된다. 즉, 하지나 동지를 전후해서 그믐달(음력초하루)이 겹치면 발생한다. 따라서 달의 위치가 북반부 기준 상현달, 하현달, 보름달일 때에는 어떤 경우라도 일식현상은 발생되지 않게 되며 일식의 발생 가능성은 매우 낮다.

일식이 발생될 확률은 지구의 태양공전궤도 상에서 태양의 영향(하지)을 받거나 목성의 영향(동지)을 받을 때, 지구가 태양의 정위면에서 수직축의 변동폭의 값이 크기 때문에 기본적으로 1년에 2번 정도 발생한다. 하지만 태양이나 목성은 지구에 비해서 직경이 크기 때문에, 지구의 수직축 변동폭은 규칙성이 없어서 일식은 규칙적으로 발생되지는 않는다. 또한, 태양 및 목성의 영향을 동시에 받아서 지구의 수직축의 변동폭의 값이 작은 춘분이나 추분 때는 일식현상이 전혀 발생되지 않는다.

태양이나 지구 목성은 완전한 형태의 구이고, 지구에 비해서 태양이나 목성의 직경의 차이가 크다. 때문에 지구가 추분을 거쳐 동지 때 목성으로 끌려가면서 수직축으로 변동이 발생한다. 반대로 춘분을 거쳐 하지 때에는 태양으로 끌려가면서도 수직축으로 변동이 발생하므로, 이 태양공전거리에서 수직축의 변동폭이 클 때 일식과 월식이 발생된다.

그림6은 지구의 태양공전거리에서의 수직축 변동 개념도이다. A는 태양에 의해서 춘분에서 하지를 거쳐서 추분에 이르는 지구의 수칙축 변동을 나타내고, B는 목성에 의해서 추분

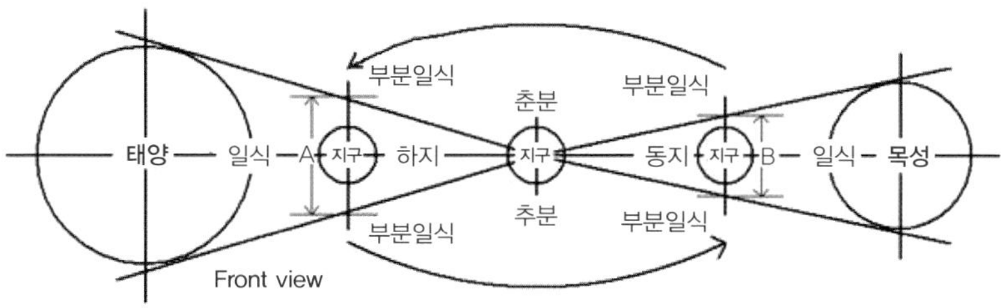


그림6. 지구의태양공전거리에서의 수직축 변동개념도

에서 동지를 지나 춘분에 이르는 지구의 수직축 변동을 나타낸다. 그림6에서도 알 수가 있는 것처럼 지구의 수직축의 변동값이 최대가 되는 하지나 동지 때 일식 현상이 발생하고, 태양이나 목성의 영향을 동시에 받아서 수직축의 변동 폭이 작은 춘분이나 추분 때는 일식 현상이 전혀 발생하지 않는다.

## 5. 일식의 종류

일식은 크게 개기일식, 부분일식, 금환일식의 3가지의 종류가 있다. 개기일식과 금환일식의 발생 원인은 달의 지구공전

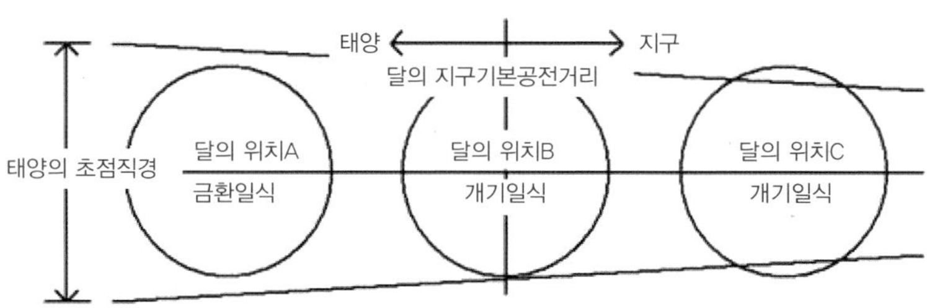


그림7. 개기, 금환일식 개념도

거리가 항상 일정한 것이 아니라, 공전거리의 오차가 발생하게 되어 나타나는 현상이다.

그림7에서와 같이 달의 지구공전거리가 기본공전거리보다 같거나(B) 짧으면(C) 개기일식, 길면(A) 금환일식이 된다. 따라서 그림7에서도 알 수가 있는 것처럼 금환일식보다 개기일식의 발생 회수가 많아지게 된다. 금환일식은 일식현상 중에서 대략 1/3정도가 되며, 금환일식은 주로 달이 태양 쪽으로 끌려가는 동지일 때 발생 확률이 높다.

과거 일식현황

| 년 도 | 일시 | 음력 | 종류 | 년도 | 일시 | 음력 | 종류 |
|---|---|---|---|---|---|---|---|
| 2009년 | 7/22 | 6/1 | 개기 | 2011년 | 6/2 | 5/1 | 개기 |
| 2010년 | 1/15 | 12/1 | 금환 | 2011년 | 11/25 | 11/1 | 부분 |
| 2011년 | 1/4 | 12/1 | 부분 | 2012년 | 5/21 | 4/1 | 금환 |

## 6. 월식의 발생

일식은 그믐달 때 발생되고, 월식은 보름달 때 발생되는 현상이다. 발생과정은 같지만, 그림4에서처럼 지구가 그믐달 상태에서 태양의 정위면의 하측(S)으로 움직일 때 발생하는 현상이 일식이고, 지구가 보름달 상태에서 태양의 정위면의 상측(N)으로 움직일 때 발생하는 현상이 월식이다.

# 지구 각 지역의 일출과 일몰
## (태양의 초점효과)

태양은 기본태양 외에 무한초점태양, 흰빛태양의 2종류의 태양이 존재하며, 태양의 초점효과 때문에 지구 각 지역마다 태양의 크기가 다르게 관찰된다. 특히 일출과 일몰 때 Color temperature(색온도)변화의 차이가 발생한다. 즉 무한초점태양은 색온도가 낮기 때문에 붉은색(Red)으로, 흰빛태양은 색온도가 높기 때문에 흰빛(White Color)으로 관찰된다. 일출과 일몰 때는 위도에 따라서 무한초점태양과 흰빛태양의 밝기차이에 의한 Color temperature의 비율이 다르기 때문

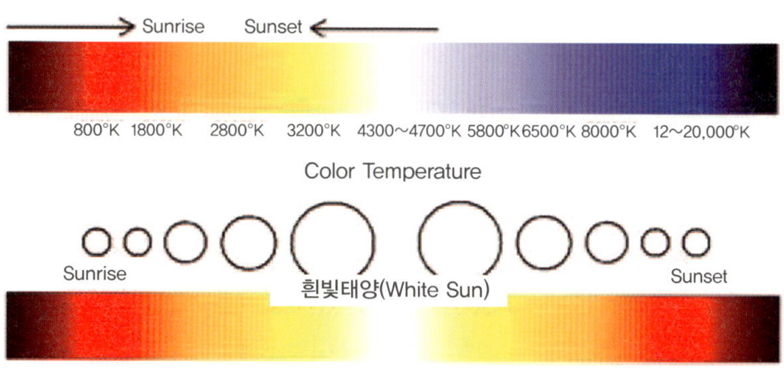


그림1. 일출, 일몰Color temperature 변화

에, 위도에 따라서 다양한 색온도의 변화를 연출하게 된다.

따라서 앞의 그림1에서와 같이 일출 때는 어둠(Black)에서 시작해서, 무한초점태양의 붉은색의 태양에서 점차 밝기가 밝은, 즉 흰빛(White color)인 흰빛태양의 크기가 점차 커지면서 색온도도 증가하게 된다. 그리고 그림1의 변화과정 즉 Red, Orange, Yellow, White color과정을 거쳐서 일출이 진행된다. 이 과정은 지구의 수평축을 기준으로 수평축에서의 거리(위도)에 따라서 무한초점태양의 Red와 흰빛태양(White Sun)의 크기비율(색온도)의 차이에 따라서 다르게 관찰되고, 일몰 때는 흰빛태양에서 반대의 과정을 거쳐서 해가 진다.

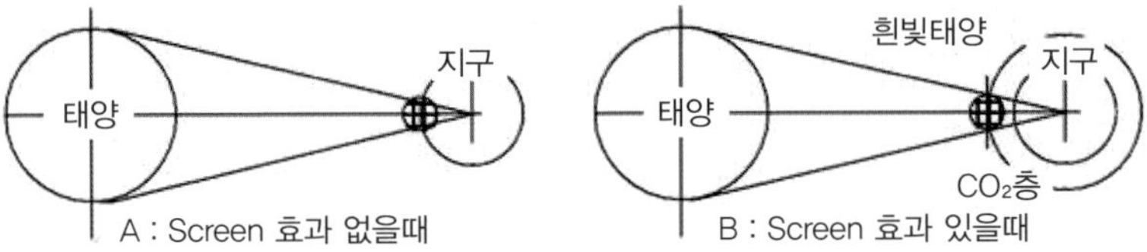


그림2. $CO_2$층에 의한 Screen효과

그림2는 지구 대기권의 $CO_2$층에 의한 Screen효과를 보여준다. 흰빛태양이 없으면 지구 기울기가 있다고 해도 지구의 수평축에만 태양의 빛과 열이 작용하게 되지만, $CO_2$층의 $CO_2$에 의한 흰빛태양의 빛과 열의 증폭효과에 의해서 지구 전체에 빛과 열을 공급하게 된다. 따라서 지구에서 $CO_2$발생량이 기준값을 초과하면 흰빛태양의 발열량이 증가하면서 지구의

온도가 상승하게 되고, 반대로 $CO_2$발생량이 적으면 발열량이 감소하게 된다. 그리고 태양의 초점효과로 지구 중심에 태양의 초점이 만들어지므로, 지구에서 관찰되는 태양의 크기는 극지에서는 점으로 관찰되어야 하지만 기울기의 거리 때문에 크기가 제한되어서 관찰되고, 수평축에서는 태양의 크기가 크게 관찰된다.

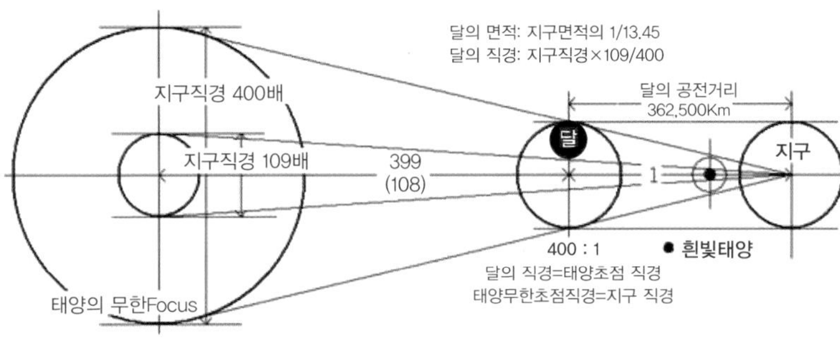


그림3. 태양, 달, 지구의 거리비율

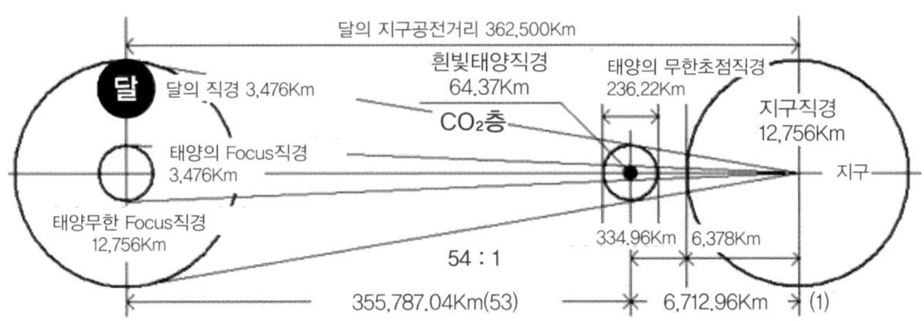


그림4. 달, 흰빛태양, 지구의 거리비율

그림3, 그림4는 태양, 달, 흰빛태양, 지구의 거리비율을 나타내는 것이다.

앞의 내용들을 다시 한번 정리하면 아래와 같다.

1. 태양은 완전한 구 모양 형태의 발광발열체로 일정한 거리에 무한초점을 만들게 되고, 그 비율은 109:400으로 무한초점의 직경이 400일 때 태양의 직경은 109가 된다. 태양은 준액체상태의 마그마로 구성되어 있어서, 지구나 목성의 인력으로 태양의 표면이 볼록 튀어 나오게 되어 태양의 초점거리가 길어지게 된다. 즉 달의 인력으로 바닷물이 끌어 당겨지는 것과 같은 원리다.

2. 이러한 이유로 태양의 초점거리가 무한초점의 길이보다 길어지게 되어 하지(근일점)에는 지구 자체의 인력만으로 지구의 중심에 태양의 초점이 맞게 된다. 동지(원일점)에는 목성의 인력과 지구의 인력의 합으로 태양의 초점거리가 500만km 길어지게 되어, 항상 지구중심에 태양의 초점이 맞게 된다. 여기서 500만km는 동지와 하지 지구의 태양공전거리의 차이다. 하지 때의 지구공전거리는 1억4,500만km, 동지 때는 1억5,000만km가 되고, 이 차이 비율은 30:1이 된다. 따라서 태양의 초점효과로 흰빛태양은 항상 지구표면에서 일정거리(334.96km)에 존재하기 때문에, 지구에서 관찰되는 태양의 크기(직경)는 하지나 동지에 관계없이 그 크기가 거의 일정하게 관찰된다.

3. 태양의 초점효과로 태양의 초점이 지구중심에 이르게 되어, 만일 지구의 기울기(23.5°)가 없으면 극지방에서 태양을 관찰하는 것이 불가능하다. 지구의 기울기, 즉 기울기의 거리

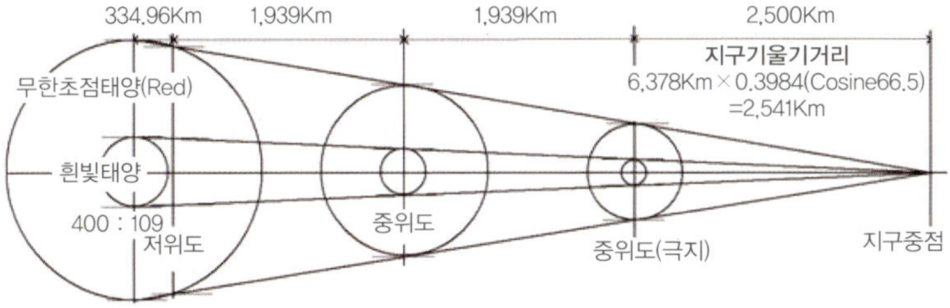


그림5. 위도에 따른 태양의 크기비율

만큼 태양의 크기가 크게 관찰되는 것이다. 즉 그림5에서처럼 고위도인 남극이나 북극에서 관찰되는 태양의 크기는 기울기거리가 2,541km이므로 점으로 관찰되는 것이 아니라, 지구에서 관찰되는 크기가 가장 작은 최소 직경의 태양으로 관찰된다.(사진자료2 참조)

사진자료1은 중위도(한국)지역의 해무리 사진으로 무한초

사진자료1. 중위도(한국) 해무리 현상

점태양의 에너지 밀도가 높은 외곽과 색온도가 높고 밝기가 밝은 흰빛태양의 비율을 나타내는 것이다. 대기가 맑을 때 해무리 현상은 관찰이 어렵지만 구름이 적정량으로 Screen효과가 발생될 때 해무리 현상이 나타난다. 기본값은 400:109이지만 사진상으로는 조리개(Iris)값이나 지구의 수평축을 기준하는 위도에 따라서 비율값은 차이가 발생한다. 즉 위도가 높을수록 크기의 비율값은 적어지게 된다.

4. 사진자료2는 Nat-Geo Wild 방송프로그램 내용 중에서 (Wild Namibia) 일몰장면을 발췌해서 편집한 것이다. 일출이나 일몰의 태양크기의 변화는 같고 일출은 일몰의 반대로 변화한다. 태양의 크기의 변화 차이가 대략 2.4배 정도 차이의 크기로 관찰되기 때문에 지구표면에서 흰빛태양과의 거리는 334.96km이고, 물체의 크기는 거리제곱에 반비례해서 관찰되므로 관찰거리는 334.96×5.735=1,921km의 거리 차이

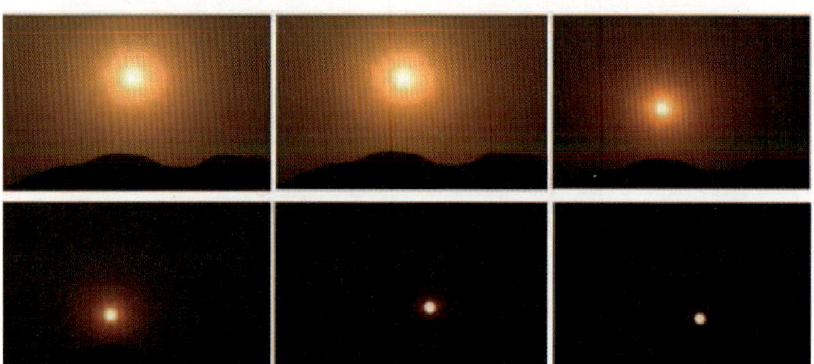

사진자료2. 나미비아사막의 일몰

가 발생된다. 태양의 초점이 지구중심에 위치하기 때분에 섬으로 사라지게 되지만, 지구의 기울기 거리 때문에 사진처럼 관찰된다.(그림3 참조)

참고로, 흰빛태양크기의 최대비율은
지구직경/2-기울기거리/334.96=11.47
일출과 일몰은 같은 변화로 11.47/2=5.735
따라서 $\sqrt{5.735}$=2.39(2.4)배가 된다.

이 자료를 참고로 지구 근일점과 원일점의 태양의 크기를 비교해 보자. 근일점(하지)과 원일점(동지)은 500만km의 차이가 있으므로 태양의 초점효과가 없으면 근일점(하지)때 태양이 현재의 모양으로 관찰된다고 가정하더라도, 원일점(동지)때 태양을 육안으로는 관찰하는 것이 불가능하다. 하지(근일점)나 동지(원일점)때 태양의 크기가 별 차이가 없다. 그림6

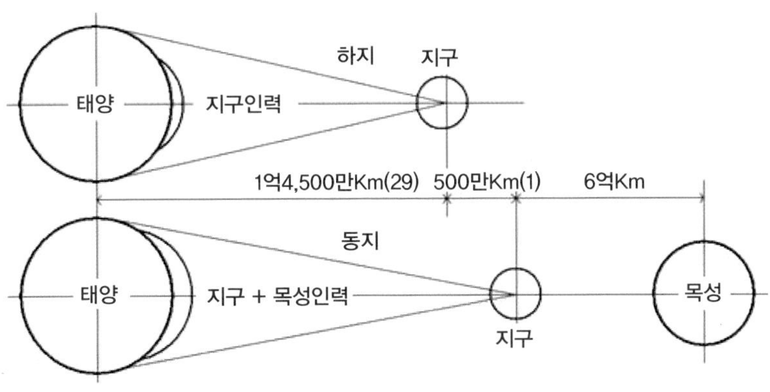


그림6. 목성에 의한 지구초점거리제어

에서처럼 하지 때는 지구의 인력만으로 태양의 표면이 볼록 나오게 되어 태양의 초점이 지구중심에 이르게 되고, 동지 때는 지구와 목성인력의 합으로 태양의 초점이 지구중심에 이르게 되는 태양의 초점효과 때문에 지구에서 관찰되는 태양의 크기는 별 차이가 없게 된다. 즉, 항상 일정한 크기로 관찰된다.

5. 그림7은 기본적인 일출, 일몰 때 태양의 크기 및 색온도 변화의 개념을 나타내는 것이다. 지구의 위도에 따라서 무한초점태양과 흰빛태양의 밝기비율이 다르기 때문에, 관찰지역에 따라서 다양한 크기와 Color로 관찰된다.

일출과 일몰 때 태양과 무한초점태양의 밝기는 지구수평축에서는 흰빛태양의 밝기가 상대적으로 밝기 때문에 무한초점태양은 관찰이 어렵다. 태양은 기울기로 제한된 크기에서 시작되어 짧은 시간 동안에 태양의 크기가 자승특성으로 커지게 관찰되고, 한낮에 해무리현상이 자주 관찰된다.

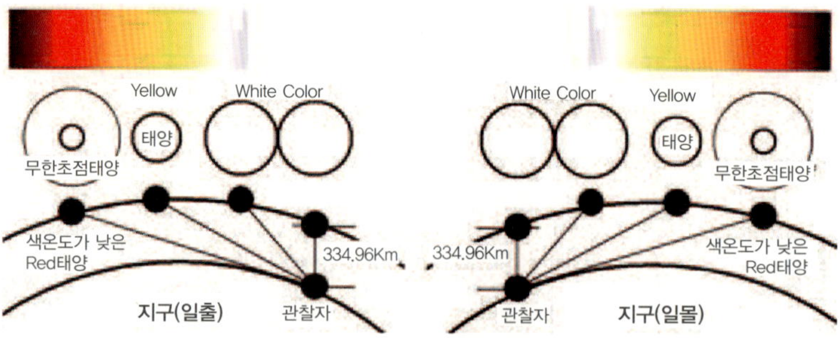


그림7. 일출, 일몰 관찰거리(시간)와 흰빛태양의크기와 Color변화

사진자료3. 지구 각 지역의 일출

## 1) 지구수평축

지구 수평축(저위도)에서는 그림8에서와 같이 일출은 작은 크기에서 자승특성으로 태양의 크기가 짧은 시간 동안에 커진다. 때문에 세심하게 관찰하지 않으면 순식간에 커지게 된다. 일몰 때는 반대로 짧은 시간 동안에 작아져서 사라지게 되며, 한낮에 대기의 조건에 따라 해무리현상이 자주 관찰된다.

지구 수평축은 무한초점태양과 흰빛태양의 밝기 비율 값이 크기 때문에 붉은색의 무한초점태양은 관찰이 어렵고, 사진

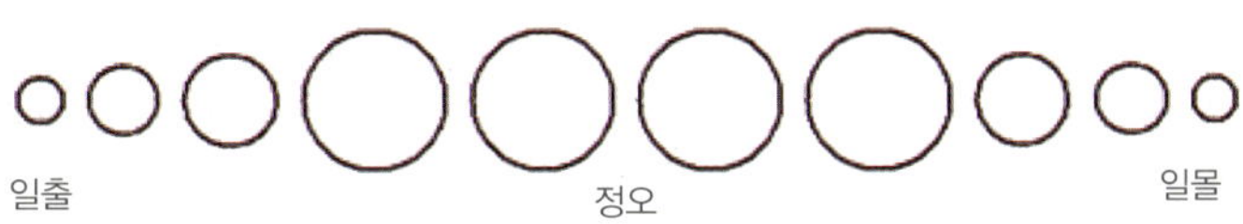


그림8. 지구수평축 흰빛태양의 크기변화

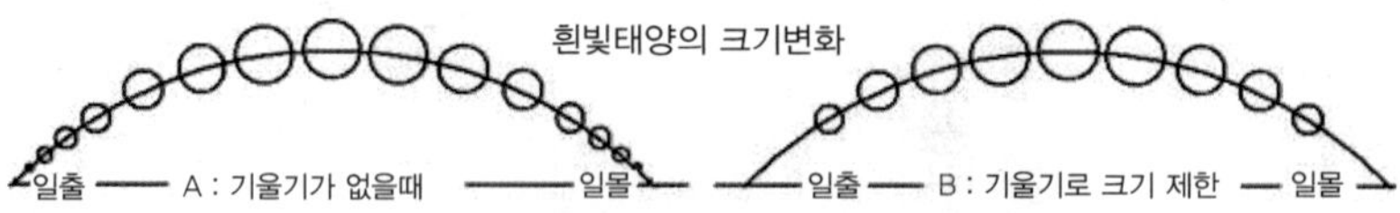


그림9. 기울기와 흰빛태양의 크기변화

자료3의 나미비아사막의 일몰 사진에서처럼 Red인 무한초점 태양과 White color인 흰빛태양의 밝기 비율값이 적당히 배합된 노란색 태양이 나타난다. 태양의 초점이 지구중심에 이르기 때문에 태양은 점으로 사라지게 되지만, 지구의 기울기 거리가 2,541km이기 때문에 작은 크기로 시야에서 사라지게 된다.

그림9는 지구 기울기와 흰빛태양의 크기변화를 나타내는 것으로, 기울기가 없을 때는 그림9의 A에서처럼 흰빛태양이 초점에서 점차 크기가 커지면서 일출이 시작되고, 일몰 때는 반대로 크기가 점차 작아지면서 해가 지게 된다. 그림9의 B는 지구 기울기로 크기가 제한되어서 일출과 일몰이 진행되는 것을 나타낸다.

## 2) 지구의 중위도

중위도 지역의 태양의 모양 변화는 관찰하는 지역에 따라서 무한초점태양의 크기는 차이가 발생된다. 그림10에서처럼 흰빛태양의 크기가 작으며, 상대적으로 크기가 크고 색온도가

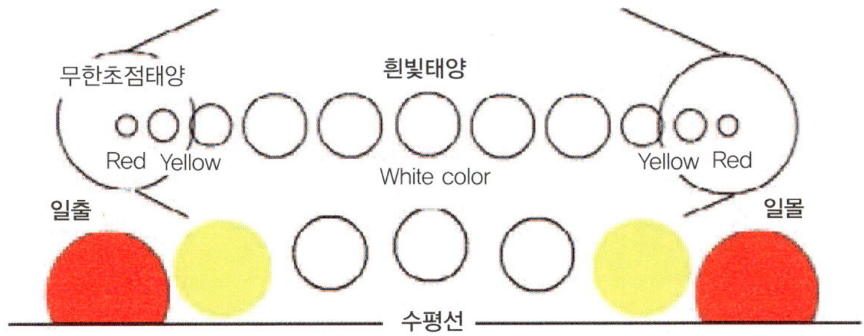


그림10. 중위도지역의 태양의 크기 및 색온도변화

낮은 붉은색(Red)의 무한초점태양이 나타난다. 이어서 흰빛태양의 크기가 자승특성으로 짧은 시간동안에 커지면서 색온도는 점차 증가하여 태양은 Red에서 Orange, Yellow를 거쳐서 White color의 태양이 되고, 일몰 때는 반대의 현상이 나타난다. 이 역시 관찰지역에 따라서 무한초점태양의 크기가 다르게 관찰된다.

무한초점태양은 밝기비율이 적당한 중위도지역에서 제일 크게 관찰된다. 무한초점태양이 수평선에 절반 정도 나타나날 때까지는 붉은색의 태양에서 점차 노란색의 태양으로 변화한다. 흰빛태양의 밝기가 점차 밝아지면서 노란색의 무한초점태양은 시야에서 사라지고 무한초점태양보다 크기가 작은 흰빛태양으로 변화하게 된다. 이때의 변화 속도는 자승특성으로 진행되기 때문에 짧은 시간동안에 이루어지며, 중위도 지역이라도 무한초점태양의 크기는 태양과의 위치 각도에 따라서 그 크기가 다르게 관찰된다. 태양 주위가 붉은색으로 보이는 것은 색온도가 낮은 붉은색(Red)의 무한초점태양의 영향을 받기 때문이다.

### 3) 지구의 고위도

고위도 지역에서는 무한초점태양과 흰빛태양의 크기의 차이도 작고 밝기의 차이도 작기 때문에, 붉은색의 무한초점태양은 관찰이 어렵다. 일출과 일몰 때 노란색의 태양이 길게 관찰되고, 흰빛태양의 크기는 수평축기준 저위도나 중위도에 비해서 작게 관찰된다. 그림11은 일출, 일몰 때의 태양의 크기 및 색온도변화를 나타내는 것으로 무한초점태양의 열에너지 밀도가 낮기 때문에 Red는 관찰이 어렵다.

사진자료4의 노르웨이의 일출과 일몰에서는 붉은색의 무한초점태양의 크기나 흰빛태양의 크기의 비율 값이 크지 않다. 따라서 노란색 태양에서 점차 흰빛(White color)태양으로 변화하게 되며, 사진자료4의 하단의 일출에서처럼 태양의 크기의 차이의 변화값은 크지 않다. 흰빛태양과의 거리가

그림11. 고위도지역의 태양의 크기 및 색온도 변화

노르웨이 일몰

노르웨이 일출

사진자료4. 노르웨이의 일출과 일몰

가까운 저위도(수평축)지역에서는 일출이나 일몰 때 그 크기의 변화폭이 크고, 고위도일수록 크기 변화가 크지 않게 된다. 그 이유는 물체의 크기는 거리제곱에 반비례해서 관찰되기 때문이다. 그리고 무한초점태양과 흰빛태양의 Color temperature(열)비율 때문에 지구 각 지역마다 일출일몰시의 태양의 크기나 색온도는 다르게 관찰된다.

즉, 밝기 비율값이 큰 저위도에서는 붉은색의 무한초점태양은 관찰이 어렵고 색온도에만 영향을 주기 때문에 사진자료3의 이집트의 일출에서처럼 노란색의 태양이 관찰된다. 밝기 비율값이 중간 정도인 중위도 지역인 사진자료3의 한국(동해)이나 일본의 일출에서는 크기가 큰 붉은색 태양에서 점차 노란색의 무한초점태양이 관찰되다가 흰빛태양의 밝기가 점차 밝아지면서 색온도가 높은 흰빛태양으로 관찰된다.

6. 태양은 준 액체상태의 물질(마그마)로 구성되어 있어서, 그 상태로는 태양의 표면이 주위의 낮은 온도(절대온도)에 의해서 검게 변질되어 발광 및 발열효율이 현저하게 저하하게 된다.

따라서 그 상태로는 태양으로 사용하는 것이 불가능하지만, 태양처럼 구 형태의 발광발열체는 일정거리에 에너지밀도가 높은 무한초점을 만든다. 이 태양의 무한초점에 의한 온실효과로 태양표면의 열손실은 거의 0에 가깝고, 회전력에 의한 마찰열 때문에 무한하게 동작하는 것이 가능하게 된다. 따라서 이 무한초점에 의한 온실효과로 지구에서 생명체가 존재하는 것이 가능하게 되고, 대기의 상태에 따라서 해무리 현상으로 관찰된다.

또한 완전한 구 형태의 반사체인 달도 일정거리에 에너지밀도가 높은 무한의 반사초점을 만들게 된다. 달의 공전거리는 태양의 무한초점직경, 지구의 직경, 달의 무한반사초점직경의 3가지의 직경값이 같은 곳에 달의 공전거리가 정해지기 때문에, 일식 때 달이 무한초점태양의 일부를 가리는 현상이 발생한다. 그리고 달의 무한반사초점이 대기의 상태에 따라서 지구에서 달무리형태로 관찰되며, 달무리나 해무리의 직경 및 비율은 같다.

해무리 현상은 태양초점면의 밝기와 태양의 무한초점면의 밝기의 차이로 대기가 맑은 날에는 육안으로 관찰이 어렵다. 엷은 구름층이 흰빛태양의 초점면을 가리게 되면, 사진자료5

의 사진처럼 구름층의 Screen효과에 의해서 태양의 초점면과 무한초점면이 나타나게 되어 육안으로 관찰이 가능하다. 무한초점면의 가장자리만 나타나는 것은 무한초점태양은 가장자리의 에너지밀도가 높기 때문에 에너지밀도가 높은 가장자리만 보이게 된다.

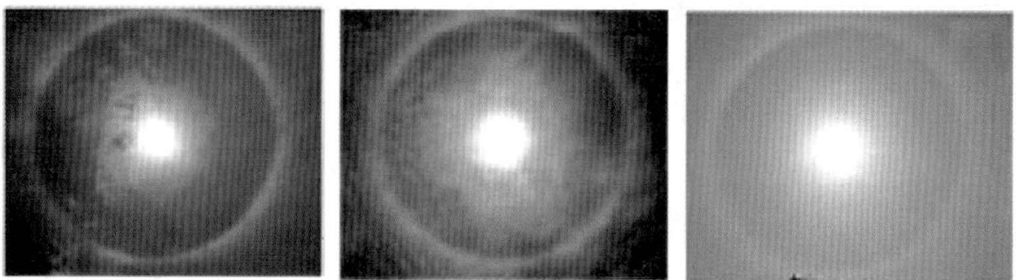

A　　　　B　　　　C

사진자료5. 해무리사진

## 4) 달무리 현상

달무리 현상은 달의 무한반사초점 현상 때문에 나타나는 현상이다. 달의 지구공전거리는 태양의 무한초점직경, 지구직경, 달의 무한초점직경 값이 같은 곳에 위치하기 때문에 태양의 무한초점의 직경값과 달의 무한반사초점의 직경값이 일치한다. 따라서 지구에서 관찰되는 해무리 현상의 직경 비율이나 달무리현상의 직경 비율값은 같으며, 위도가 같은 장소에서는 같은 크기로 관찰된다. 사진자료6에서 달과 달무리 직경 비율의 차이가 발생되는 이유는, 촬영할 때의 Iris(조리개)값에 따라서 다르게 나타나기 때문이다. 사진A는 과다노출, 사진B는 적정노출, 사진C는 노출부족이다.

사진자료6. 달무리사진

상기 각종 사진자료는 인터넷 검색자료를 사용해서 태양부분만 발췌해서 편집하여 사용하였다.

# 목성에 의한 지구기울기 방향제어

태양처럼 준 액체상태의 구(球)형태의 발광발열체는 일정거리에 에너지밀도가 높은 Focus(초점)를 만들게 된다. 이러한 태양의 Focus효과로 태양의 빛과 열은 지구의 수평축에만 작용하게 되고, 지구에서 태양열과 빛의 사용효율은 현저하게 낮아지게 된다. 따라서 지구에서 태양의 빛과 열의 사용효율을 높여주기 위해서는 필수적으로 지구의 수직축 기울기를 활용해야 한다.

## 1. 태양의 Focus(초점)거리의 변화

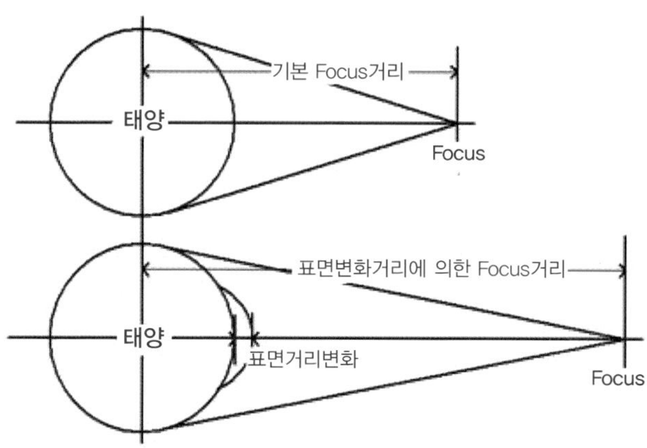


그림1. 구형태의 발광(발열)체의 초점거리변화 개념도

그림1은 준 액체상태의 구(球)형태의 발광발열체인 태양 표면의 곡률변화에 의한 Focus거리 변화의 개념을 설명하기 위한 것이다. 발광발열체의 표면 변화의 거리가 길어질수록 Focus거리는 기본 Focus길이보다 길어지지만, 에너지 밀도의 변화는 그다지 크지 않게 된다. 이러한 현상을 구형태의 발광발열체의 'Lens효과에 의한 Focus 거리변화'라고 한다. 즉, 지구의 인력으로 준 액체 상태인 태양의 표면이 늘어나게 되어 Focus의 길이가 길어지게 되는 현상이 나타난다. 이러한 현상은 달의 인력으로 액체 상태인 지구의 바닷물이 끌려가는 것과 같은 개념(원리)이다.

## 2. 흰빛태양의 필요성

태양의 Focus효과로 태양의 빛과 열은 지구의 수평축에만 작용하게 되어, 태양의 열과 빛의 사용효율이 현저하게 저하하게 된다. 따라서 지구의 대기권 $CO_2$층에서 Screen효과에 의한 태양의 Focus가 나타나도록 해야 한다.

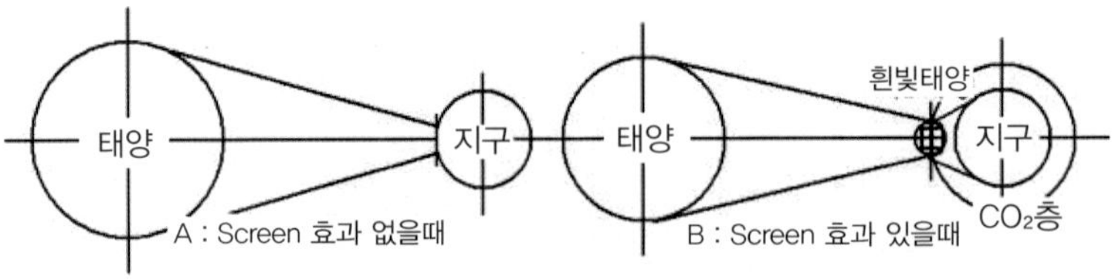


그림2. $CO_2$층의 Screen 효과

그림2는 $CO_2$층에서 Screen효과가 있을 때와 없을 때를 비교한 것이다. A처럼 $CO_2$층이 없는 경우에는 지구의 수평축에서만 태양의 빛과 열이 공급되기 때문에 태양의 빛과 열의 사용효율이 떨어지게 된다. 반면에 B는 $CO_2$층의 Screen효과에 의해서 태양의 Focus상이 맺히게 된다. 태양의 Focus만으로는 지구 전체에 태양의 빛과 열을 공급하기에는 용량이 모자라게 되지만, $CO_2$는 빛과 열을 증폭(Amplification)하는 역할을 하기 때문에 지구에서 필요로 하는 빛과 열을 공급하는 흰빛태양이 만들어지게 된다.

흰빛태양에 의해서 지구에는 태양의 빛과 열을 공급하게 되었지만, 지구의 동일의 장소에만 지속적으로 태양의 빛과 열을 공급하기 때문에 지구의 온도가 필요이상으로 상승하게 된다. 따라서 흰빛태양의 빛과 열의 사용효율을 높여주기 위해서는 지구의 수직축 기울기가 필요하게 된다.

## 3. 지구의 수직축기울기

공전하는 회전체의 내부에 액체형체의 물질(마그마)을 채우게 되면, 액체는 공전방향과 반대방향과 아래쪽으로 쏠리는 현상이 나타나게 된다. 이때 수직축의 기울기는 두 힘이 이루는 합성방향으로 작용하게 되어 회전체는 그림3에서처럼 수직축이 기울어진 상태로 회전하게 된다. 따라서 수직축 기울기의 기울기 각도는 회전체의 질량과 액체의 질량의 비율로

그림3. 수직축기울기와 공전 개념도

주어진다.

그림3에서처럼 공전하는 Slave회전체의 기울기가 있다고 해도 Slave회전체는 Master회전체의 꼭지점을 중심으로 공전하기 때문에, 이 상태로는 태양의 빛과 열의 사용효율에는 기울기가 있건 없건 변함이 없게 된다. 따라서 태양의 빛과 열의 사용효율을 높여주는 것이 불가능하게 되므로, 이 기울기의 방향을 제어해 주어야 할 필요성이 있다.

## 4. 목성을 이용한 지구 수직축 기울기의 방향제어

수직축 기울기를 갖는 Slave회전체(지구)는 공전할 때 그림3에서처럼 Master회전체의 꼭지점을 중심으로 공전하는 성질이 있다. 이 성질을 활용하여 그림4에서처럼 목성을 Sub master로 해서 지구의 기울기 방향을 제어하게 된다. 지구와 목성은 자전 방향이 같기 때문에 서로 인력이 작용하게 되고, 질량이 큰 쪽으로 끌려가면서 공전한다. 따라서 지구가 공전하면서 목성과 가까워지면 지구는 목성으로 끌려가게 되고,

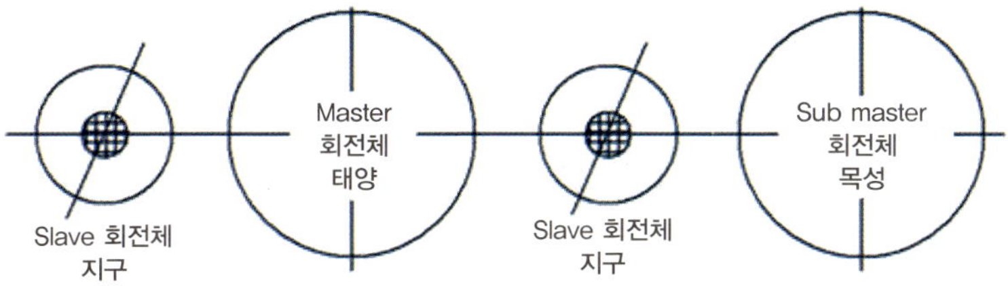


그림4. 목성에 의한 지구기울기 방향제어 개념도

지구의 기울기는 목성의 꼭지점을 중심으로 지구 수직축 기울기의 방향이 바뀌게 된다. 이때 지구가 끌려가는 거리를 '기울기 방향제어거리'라고 하고, 이 거리비율은 지구의 태양기본공전거리의 30:1의 Value(값)을 갖게 된다. 그러나 이 기울기 방향제어거리는 지구의 기울기 각도에는 아무런 영향을 주지 않는다.

## 5. 지구의 4계절 변화

목성의 지구기울기 방향제어로 지구에서는 4계절의 변화가 만들어진다. 지구기울기는 북, 남반부의 4계절 온도변화를 활용하기 위한 것으로, 수평축을 중심으로 북반부와 남반부는 지구 4계절의 온도변화가 서로 반대가 된다.

1. 그림5는 지구의 수직축 기울기 각도와 지구에서 태양의 열과 빛의 활용범위를 설명하기 위한 것으로, 기울기가 적을수록 4계절의 변화거리(Ter)가 짧게 되어 지구의 평균온도가 적정온도보다 높게 된다. 반대로 기울기가 클수록 4계절의 변

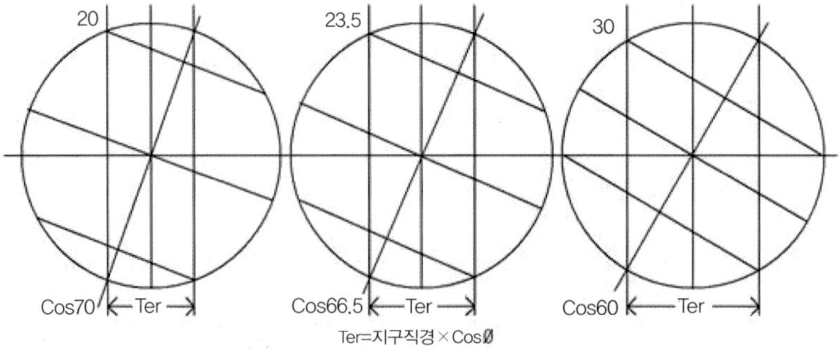


그림5. 지구의 수직축 기울기와 4계절 변화거리

화거리가 길어지게 되어 지구의 평균온도가 적정온도보다 낮게 된다. 따라서 지구의 수직축의 기울기의 적정값은, 지구의 북반부나 남반부의 위도가 수평축을 중심으로 적도의 거리나 남북반부의 위도의 거리가 같아야 한다.

그림6은 지구 수평축과 남북위도의 거리 관계를 나타내는 것으로 AH거리와 HC거리 및 CH거리와 HB의 거리는 같아

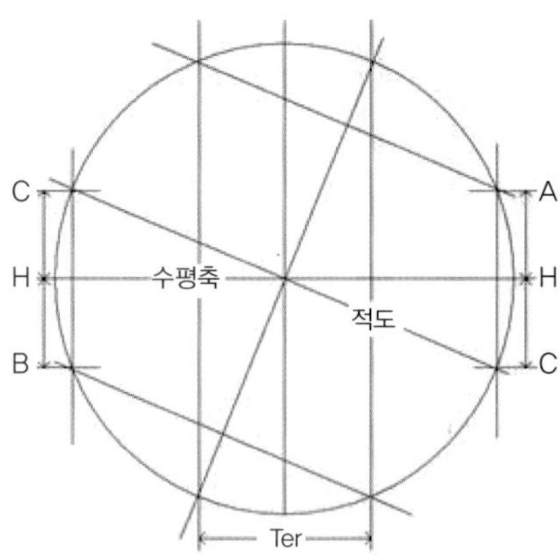


그림6. 지구 수평축과 북반부와 남반부 위도거리 관계

야 하고, 수평축 H를 중심으로 HA거리나 HB의 서리는 같아야 한다. 이때의 기울기는 1/16, 즉 360°/16=22.5°가 된다.

2. 지구 수직축 기울기의 기본값, 즉 AH의 거리와 BH의 거리가 같을 때의 기울기는 22.5°이다. 그러나 지구의 기울기를 22.5°로 사용하게 되면 적도에서 계절이 바뀔 때 태양열이 겹치는 부분이 발생한다. 이를 방지하기 위해서 기울기를 1° 높게 하여 실제로는 23.5°를 사용한다. 이 값이 작을수록 태양의 빛과 열의 사용효율은 상승하지만, 달의 일식과 월식현상이나 태양의 초점과도 밀접한 관계가 있기 때문에 이 값을 작게 하는데는 제약이 따른다.

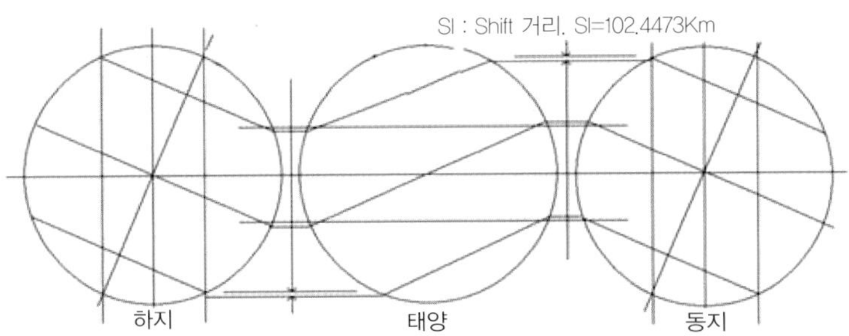


그림7. 지구기울기가 1°증가했을 때의 거리변화

그림7은 지구의 수직축의 기울기가 1° 증가했을 때 거리변화를 나타낸 것이다. 변화거리는 지구반지름×Cos66.5°-지구반지름×Cos67.5°값으로 주어지며, 이 값은 102.4473Km가 된다. 따라서 계절이 바뀔 때 적도는 약 100Km정도 Shift하게 되어, 수평축으로부터+100Km-100Km가 변동하고 그 변

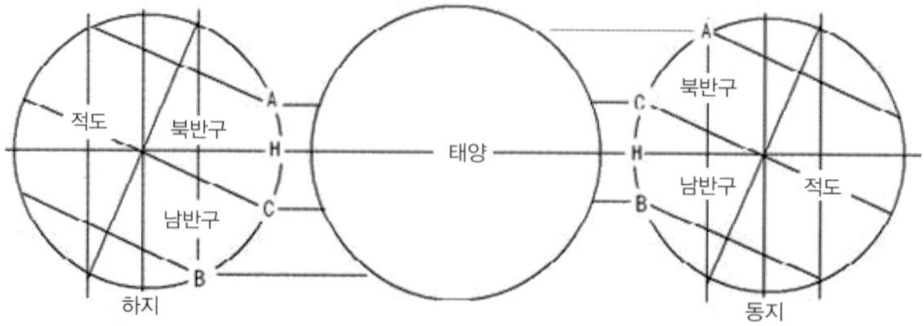

그림8. 지구기울기에 의한 북반부와 남반부의 온도변화 개념도

화폭은 200km가 된다.

3. 그림8은 지구의 수직축 기울기에 의한 북반부와 남반부의 계절 변화에 의한 온도의 변화를 나타낸 것이다. 하지 때는 북반부 AC는 태양과의 거리가 가까워서 온도가 높아지고, 남반부 BC는 태양과의 거리가 멀어서 온도가 낮아지게 된다. 반대로 동지 때는 하지와 반대로 북반부의 온도가 낮아지고, 남반부의 온도는 높아진다. 지구 수평축은 하지나 동지 때 변동이 없게 되어 온도 변화가 거의 없게 된다.

4. 지구의 수직축의 기울기에 의한 지구 4계절 온도변화에 대해서 기본적인 개념을 정리했지만, 지구의 온도변화는 이외의 여러 변수가 적용된다.

첫째, 지구의 수평축이나 적도 지방은 4계절 변화에 관계없이 흰빛태양에 의한 열에너지의 밀도가 거의 일정하기 때문에 열을 많이 받게 된다. 때문에 열 흡수율이 많은 나무를 많이 배치해서 열을 낮추어 주어야 한다.

둘째, 지구의 수평축에는 육지보다는 바다를 배치해서 바닷물을 증발시켜서 지구온도를 낮추어주고, 북극과 남극은 얼음을 배치해서 지구 전체적인 4계절 온도 변화가 규칙적으로 변화하도록 해야 한다. 그렇지 않을 경우는 지구생명체에 지대한 영향을 주게 된다.

셋째, 수평축이나 적도의 나무를 벌목하게 되면 수평축이나 적도 지표면의 온도가 상승하게 된다. 수평축이나 적도의 대지는 열의 축적효과에 의해서 열을 지속적으로 누적(상승)시키게 되면, 지구의 온도가 지속적으로 상승하여 지구 온도변화에 의존해서 종족을 번식하는 대부분의 생명체는 멸종하게 될 우려가 있다. 특히 식물의 성장이나 열매 등에 영향을 주게 되며, 기상이변 등으로 지구의 식량 생산량이 현저하게 저하하게 된다.

넷째, 수평축이나 적도의 온도 상승으로 지구 수평축의 온도가 상승하게 되면 바닷물의 증발량이 많아지게 되고, 북극의 빙하가 녹게 된다. 그 결과로 지구 대기의 수분량이 증가하여 폭우 폭설 등의 기상이변이 발생하게 된다.

## 6. 지구의 타원공전궤도

1. 그림9는 지구의 태양, 목성의 Sine공전궤적이다. 지구가 춘분에서 하지를 거쳐서 추분에 이르는 공전주기는 지구의 기본공전주기가 360일이므로 360/2=180일이 된다. 그리고 추분에서 동지를 거쳐서 춘분에 이르는 지구의 자전

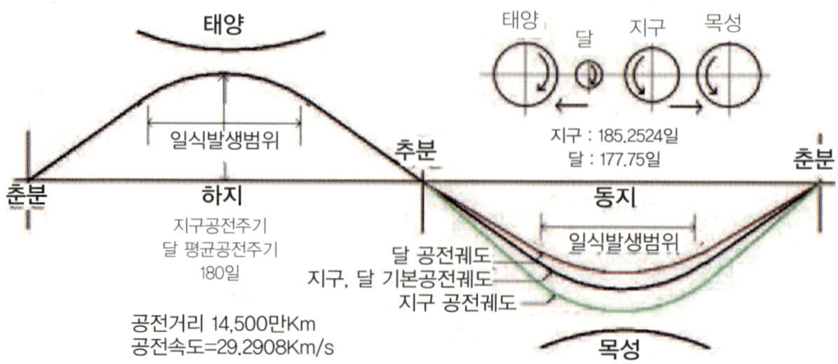


그림9. 지구의 태양, 목성의 Sine공전궤적

회수는 실제 지구의 공전주기가 365.25일이므로 365.25-180=185.25일이 된다. 지구의 4계절 변화를 위한 기울기를 얻기 위해서 목성을 활용하기 때문에, 지구의 공전주기의 반은 태양의 영향을 받게 되고 나머지 반은 목성의 영향을 받게 된다.

2. 달과 지구의 기본태양공전주기는 같지만 그림8에서와 같이 동지가 되면 태양과 달, 목성과 지구는 서로 자전방향이 같기 때문에, 달은 태양으로 끌려가게 되고 달의 공전거리는 2.25일 짧아진다. 지구의 기울기 방향제어를 위해서 목성을 활용했기 때문이다. 지구는 목성 쪽으로 끌려가게 되어 지구공전주기는 5.25일 길어지게 되고, 지구와 달의 태양공전주기는 약 7.5일의 차이가 발생한다. 이를 보정해주어야 19년 주기로 일치한다.

3. 남반부 여름과 북반부 여름의 길이(날짜)는 5.25일의 차이가 발생하지만, 태양 직경차이(30:1)의 영향으로 태양열 에

너지의 총량은 비슷하거나 약간 많게 된다. 반대로 남반부 겨울은 북반부 겨울보다 5.25일 짧기 때문에, 남반부는 북반부보다 평균온도가 높게 되어 농업생산은 남반부가 유리하다. 또한 북, 남반부의 겨울의 길이 차이, 즉 온도 차이는 지구의 기온변화에 많은 영향을 주기 때문에 매우 중요한 역할을 한다.

## 7. 목성에 의한 지구의 태양 Focus거리의 변화

하지 때는 태양의 Focus가 지구 중심에 이르게 되지만, 동지가 되면 지구기울기 방향제어거리가 500만km 길어지기 때문에 태양의 지구초점이 벗어나게 된다. 하지만 목성의 인력으로 태양표면의 초점거리가 길어지기 때문에 항상 태양의 초점은 지구중심에 이르게 된다. 여기서 지구와 목성의 공전주기비율(12지)은 매우 중요하다.

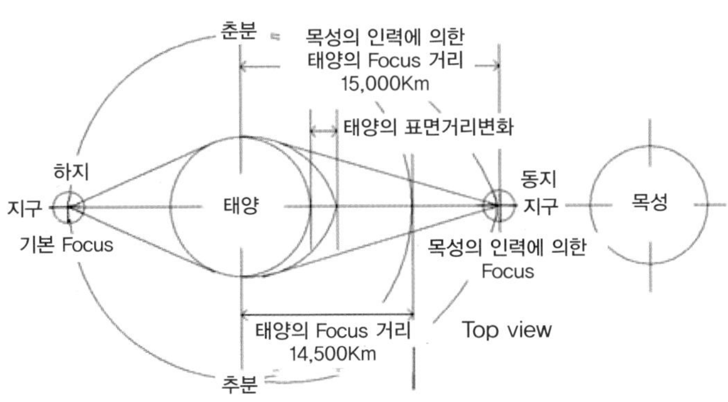


그림10. 목성의 인력에 의한 Focus거리변화개념도

그림10에서와 같이 태양은 구 형태의 발광발열체로, 춘분에서 하지를 거쳐 추분까지는 지구의 인력만으로 태양의Focus가 지구중심에 이르게 된다. 추분에서 동지를 거쳐 춘분까지는 지구 인력과 목성의 인력의 합에 의해서 태양의 Focus가 지구 중심에 이르게 된다.

따라서 이 목성에 의한 태양의 Focus거리제어가 없으면, 지구의 기울기 거리가 2,541㎞(지구반지름×Cosine66.5° =12,768㎞, 12,768㎞/2×0.3984=2,541㎞)이기 때문에 기울기 방향제어거리가 500만㎞이므로 500만㎞/2541㎞=197배가 된다. 여름과 겨울의 온도차이가 대략 20℃라고 하면, 20×197=3,940℃의 차이가 발생한다. 근일점(여름, 하지)의 온도가 30℃라고 하면, 원일점(겨울, 동지)의 온도는 30℃ -3,940℃=-3,910℃가 되어, 대략 영하4,000℃가 되기 때문에 지구에서 생명체가 살아가는 것이 불가능하게 된다.

## 8. 목성과 지구의 공전주기의 동기(Synchronization)

지구는 질량이 가볍기 때문에 태양공전주기의 오차가 발생한다. 이 오차는 수백 년 정도이면 별문제가 없지만, 수천 년이 지나면 무시할 수가 없게 된다. 따라서 지구에 비해서 질량이 큰 목성의 공전주기에 동기를 시킬 필요가 있다. 즉, 지구는 매년 동지가 되면 목성의 인력으로 끌려가면서 지구의 태양공전주기의 동기가 이루어지게 된다.

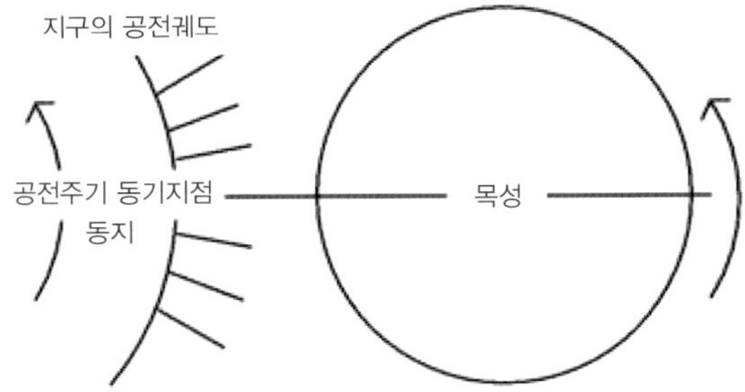


그림11. 목성과 지구의 공전주기의 동기 개념도

목성과 지구의 공전주기의 동기(Synchronization) 개념도가 그림이다. 지구는 목성에 동기가 이루어지기 때문에 지구의 모든 생명체는 북반부에서는 동지, 남반부는 하지가 기준(Reference)점이 된다. 과거의 지구에서는 농경사회로 식량생산이 매우 중요했기 때문에, 지구 곳곳에 높은 건축물을 건축해서 동지나 하지를 검출하여 그 기준점으로 했다. 지금도 그 흔적들이 지구 곳곳에 남아 있다. 즉, 농경사회에서 씨앗뿌리는(파종) 시기는 매우 중요하며, 이는 식량생산량을 결정하기 때문이다.

## 9. 목성에 의한 지구의 기울기 방향제어 거리 비율

그림12는 목성의 인력에 의한 태양의 지구의 공전거리의 변화 비율을 나타낸다.

지구의 태양공전거리가 145,241,600km이므로 기울기 변화

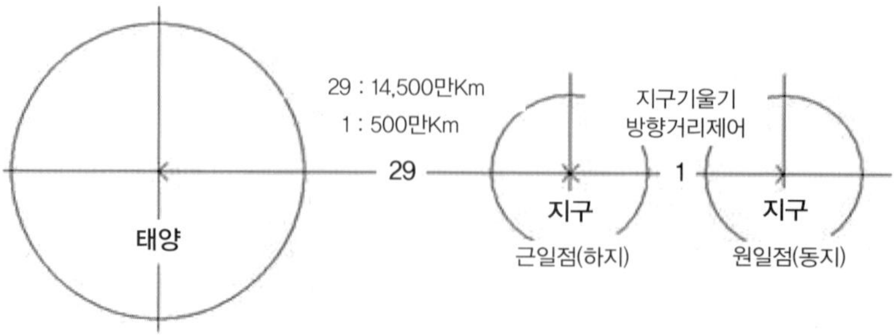


그림12. 목성에 의한 지구기울기 방향제어 거리 비율

거리는 145,241,600km/29=5.008,331km가 되고, 지구 원일점거리는 150,249,931km가 된다.

지구공전거리(근일점)=145,241,600km,
지구공전거리(원일점)=150,249,931km,
지구기울기 방향제어 거리=5.008,331km
이 값은 실측값을 기초로 계산된 것이다.

지구공전거리(근일점)=145,000,000km
지구공전거리(원일점)=150,000,000km
지구기울기 방향제어 거리=5.000,000km가 되어,
지구기울기 방향제어 거리의 실측오차는
5.008,331Km-5.000,000Km=8,331km의 차이가 발생한다.

## 10. 목성의 태양공전거리 비율

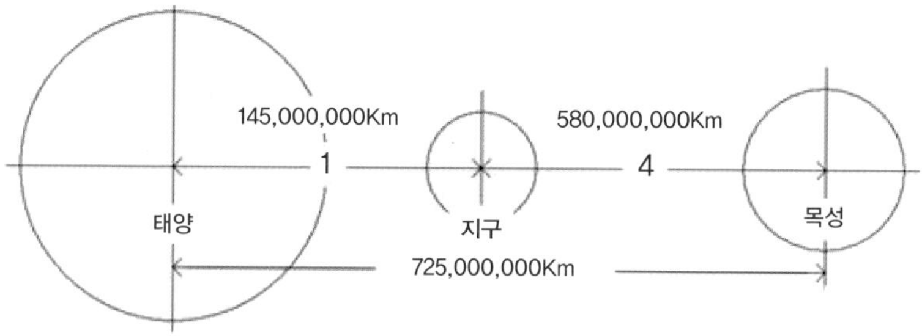


그림13. 목성의 태양공전거리비율

그림13은 목성과 지구의 거리 비율을 나타낸 것이다. 목성의 공전거리는 지구공전거리(근일점)의 5배가 되고 목성의 태양공전거리는 지구공전거리가 145,241,600km이므로, 145,241,600Km×5=726,208,000km이다.

이때 목성의 태양공전거리의 이론값은 145,000,000km×5=725,000,000km가 된다.

1. 참고사진1의 경주 불국사의 석굴암은 동지를 검출하기 위한 건축물로 신라시대에는 식량생산에 문제가 없었다. 그러나 그러한 지식들이 소수의 지배층에만 독점되어왔기 때문에 신라가 망하고 고려와 조선시대를 거치면서 석굴암의 중요성은 사라졌다. 오히려 이러한 개념이 없는 중국의 영향으로, 중국은 물론이고 고려와 조선시대는 식량생산의 급감으로 많은 사람들이 굶주림에 시달렸을 것으로 생각된다.

참고사진1. 경주불국사 석굴암

2. 참고사진2의 영국의 스톤헨지(Stonehenge)는 농업과 어업을 중요시해서 태양과 달의 공전주기를 동시에 검출해서 사용했기 때문에 매우 복잡하게 구성되어 있다. 하지만 정확도가 매우 높았을 것으로 생각된다. 이 역시 소수의 지식층에서 독점했기 때문에 안타깝게도 지금까지 그 의미나 용도를 알 수가 없게 되었다.

참고사진2. 영국의 스톤헨지(Stonehenge)

3. 마야나 잉카문명 역시 거대한 제국을 건설하면서 하지를 검출하기 위한 건축물을 건축했다. 역시 소수의 지배층에서 지식을 독점하고 전쟁이나 기후변화 등으로 국가가 해체되면서 지금까지 그 의미를 알 수가 없게 되었다. 또한 남반부는 하지와의 파종시기와의 공전길이가 길어지기 때문에, 주로 춘분이나 추분을 검출해서 보완했을 것으로 생각된다.

참고사진3. 마야유적지

참고사진3은 마야의 유적지로, 좌측과 우측의 계단은 춘분과 추분 때 계단의 기울기와 태양의 기울기가 같아진다. 물결모양의 그림자가 나타날 때가 좌측은 춘분, 우측은 추분을 검출했다. 중앙은 하지나 동지를 검출하기 위한 건축물로, 이 역시 소수의 지식층에서 독점했을 것으로 추정된다.

# 회전력 이론

우주 공간에 존재하는 모든 물체, 즉 3차원의 물체가 회전하게 되면 회전축과 수평방향으로 회전력이 발생한다. 이때 발생하는 힘을 회전체의 '회전력'이라고 한다.

회전체(Substance)의 회전력 $Fr = M \times \upsilon^2 \times Kr$로 주어지고,

Kr : 회전체의 회전력(물질)계수

υ : 회전체의 자전(회전)속도

M : 회전체의 질량

그림1은 회전체의 모양에 따른 회전력의 차이를 보여준다. 원통형 회전체의 회전력은 수직축과 수평방향으로 거리가 일

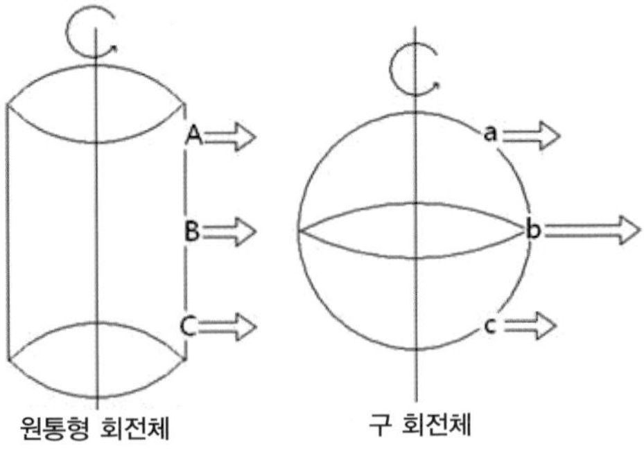


그림1. 회전체의 모양에 따른 회전력

정하기 때문에 회전속도는 A, B, C점이 같고 회전력은 수평축 어느 곳에서도 일정하게 되어 수평축으로 정위(定位)가 없다. 구(球)형태의 회전체는 a, b, c점의 수평축에서 b지점의 회전속도가 제일 빠르고, 회전력은 $\upsilon^2$에 비례하기 때문에 회전력은 수평축으로 최대가 된다.

따라서 같은 조건, 즉 질량과 회전속도가 같은 회전체일 때 원통형의 회전체는 수평방향으로 회전력이 분산되어 회전력의 집중도가 떨어진다. 반면에, 구형태의 회전체의 회전력은 회전축과 수평방향으로 최대값이 되어 수평축으로 집중되기 때문에 수평축의 정위가 이루어진다.

## 1. 회전력과 정위(定位)면

회전체가 회전할 때 회전축과 수평방향으로 만들어지는 힘

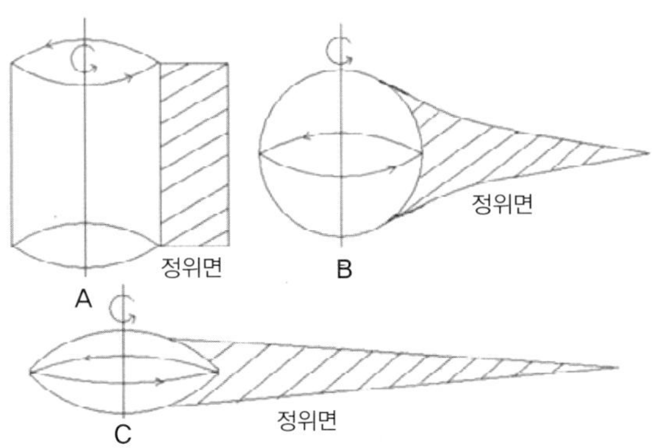


그림2. 회전체와 정위면의 변화 개념도

의 범위를 면적으로 나타내는 것을 회전력의 '정위면(定位面)'이라고 한다. 회전체의 질량과 회전속도가 같으면 회전체의 모양에 관계없이 그 정위면적은 같다.

그림2는 회전체의 정위면의 변화를 나타내는 개념도이다. 빗금 친 부분이 정위면으로 회전체A는 정위거리는 짧지만 수직축의 정위폭은 넓어지고, 회전체C는 정위거리는 길어지지만 정위폭은 짧아 진다. 회전체B는 회전체A와 C의 중간정도의 성질을 갖게 된다.

**정리1. 회전체의 질량과 회전속도가 같으면, 회전체의 모양에 관계없이 그 정위면적은 같다.**

회전체의 수직축의 기울기를 변경해서 수직축이 기울어지면, 회전체A와 회전체C는 회전체의 Jitter(흔들림)의 값이 커지게 되어 정위면이 불안정하게 된다. 구 형태의 회전체는 수직축 기울기가 기울어져도 회전체의 Jitter(흔들림)의 값이 적기 때문에, 기울기가 필요한 경우에는 구 형태의 회전체, 즉 회전체B가 적합하게 된다.

## 2. 회전체가 Master Slave관계가 성립될 때 Slave회전체와 정위면의 관계

그림3은 Slave회전체가 Master회전체 수평축 정위면의 위치에 따라서 수직축의 위치변동이 발생하는 개념을 나타내는

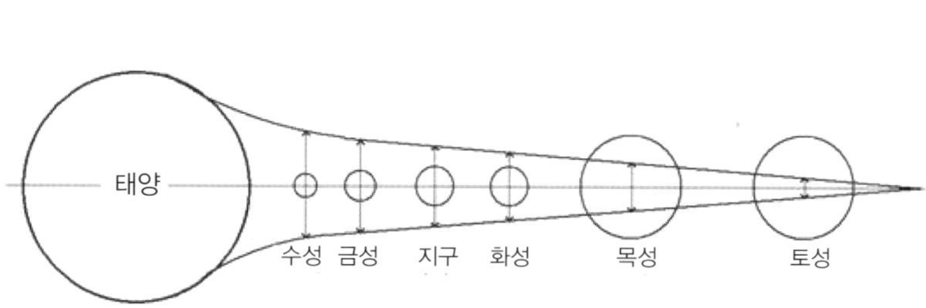


그림3. 태양의 수평축 정위 면과 각 행성의 위치 개념도

것이다. 정위면의 폭이 클수록 Slave회전체의 수평축의 위치 변동 값이 크게 되어 수평축 안정성은 나빠지고, 정위면의 폭이 적을수록 수평축의 위치변동 값이 작아서 안정성은 좋아진다.

그림3은 태양계에서 태양의 정위면과 태양계 각 행성의 위치 개념도이며, 내행성은 정위폭 범위 내에 위치한다. 수성은 정위면의 폭이 큰 곳에 위치하기 때문에 수평축의 위치안정성이 떨어지고, 지구는 정위면의 폭과 지구의 직경의 차이가 크지 않아서 수평축의 위치안정성은 좋게 된다. 지구는 태양 Focus가 수평축에 위치하기 때문에 지구 수평축의 안정성이 떨어지면, 태양의 Focus가 지구의 중점에서 벗어나게 되어 지구의 온도변화에 많은 영향을 준다. 때문에 태양계의 어떤 행성보다 수평축의 위치안정성이 확보되어야 할 필요가 있으며, 그것은 매우 중요한 의미를 갖게 된다.

지구의 4계절 변화거리, 즉 기울기 방향제어 및 태양의 Focus를 제어하기 위해서는 질량이 큰 목성을 활용해야 한다. 그런데 목성은 정위면의 폭보다 직경이 크게 되어 수평축의 안정성이 떨어지고, 목성의 회전력에 의해서 정위면을 이탈하는 경우가 발생되기 때문에 이를 보정해주어야 한다.

목성의 수평면의 안정성을 확보하기 위해서는 목성에 수평축으로 날개를 달아서 상대적인 정위면의 값을 크게 해주면 된다. 그러나 이는 실제적으로 불가능하므로 목성에 Slave회전체(위성)를 여러 개 부가하여 목성의 회전력으로 등가적인 수평축의 날개를 만들어 주어야 한다.

그림4는 목성의 수평축 날개의 개념을 나타내는 것으로 Slave회전체의 개수가 많을수록 수평축의 안정도는 좋아지지만 복잡해진다. 그리고 적정값으로 Slave회전체를 배치해야 하는 한계성이 있다. 또한 그림3에서와 같이 토성도 목성과 같이 수평축의 안정성을 확보해주어야 한다. 그러나 토성은 목성보다 정위거리가 멀고 정위폭이 작기 때문에 수평축의 날개의 길이가 목성보다 길어야 하며, Slave회전체의 개수를

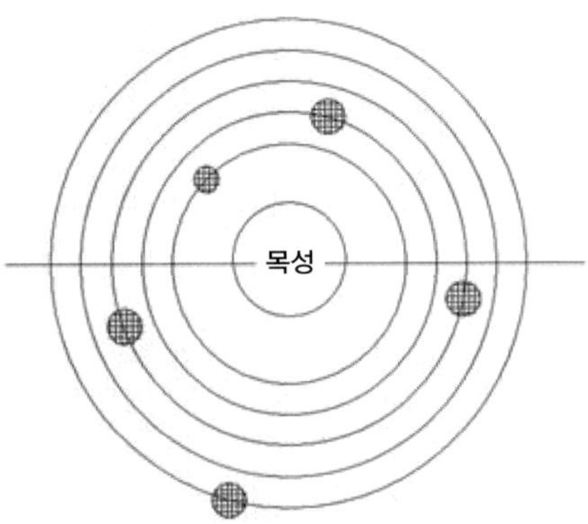


그림4. 목성의 수평축날개의 보정 개념도

늘려주는 것만으로는 한계가 있다. 때문에 작은 알갱이 형태의 물체를 토성의 수평축에 배치하여 수평축의 안정성을 확보해야만 한다. 현재는 정확한 관측 자료가 없기 때문에 어떤 방식으로 이루어져 있는지는 알 수가 없다. 목성이나 토성은 수직축 자세제어가 필요하기 때문에 다량의 마그마가 필요하게 되고, 목성이나 토성은 수직축으로 강력한 자기장이 형성된다.

## 3. 우주공간의 모든 회전체가 Master Slave관계를 성립한다면?

1. 항상 회전력이 큰 쪽의 회전체가 Master회전체가 되고, 회전방향은 시계방향과 반시계방향으로 회전(자전)한다.

2. Slave회전체는 Master회전체의 회전력으로 공전과 자전하면서, 자전방향은 Master회전체의 자전방향과 반대가 된다.

3. Slave회전체는 자전하면서 자전방향으로 공전하고 원 궤도로 공전한다.

4. 회전방향이 같은 Slave 회전체와 회전체 사이에도 Master Slave 관계가 성립하며, 질량이 큰 쪽의 회전체는 Submaster가 된다. 서로 간에 인력이 작용하며 인력은 회전력이 큰 쪽의 한 방향으로만 작용한다.

5. Slave 회전체의 회전력 $SFr=Fr \times r^2$으로 주어진다.

Fr : 회전체의 회전력, r : Master회전체와의 거리

6. Slave회전체의 공전력(일반적으로 알려진 중력) RsF는

RsF = RsK× $\sqrt{\text{공전속도}}$ 가 되고,

(RsK : 회전체의 공전계수)

완전한 구 형태의 회전체의 RsK값은 일정한 값을 갖게 된다.

7. 우주공간에서 회전하지 않는 물체와 물체 사이에는 어떠한 힘도 작용하지 않는다. 그리고 서로 인접하는 회전체와 회전체 사이에서 회전방향이 같다면 회전(자전)속도는 서로 영향을 주지 않고 인력만이 작용한다. 또한 회전방향이 서로 다르면 Master, Slave관계가 성립되고, 항상 'Master회전력 > Slave회전력'의 관계가 성립되어야 한다.

8. 결합계수 mK=Slave회전체의 회전력/Master회전체의 회전력의 값으로 주어지며, 결합계수의 값이 1이라고 하는 것은 Master회전체와 Slave회전체의 회전력이 같다는 것이다. 이때는 Master와 Slave관계는 성립되지 않는다. 모든 회전체는 회전방향이 시계방향과 반시계방향의 2가지의 Mode가 존재하므로 Grand master, Master, Slave관계가 성립되며, Grand master의 회전력은 모든 Master Slave의 회전력을 합한 값보다 커야 한다. 결합계수 gmK=모든 Master회전력+모든 Slave회전력/Grand master회전력의 값으로 주어지며, 이 값은 1이하가 되어야 한다.

태양과 지구와 달의 관계에서 태양은 Grand master, 지구는 Master, 달은 Slave의 관계가 성립된다. 그리고 태양과 달의 회전(자전)방향은 같고, 지구는 반대방향으로 회전(자전)

한다는 것을 참고하여야 한다.

정리2. 우주공간에서 회전하지 않는 3차원의 물체와 물체 사이에는 어떠한 힘도 작용하지 않는다.

정리3. 우주공간에서 회전하는 모든 회전체는 Master Slave 관계가 성립되어야 하고, 회전력이 큰 쪽의 회전체가 Master회전체가 된다.

정리4. 우주 공간의 모든 회전체는 시계방향과 반시계방향의 회전방향이 존재하므로 회전체와 회전체 사이에는 Grand Master, Master,Slave관계가 성립된다.

## 4. 공전거리 및 공전속도와 회전력

그림5에서 Slave회전체A와 Slave회전체B는 질량이 같고

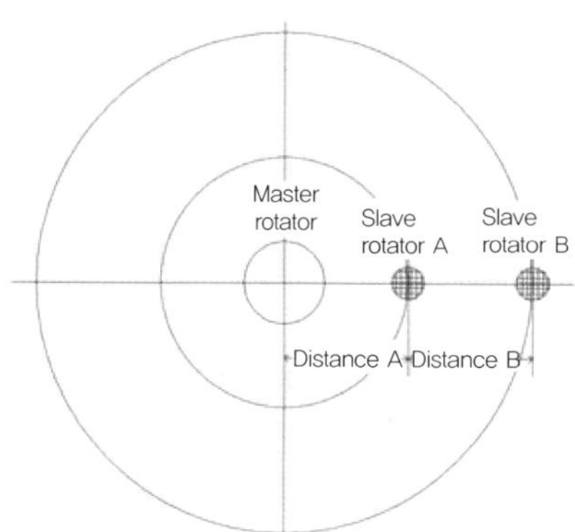


그림5. 공전거리와 Slave 회전체의 회전력 개념도

공전거리A와 공전거리B가 같을 때, 그리고 회전체A의 거리는 100m, 회전체B의 거리는 200m일 때의 회전력 개념도이다.

A회전체의 공전길이는 2×3.14×100m=628m
B회전체의 공전길이는 2×3.14×200m=1,256m로
공전거리의 2배가 된다.

회전체A의 공전면적은 $\pi r^2$으로 주어지고,
3.14×100×100=31,400$m^2$
회전체B 공전면적은 3.14×200×200=125,600$m^2$가 되어 공전면적은 공전거리비율 값의 제곱에 비례한다.
따라서 Slave회전체의 회전력 FSer=Fr×$r^2$ 으로 주어지고,

Fr : 회전체의 회전력
r : Master회전체와의 거리

Slave회전체는 공전거리가 길어지면 회전력이 증가하게 되

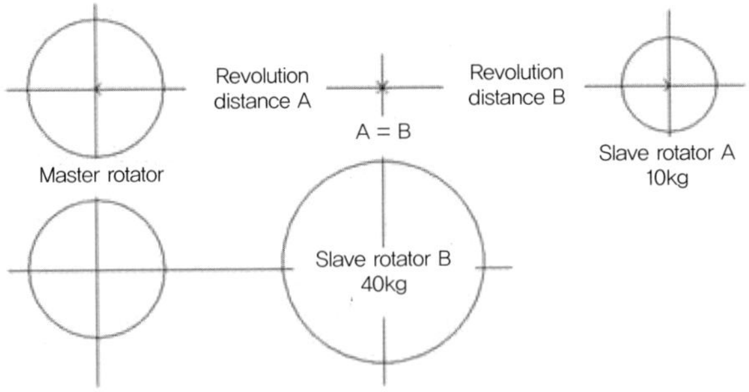


그림6. 공전거리와 회전력의 차이개념도

어 같은 거리에 비해서 회전체의 상대질량이 늘어나는 효과가 발생한다. 이와 같은 현상은 우리가 일정무게의 추에 끈을 매달고 회전시키면 회전체의 자전속도는 0이 되고, 끈의 길이가 길어질수록 회전시키는 힘이 크게 되는 것과 같은 원리다. 즉, 끈의 길이가 길어질수록 회전시키는 힘의 크기가 크게 되고, 그 힘의 크기는 추의 무게가 일정할 때 거리$^2$에 비례한다.

그림6에서 Master회전체로부터 공전거리A와 공전거리B가 같을 때, Slave A의 회전력과 Slave B의 회전력은 같게 된다. 즉, 그림6의 조건에서 Master회전체에서 Slave회전체A를 회전시킬 때 소요되는 힘의 크기나 Slave회전체B를 회전시킬 때의 힘의 크기는 같은 값이 된다.

**정리5. Slave회전체와 Slave회전체 사이에 인력이 작용할 때, 질량이 작은 쪽의 회전체가 질량이 큰 쪽의 회전체로 끌려가게 된다. 이때의 상대질량은 Master회전체와의 거리제곱에 비례한다.**

## 5. 공전력(일반적으로 중력이라고 알려진 힘)

회전체가 자전할 때 회전체의 표면에 존재하는 물체는 자전속도에 비례해서 물체로부터 떨어져 나가려고 하는 힘이 발생하며, 이 힘을 일반적으로 '원심력'이라고 한다. 이 원심력

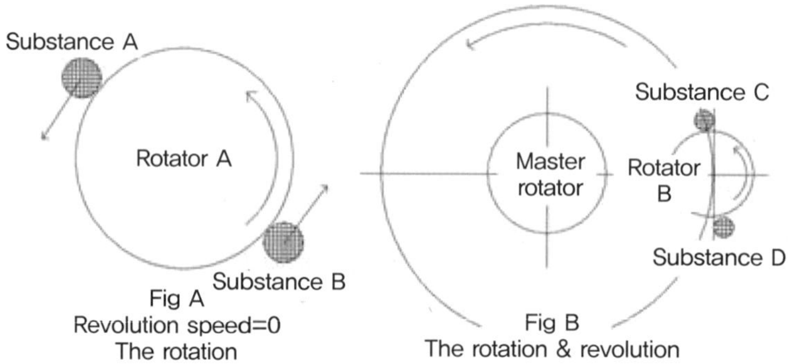


그림7. 공전력의 개념도

에 의해서 물체를 회전체로 끌어당기는 힘(구심력)이 발생되며, 항상 원심력이 큰 값을 갖게 되어, 회전체에서 물체가 튕겨 나가게 된다. 이러한 원리는 일반적인 통에 질량이 작은 물체를 넣고 통을 회전시키면 회전속도에 비례해서 통 안의 물체가 통 밖으로 튕겨나가게 되는 것과 같다. 이때 공전속도가 0인 경우에는 공전력(중력)이 0이 되어 회전체에는 어떠한 물체도 존재할 수가 없게 된다.

그림7의 공전력의 개념도에서 Fig A는 공전속도가 0이고 자전할 때를 나타낸다. 물체A와 물체B는 회전체A의 자전속도에 비례해서 회전체로부터 떨어져나가는 힘이 커지고, 결국 회전체A로부터 이탈하게 되어 회전체A에는 어떠한 물체도 존재할 수가 없게 된다. Fig B는 회전체B가 자전하면서 공전할 때, 물체C는 공전력에 의해서 회전체B의 중심으로 밀려

들어가게 되고 물체D는 회전체B의 공전력에 의해서 끌려가게 된다. 물체C와 물체D는 회전체B에 종속된 채로 끌려가게 되고, 이 힘의 크기는 회전체B의 모든 표면에 균일하게 작용한다.

지구를 예로 들어보면, 극지방은 자전속도가 0이므로 공전력은 최대가 되고, 적도는 자전속도가 극지방에 비해서 빠르기 때문에 공전력은 최소가 된다. 공전속도에 비해서 자전속도의 값이 그다지 크지 않기 때문에 무시할 수가 있지만, 큰 힘을 필요로 하는 직진운동을 하는 로켓 등을 발사할 경우에는 그 값을 무시할 수가 없게 된다.

따라서 공전력은 회전체B의 회전력에 비례해서, 즉 공전속도에 비례해서 그 값이 결정된다. 공전속도에는 자전속도$^2$의 값과 공전거리$^2$의 값이 포함되어 있고 공전속도는 공전거리에 비례하므로, 이것을 '공전력(일반적으로 중력)'이라고 한다. 그 힘의 크기는 공전속도의 제곱근에 비례하고 회전체의 성질에 따라 다른 값을 갖게 되며 그 값 RsF는,

RsF = Krs × $\sqrt{\text{공전속도}}$ 로 주어진다.
(Krs : 회전체의 공전계수)

따라서 공전하지 않는 회전체(물체)는 공전력이 발생되지 않으며, 회전체와 회전체 사이에 작용하는 인력과는 전혀 다른 개념의 힘이다.

**정리6. Slave회전체의 공전력은 공전속도의 제곱근에 비례하며, 공전력은 일반적으로 중력(重力)으로 알려져 있는 힘을 의미한다.**

## 6. 태양의 Slave회전체인 목성의 인력에 의한 지구 기울기방향 거리제어

그림8은 동지 때 지구와 목성의 관계를 나타내는 것으로 지구의 자전방향과 목성의 자전방향이 같다. 지구의 자전속도와 공전속도에는 영향을 주지 않고 목성의 인력으로 지구를 끌어당겨가므로 동지 때의 지구의 회전력 Fer는,

Fer = Fr×Sor² 에서

Fr : 회전체의 회전력

Sor : 동지 때 지구가 목성으로 끌려가는 거리가 되며, Fr는 하지 때와 같다.

그림8. 동지 때 지구와 목성의 관계 개념도

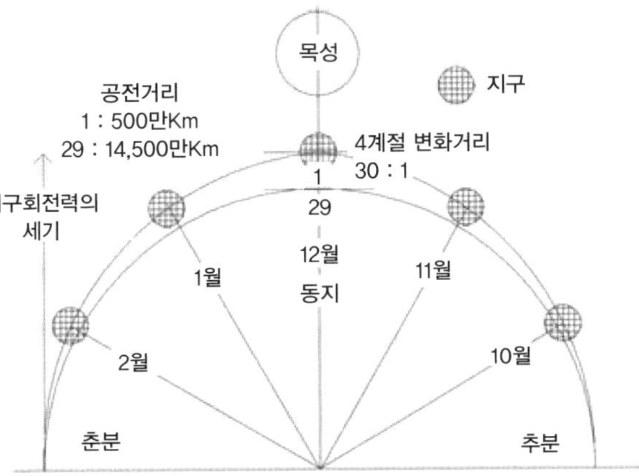


그림9. 동지 때 공전거리와 회전력(질량)의 변화도

동지 때 지구의 회전력 Fer는 목성에 의한 거리 $Sor^2$에 비례하므로, 동지 때 지구의 회전력 Fer은 $Sor^2$이 되어 동지 때 지구의 상대질량은 $Sor^2$에 비례한다.

그림9는 동지 때 목성에 의한 지구의 공전거리변화를 나타내는 것으로, 회전력의 크기는 $Sor^2$에 비례한다. 따라서 목성의 인력에 의한 공전거리의 변화량은 $x=y^2$의 특성이 만들어진다. 지구가 목성과 가까워질수록 지구의 회전력의 값은 커지게 되고, 지구의 상대질량값이 커지게 되어 최대값이 된다. 목성이 지구를 끌어당기는 힘(인력)의 값과 태양에 의한 지구의 회전력(상대질량)의 차이가 0이 되면, 다시 지구는 목성과의 거리가 멀어지게 되고 태양과 가까워지게 된다.

## 7. Slave회전체의 공전궤도(수평축)의 회전각

그림10은 Slave회전체의 공전궤도(수평축)의 기울기를 설명하기 위한 것이다. Slave회전체는 완전한 구(球)형태의 회전체로 일정한 크기의 수평축 기울기를 갖고 공전하게 된다. 이때 이루어지는 각을 수평축의 '회전각'이라고 한다. Slave회전체는 Master회전체 회전력의 회전방향과 반대방향으로 직진하려고 하는 성질이 있으며, 이 값을 Fr1이라고 한다. Master회전체는 자신의 회전력으로 생성된 인력으로 물체를 끌어당기는 성질이 있다. 이 힘을 Fr2라고 했을 때 회전각은 이 두 힘의 벡타(Vector)값으로 주어지며, 이 값이 적정값일 때 Slave회전체는 공전한다.

Fr1과 Fr3가 이루는 각을 Slave회전체의 회전각이라고 하고, Fr1Value(값)과 Fr2값이 같으면, 기울기는 45°가 되고 Slave회전체는 회전력이 0이 되어 회전하지 않게 된다. 즉,

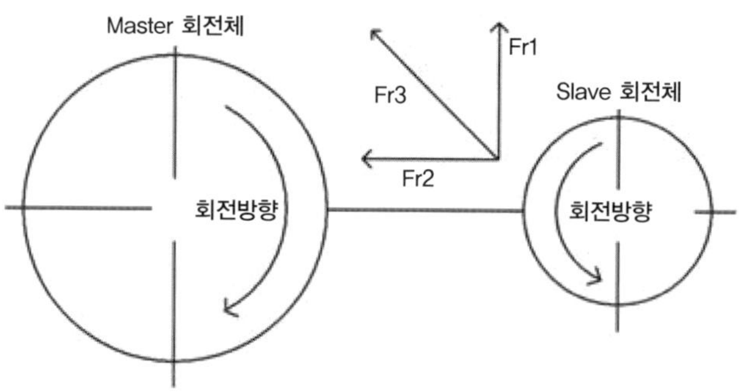


그림10. Slave회전체의 공전궤도의 회전각(Top View)

Fr1값보다 Fr2값이 커져서 기울기 값이 45°보다 커지게 되면, Slave회전체는 Master회전체의 인력에 의해서 Master회전체로 빨려 들어가게 되어 Master Slave관계가 성립되지 않게 된다. 또한 Fr1값이 Fr2값보다 커지게 되어 회전각의 값이 0이 되면, Slave회전체는 직진하게 되어 Master Slave관계가 성립되지 않게 된다. 따라서 Master와 Slave관계가 성립되기 위해서는 Slave회전체의 수평축 기울기 값이 45°의 1/2인 22.5° 이내라야 한다.

결과적으로, 이 기울기 값의 제약으로 Slave회전체의 질량이 적을수록 Master회전체와 공전거리가 짧기 때문에 공전길이가 짧아져서 자전속도가 느려지고, Slave회전체의 질량이 클수록 회전력도 크게 되어 공전거리는 멀어지고 공전길이가 길어지기 때문에 자전 속도가 빨라지게 된다.

그림11은 Slave회전체의 질량과 공전거리의 관계를 나타내

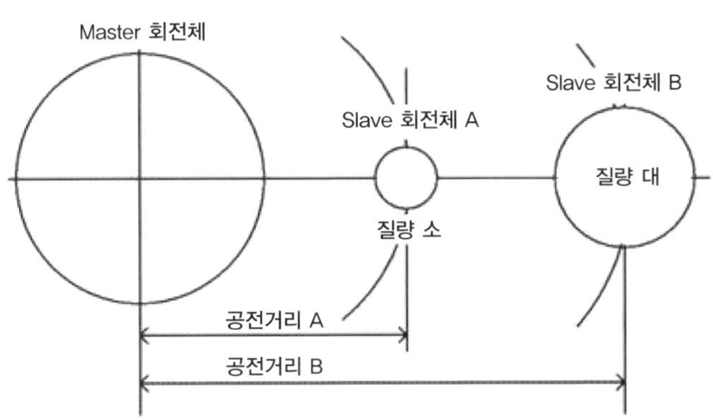


그림11. Slave회전체의 질량과 공전거리의 관계

는 것으로, 질량이 적으면 직진하려고 하는 힘(Fr1)의 값이 적고 Master회전체의 인력(Fr2)이 크기 때문에 공전거리가 짧아진다. 공전거리가 짧기 때문에 자전속도가 느려지고 반대로 질량이 커지면 직진하려고하는 힘(Fr1)이 커진다. 그리고 Master회전체의 인력(Fr2)이 작기 때문에 공전거리가 길어져서 자전속도가 빨라지게된다. 따라서 Master Slave조건이 성립되면, 모든 Slave회전체의기울기는 일정하고 공전거리는 회전체의 질량제곱에 비례한다.

## 8. Slave회전체의 수직축 기울기

Slave회전체는 Master회전체의 수평축으로 작용하는 회전력에 의해서 회전하는 회전체이다. 수평축으로는 안정적인 동작을 하지만 수직축으로는 안정적인 동작을 할 수 없다는 단점이 있다. 즉, Slave회전체는 완전한 형태의 구(球)이기 때문에 수직축으로 기준점이 없기 때문에, 수직축이 흔들리거나 회전하게 되어 수직축이 불안하게 되는 단점이 발생하게 된다. 따라서 안정적인 수직축의 안전성이 필요한 Slave회전체는 이를 보정해 주어야 한다.

지구나 지구에 영향을 주는 목성의 수직축이 안정적인 회전축이 아니고 수직회전축이 변동하게 되면, 지구에서 기상이변 등의 변동으로 생명체가 존재하기 어렵게 되기 때문에 수직축의 안전성은 매우 중요하다.

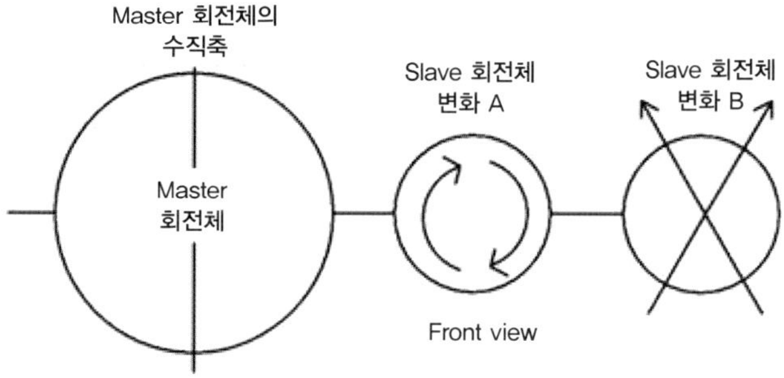


그림12. Slave회전체의 수직축의 변화

그림12는 Slave회전체의 수직축방향의 변화이다. 변화A는 수직축 방향으로 회전하는 모양을 나타낸 것이고, 변화B는 수직축을 중심으로 좌우로 기울어지는 모양을 나타낸 것이다. Slave회전체는 수직축의 기준점이 없기 때문에 불규칙적으로 회전하거나 좌우로 흔들림이 발생된다. 따라서 회전체의 무게중심을 제어(자세제어)해서 Slave회전체의 수직축의 안정성을 확보해 주어야 한다.

그림13은 수직축의 안정성을 보정하는 방법의 개념도를 나타낸다. Slave회전체의 내부에 액체형태의 물질을 채워 액체의 운동성질을 이용해서 수직축의 안정성을 보정할 수 있다. 즉, 고체는 회전할 때 발생되는 힘을 축적하는 성질이 없기 때문에, 축적되는 힘이 거의 0에 가깝고 액체는 힘을 축적하는 성질이 있다. 그리고 액체의 점도에 따라서 축적하는 힘의 크기는 다르다. 물처럼 점도가 낮은 물질은 힘의 축적도가 높고, 기름처럼 점도가 높은 물질일수록 힘의 축적도가 낮게 된다.

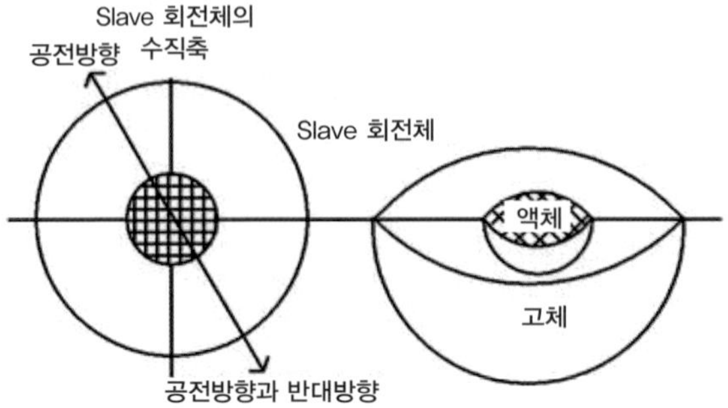


그림13. 수직축보정의 개념도

따라서 회전하는 회전체의 내부에 액체형체의 물질을 채우게 되면, 액체는 공전방향과 반대방향과 아래쪽으로 쏠리는 현상이 나타나게 된다. 두 힘이 이루는 합성방향으로 작용하게 되어, 회전체는 그림14에서처럼 수직축이 기울어진 상태로 회전하게 된다.

따라서 기울기의 각도는 회전체의 질량과 액체의 질량의 비율로 정해지며, 이 값 또한 적정값으로 정해지며 다음 식으로 주어진다.

수평축기울기 값 Hs=(액체의 질량/회전체의 질량)×액체의

그림14. 수직축기울기와 공전 개념도

점도의 값으로 주어지며, 이 값은 회전체의 설계 필요값으로 결정되어야 한다. 이 값이 너무 크면 기울기가 수직축에 가깝게 되고, 이 값이 너무 적으면 수평축에 가깝게 되어 수직축의 안정성이 떨어지게 된다. 따라서 회전체 내부를 채우는 물질은 액체 상태이면서 회전체 내부는 온도가 낮기 때문에 저온에서 응고가 되지 않는 물질이어야 한다. 점도가 높으면 제어능력이 떨어지기 때문에 점도도 적당하여야 하고, 낮은 온도에서도 동작하는 물질로 구성되어야 한다.

예를 들면, 지구와 목성은 태양에 사용하는 고온의 액체 상태인 마그마로 채워져 있어서 적정기울기를 유지하면서 수직축의 안정성을 확보하게 된다. 이 때문에 지구에서 화산이나 지진이 발생되게 되고, 마그마는 초전도체의 물질로 수직축으로 강력한 자기장을 만들게 된다. 즉, 이 자기장의 영향으로 지구에서 천둥과 번개가 발생하게 된다. 태양의 자전속도에 비해서 자전속도가 빠른 목성의 자기장도 태양의 자기장보다 강력한 자기장을 형성하게 된다.

지구 곳곳에 매장되어 있는 석유(원유)는 지구가 회전하는 회전체이기 때문에 수평축이나 수직축으로 흔들림이 발생하게 된다. 지구는 주로 점도가 높은 물질의 여러 조각의 고체로 마그마를 둘러싸고 있는 형태로 구성되어 있다. 이 때문에 지구의 흔들림이 발생하게 되며, 이 흔들림을 보정해 주지 않으면 안 된다. 흔들림을 보정해 주는 물질이 점도도 적당하고 낮은 온도나 높은 온도에서 변형이 되지 않고 충격을 흡수하는 물질인 석유(원유)이다. 이 석유(원유)를 적정량 이상 채굴하게 되면, 지구의 Jitter(흔들림)에 의해서 대륙의 이동에 의한 기상이변이나 각종 지진 및 화산폭발이 발생되게 된다. 따라서 지구 곳곳에 매장되어 있는 석유(원유)는 어떠한 경우라도 적정량 이상을 채굴해서 사용하면 안 된다.

결과적으로, 인류가 이러한 원리를 무시하고 지속적으로 석유(원유)를 채굴하게 되면 지구는 수직축이나 수평축의 흔들림(Jitter) 현상을 더 이상 제어할 수가 없다. 각종 기상이변이나 지진 등으로 인류는 멸망의 길로 접어들게 된다. 지구의 흔들림 현상이 기준치를 벗어나 지구중심부의 마그마에 영향을 주게 되어 화산활동으로 마그마에 변화가 발생되면 지구 중심축이 변동하게 된다. 즉, 중심축인 수직축의 흔들림이 발생되면 지구의 기후변화에 심각한 영향을 주게 되며, 대부분의 지구생명체는 멸종하게 되고 인류도 멸망할 수밖에 없다. 현재의 편리함이나 경제적인 이유로 지구 곳곳에 매장되어 있는 석유(원유)를 현재까지 채굴한 것만으로도 지구의 흔들림은 이미 발생되어 엄청난 재앙을 남기고 있다. 이 흔들림이 제어되지 않은 채 오히려 발생되기 시작한다면, 지구에 존재하는 생명체는 인류를 포함하여 더 이상 생존할 수가 없게 될 것이다.

# 3부
# 지구 생명체

# 지구 동기신호와 생명체의 대 여정(旅程)
## (A great migration)

지구의 모든 생명체는 시간의 변화로 탄생, 성장, 소멸의 과정을 반복하면서 종족을 번식한다. 생명은 대를 이어가면서 종의 특성을 유지하게 되기 때문에 생명의 탄생과정에서 시간적인 기준점은 매우 중요하다.

핵추진잠수함을 타고 해저에서 생활을 한다고 해보자. 만일 달력이나 시계와 같은 기준시계의 장치가 없다면 생체리듬의 기준점이 없어지므로 생활자체가 어렵게 된다. 그렇다면 사람처럼 달력이나 시계도 없이, 고래나 상어와 같이 수명도 길고 성장속도가 느린 동물은 어떻게 먹이활동이나 종족의 번식이 가능할까? 이들은 해류의 흐름이나 먹이의 이동을 기준으로 대여정(회유)을 통해서 집단으로 번식시기를 결정한다. 그리고 지구상의 식물을 포함하는 모든 생명체는 어떠한 형태로든 지구에서 목성을 기준으로 하는 공전주기에 동기해서 종족을 번식하게 된다.

지구수평축이나 적도지방은 낮과 밤의 변화나 달의 모양 변화 및 건기와 우기는 있지만 4계절의 변화는 없다. 때문에, 그 지역에서 살아가는 사람의 경우 어느 정도 성장했는지 언제

짝짓기를 해야 하는지를 가늠하는 것이 상당히 애매하게 된다. 예를 들면, 이러한 지역에서 살아가는 종족은 주로 여성의 젖가슴의 성장과정을 기준으로 하는 것이 일반적인 현상이다. 즉, 상대 비교적으로 나이를 짐작하고 종족을 번식하게 된다.

지구는 목성을 기준시계(Reference Clock)로 다양한 종류의 동기신호체계를 갖추고 있으며, 지구의 모든 생명체는 이 신호에 동기(Synchronization)해서 종족을 번식하고 생명을 유지하며 소멸하게 된다. 때로는 이 동기신호를 추종해서 이동하는 동물들도 있으며, 이를 '대여정'이라고 한다. 이 대여정은 육지에서는 주로 기류나 기타에 의존하고 바다에서는 주로 온도나 해류에 의존하게 되며, 성장과정에서 여러 종류의 해류를 거쳐서 대여정을 하기도 한다. 즉 생명주기가 짧은 동물은 한 종류의 해류에 의존하고, 생명주기가 긴 동물은 여러 종류의 해류에 의존해서 종족을 집단으로 번식하면서 대여정을 하게 된다.

예를 들면 바다거북의 경우 여러 종류의 해류를 사용할 수밖에 없기 때문에 대여정의 기간이 길어지게 되므로, 같은 생명주기를 사용하는 다른 생명체보다 최대수명이 길어지게 된다.

생명체의 규모에 따라서 적용되는 동기신호는 서로 다르게 되고, 생명체의 규모가 클수록 동기신호의 길이도 길어지게 된다. 또한 동시에 대량으로 종족을 번식하는 생명체는 정확한 동기신호가 필요하게 된다.

1. 가장 기본적인 동기신호는 낮과 밤, 즉 24시간이다. 생명체의 종류에 따라서 온도변화를 검출하거나 빛의 색온도를 검출하게 되며, 변화기간이 짧기 때문에 주로 식물이나 규모가 작은 생명체에 적용된다.

그림1은 가장 기본적인 동기신호로 A는 온도변화를 나타낸다. 낮동안의 상승과 하강 시간은 각각 6시간으로 온도변화가 12℃면, 식물은 주로 6℃를 검출하기 때문에 4가지의 검출 Mode가 가능하고, 밤 동안 역시 4가지의 Mode를 합해서 하루 동안 8가지의 Mode가 존재한다. 시간적으로는 6시간 간격의 동기신호가 존재한다. 물론 이것은 기본적인 개념이고, 지구의 각 지역이나 4계절의 변화에 따라서 서로 온도변화의 범위가 다르게 되기 때문에 다양한 종류가 존재하게 된다.

B는 일출일몰시의 Color temperature(색온도)의 변화를 나타내는 것으로, Red, Orange, Yellow의 3가지의 Color가 검출 가능하므로 온도변화와 연계하면 다양한 동기신호를 조합하는 것이 가능하기 때문에 여러 종류의 식물이나 규모가 작은 생명체에 적용하는 것이 가능하다.

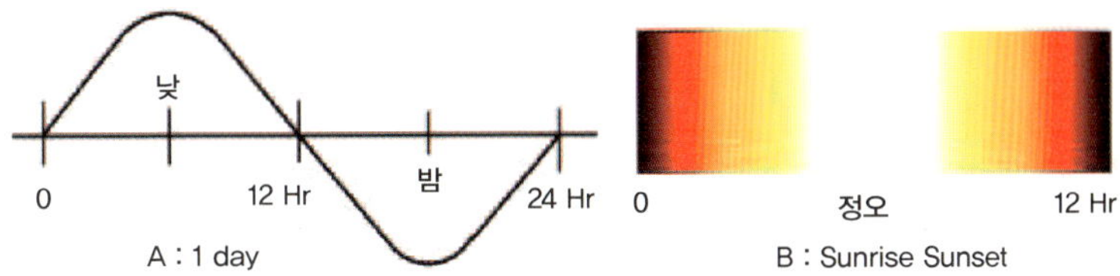


그림1. 하루기준 빛과 열(온도)의 동기신호

2. 달의 모양 변화는 태양의 동기신호와는 약간의 차이가 발생하지만, 대략 30일 동안의 모양의 변화 즉 달빛의 변화량이나 파장의 길이가 짧은 Blue color의 변화량을 검출하는 것이다. 이 역시 증가하거나 감소하는 것을 검출해서 동작하는 동기신호이며, 주로 규모가 약간 큰 생명체에 적용된다. 그리고 동기신호를 검출하기가 용이한 지구수평축이나 적도의 강이나 바다, 사막에 사는 생명체에 적용되며, 기타의 강에서도 적용된다. 따라서 바닷가에서는 밀물과 썰물, 특히 기수역은 염분농도를 검출하는 것이 가능해서 다양한 동기신호가 만들어지므로 다양한 생명체가 존재한다.

3. 4계절의 온도 변화는 24시간이나 달의 모양 변화보다 길이가 긴, 즉 기본적으로 3개월 단위로 변화하는 동기신호로 1년 단위를 검출하는 동기신호, 또는 그림1의 변화와 조합해서 다양한 동기신호를 조합하는 것이 가능하게 된다. 따라서 4계절의 변화는 지구의 위도에 따라서 각각 다르기 때문에 보다 더 다양한 동기신호가 존재하게 된다.

그림2는 4계절의 온도 변화를 나타내는 것으로 온도 변화기간이 길기 때문에 날짜 대비 온도의 변화 즉 누적온도변화를 검출하는 것이 가능하다. 즉 봄 동안(40일) 12℃가 변화했다고 하면 누적온도는 480℃가 되고, 48℃마다 1개의 동기신호(종)를 배치한다고 하면 10개의 누적온도 동기신호가 만들어지고, 1년이면 40개의 동기신호가 만들어지게 된다. 따라서

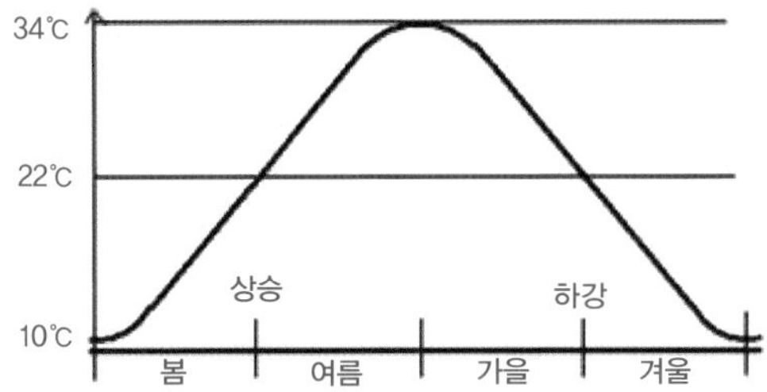


그림2. 4계절 온도변화

변화주기가 1년 단위이기 때문에 매년 일정시기에 종족을 번식하는 생명체에 적합하다. 이 또한 낮과 밤의 동기신호와 조합하면 많은 개수의 동기신호가 만들어지며, 식물의 개화 시기나 개화기간의 동기신호로 사용된다.

4. 4계절의 변화가 없는 적도, 수평축에서의 동기신호는 6개월 단위의 건기와 우기가 있다. 이 역시 그림1의 변화와 조합해서, 다양한 동기 신호를 조합하는 것이 가능하게 되고, 달의 모양 변화의 조합으로 동기신호를 조합하는 것이 가능하기 때문에 다양한 동기신호가 존재한다.

5. 기류의 변화 즉 계절풍이나 몬순이라는 개념의 것으로, 육지에서는 다양한 기류의 흐름이 존재한다. 이 기류는 사람의 눈이나 감각으로는 관찰이 불가능하기 때문에 이 기류를 감지하는 감각기관을 갖고 회유하는 철새나 나비, 기타 등의 한정된 종만이 사용가능한 동기신호이다. 신호의 길이는 지구

공전주기와 동기를 이루기 때문에 최대길이는 1년 미만이 되며, 이 역시 다양한 조합이 가능하고 이중, 삼중으로 사용하는 것도 가능하게 된다.

6. 해류는 기본적으로 달의 인력과 지구 자전으로 만들어지는 북, 남의 적도해류와 태양의 열에 의해서 만들어지는 해류의 조합으로 이루어지기 때문에 매우 복잡한 형태를 갖고 있다. 사람의 시각이나 기타의 감각으로는 감지가 불가능하며, 그 모든 종류의 해류를 파악한다는 것은 거의 불가능하다. 하지만 해류의 흐름주기나 방향을 이용해서 번식하는 바다의 생명체를 관찰하는 것으로 확인하는 것이 가능하며, 그 길이는 수개월에서 수 십 년에 걸쳐서 이루어지게 되고 이 역시 이중, 삼중으로 사용하는 것도 가능하게 된다. 즉 성장기간이나 먹이사슬의 종류에 따라서 서로 다른 해류를 사용하는 것을 의미한다.

연어는 기본수명이 3년으로 회유하는데 1년 주기로 변화하는 3종류의 해류와 3년 주기로 변화하는 해류가 필요하다. 연어는 동시에 대량으로 번식하는 종으로 여러 종류의 동기신호가 필요하기 때문에 연어를 배치하기 위해서는 해류의 흐름에 대한 지식이 없으면 불가능하다. 연어나 민물장어인 경우는 해수와 담수, 기수역을 반복하면서 번식과 성장을 하기 때문에 매우 복잡한 과정을 거쳐서 번식하게 된다. 특히 민물장어는 동시에 대량으로 번식하는 종으로, 밀물과 썰물 때의 동기신호, 4계절의 온도변화의 동기신호, 해저해류의 흐름에 따른 온도변화(암수분리), 기초성장(치어)은 북, 남적도해류에서… 등의 매우 복잡한 과정을 거쳐서 번식하게 된다.

연어와 민물장어의 번식과정은 서로 반대 방향으로 같고, 다만 성장하는 과정에서 차이가 있다. 연어는 1회 회유(3년)하는 것으로 성장이 완료되지만, 민물장어는 4계절 온도변화를 동기신호로 검출해서 성장한다. 따라서 4계절 온도변화를 검출하기 어려운 환경에서는 번식시기를 검출하는 것이 어렵기 때문에 한 장소에서 계속 머물게 되는 경우도 있으며, 기본수명을 초과해서 살아가기도 하여 관찰기록으로 50년 정도나 그 이상으로도 관찰되고 있다.

7. 지구에서 다양한 종류의 동기신호가 필요한 이유는 몇 개 안 되는 생명주기를 사용하여 다양한 종의 종류를 만들기 위해서이다. 생명주기 하나(1개)마다 지리적 위치의 차이나 바다를 경계로 하는 섬, 높은 산맥 등의 지리적 조건과 각종 동기신호를 조합하는 것으로, 하나의 생명주기로 수십만 이상의 종을 배치하는 것이 가능하다. 따라서 지구에서의 이 동기신호는 매우 중요한 역할을 하게 되며, 지구의 생명체를 이해하기위해서는 각종 동기신호에 대한 이해가 필수적이다. 따라서 지구의 온난화로 지구의 온도가 변화하면, 기류 및 해류에도 영향을 주기 때문에 많은 종이 사라지거나 성장하는 지역이 다르게 된다.

8. 사자나 곰 등의 일부 동물은 Baby의 성장기간을 동기신호로 배란해서 종을 번식하는 종이 있으며, 수컷이 암컷의 배란(강제동기신호)을 유도하기 위해서 어린 Baby를 죽이는 경우가 발생되지만, 온도변화가 없는 지역에서 동기신호를 검출하는 것이 어려운 동물에 적용된다.

9. 먹이사슬을 동기신호로 이용하는 생명체는 주로 먹이의 성장에 의존하기 때문에 주로 규모가 작은 생명체에 적용되며, 다양한 방식이 존재한다.

10. 지구온도변화에 의한 식물의 개화시기는 식물의 종류에 따라서 주위 온도변화에 의해서 결정되어진다. 온도변화가 거의 없는 지구수평축이나 적도지방은 달의 광량, 즉 달의 모양 변화를 검출해서 동작하거나 건기와 우기를 검출하는 경우도 있다.

4계절의 계절 변화는 검출하기가 용이하기 때문에 같은 생명주기로 다양한 종을 배치하는 것이 가능하다. 그러나 지구온도의 변화에 취약한 단점이 있으며, 기간이 짧기 때문에 주로 규모가 작은 생명체나 식물 등에 적용된다.

# 민물장어 및 연어의 암수분리

민물장어나 연어는 기수역을 이용해서 동시에 대량으로 종족을 번식한다. 기수역의 물 흐름은 특이한 변화 즉 홍수나 밀물 썰물 등을 제외하고는 흐르는 속도가 느리기 때문에, 갓 부화된 어린 치어가 헤엄을 쳐서 적정시간 동안 필요한 염분농도의 변화를 얻기에는 부적합하다. 따라서 어느 정도 성장시켜야 할 필요가 있다.

연어의 갓 부화된 어린 치어는 스스로 헤엄치면서 먹이활동이 불가능하기 때문에 상류에서 하류로의 물의 흐름을 타고 먹이활동을 하면서 성장하게 된다. 민물장어의 갓 부화된 치어 또한 스스로 헤엄치면서 먹이활동이 불가능하기 때문에 북적도 해류의 해류흐름을 타고 먹이 활동을 하면서 성장하게 된다. 따라서 민물장어나 연어의 번식장소는 치어의 성장속도나 담수(민물)나 해수의 흐름의 속도 및 거리에 의해서 결정되어진다.

민물장어의 부화지점은 그림1의 청색선(저위도지방의 해저수온변화 특성곡선) 중에서 수온변화범위의 폭이 가장 안정적인 해저 300m지점의 8-12℃범위에서 번식하게 된다. 이동거리가 3,000㎞정도로 먼 이유는 민물장어치어는 낙엽처럼 스스로 헤엄치는 능력이 부족하기 때문에 북적도해류의 이동 속도에 의지해서 먹이활동 및 성장하는 시간이 필요하기 때문이다. 따라서 민물장어의 번식이나 성장과정을 이해하기 위해서는 해류의 흐름이나 이동속도 등에 대한 이해가 필수적이다.

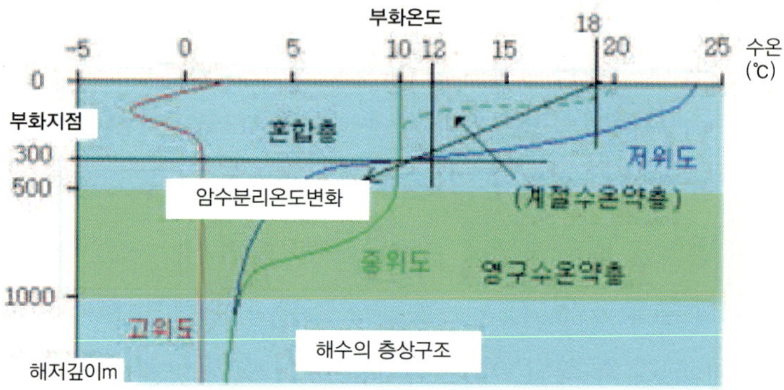


그림1. 해수의 층상구조

자연계에서 모든 생명체는 단위시간 동안의 온도변화를 검출해서 암수를 분리한다. 암수분리는 낮은 온도에서 높은 온도로 상승할 때의 변화를 검출하는 방식과 높은 온도에서 낮은 온도로 하강할 때의 변화를 검출하는 2가지 방식이 있다. 온도가 변화하는 속도에 의해서 암수가 결정되며, 수정되고 부화될 때 암수를 분리해서 성장하는 종과 수정되고 부화되어 성장한 후에 암컷도 수컷도 아닌 상태에서 암수를 분리하는 종으로 구별된다.

## 1. 민물장어 암수분리

민물장어는 기수역을 매개로 번식하는 종이다. 바닷물에서 적정크기로 자란 치어는 밀물 때 기수역으로 밀려와서 그림2에서와 같이 염분농도가 높은 바닷물에서 염분농도가 낮은 담수(민물)사이에서 서서히 적응한 다음, 민물에서 성장하여 성어가 되면 암컷도 수컷도 아닌 상태에서 염분농도가 낮은 담수(민물)를 떠나 염분농도가 높은 해수로 이동한다. 이때 소화기관의 일부가 생식기관으로 변화하고 썰물 때 썰물에 동기(同期)해서 집단으로 부화장소로 이동하게 되는데, 이동할 때의 누적온도변화차이로 암컷과 수컷으로 분리가 되고 번식하게 된다.

기수역에서 적응기간은 기수역의 수온에 따라서 다른 값을 갖게 되고, 기수역의 온도가 16℃이면 생체누적온도(부화누적온도)가 324℃이므로 324/16=20일이 소요된다. 물론 이 값

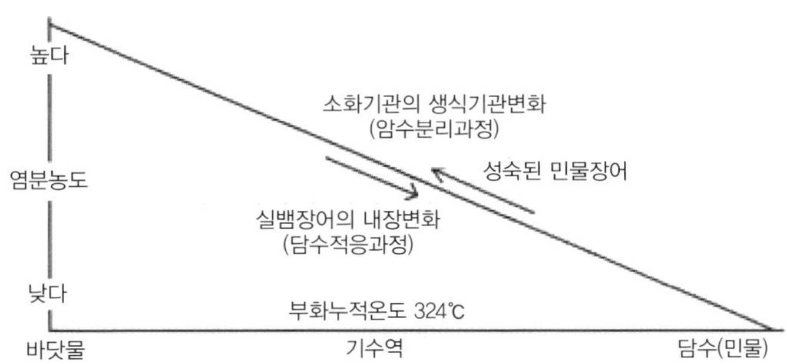


그림2. 기수역과 민물장어의 내장변화

은 낮과 밤의 온도 차이를 계산하지 않은 것으로 낮과 밤의 온도차이만큼 변화 기간에 차이가 발생된다.

민물장어의 암수분리누적온도는 암컷에게 우선권이 주어지고 이동할 때의 누적온도 값이 기준값보다 작으면 암컷으로, 크면 수컷으로 분리하게 된다. 따라서 크기가 큰 민물장어는 헤엄치는 속도가 빠르기 때문에 단위시간(거리)동안 누적온도 값이 적어서 주로 암컷으로, 크기가 작아서 헤엄치는 속도가 느리면 누적온도 값이 커서 수컷으로 분리가 된다.

민물장어의 부화장소의 온도는 10℃이고 출발지점의 온도가 16℃일 때, 암수분리누적온도는 부화누적온도와 같은 324℃이므로 누적온도를 하루 동안의 평균누적온도인 13℃(평균온도)로 나누면 324℃/13℃=25일이 암수분리기간이 된다.

따라서 이 암수분리누적온도가 324℃이하가 되면 주로 암컷으로, 324℃이상이면 수컷으로 분리가 되지만 이는 어디까지나 이론값이다. 민물장어는 헤엄치는 경로에 따라서 출발

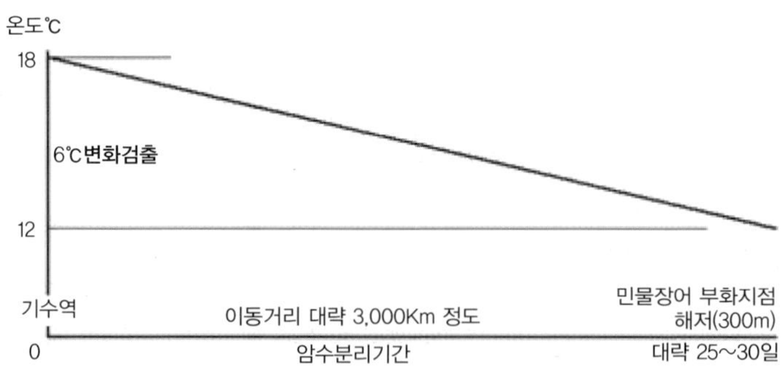


그림3. 민물장어 암수분리 온도변화

지점과 도착지점의 거리는 여러 가지 값을 갖게 되므로 평균누적온도 값으로 계산된다. 즉 수온이 낮을수록 이동거리가 길어지기 때문에 평균누적온도로 계산하는 것이 편리하며, 이동경로에 따라서 수온이 낮을수록 변화가 느리고 수온이 높을수록 변화가 빠르다. 따라서 변화속도가 빠르면 암컷 느리면 수컷이 된다.

## 2. 인공으로 민물장어의 암수분리

앞에서 본 그림2의 기수역과 민물장어의 내장변화자료를 활용해서 소화기관을 생식기관으로 변화시키고 난 후에 암수를 분리한다. 그 방법은 온도가 가변되는 수조를 이용해서 암수를 분리하는 것이 보다 확실하고, 이 과정을 확인하기 위해서는 민물장어와 같은 방식으로 번식하는 연어를 활용해서 확인하는 것이 가능하다. 연어는 민물장어와는 반대로 번식하지만 번식과정은 동일하기 때문이다.

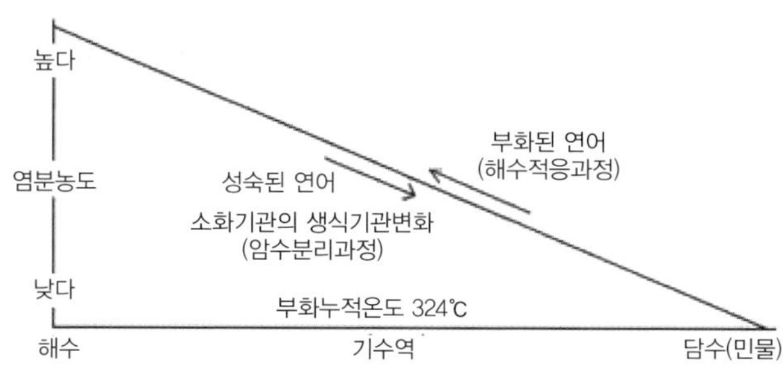


그림4. 기수역과 연어의 내장변화

민물장어의 암수분리과정이나 부화과정은 해저에서 이루어지기 때문에 변화과정을 눈으로 관찰하는 것은 거의 불가능하다. 그러나 연어는 기수역에서 소화기관이 생식기관으로 변화하는 과정이나 암수의 분리과정을 관찰적인 방법으로 확인하는 것이 가능하다. 뿐만 아니라, 소화기관의 변화기간과 누적온도 등을 확인하는 것도 가능하다.

연어는 그림4에서와 같이 민물장어와는 반대로 바다에서 성장하고, 암컷도 수컷도 아닌 상태에서 기수역을 거치면서 염분농도의 변화를 검출하여 소화기관을 생식기관으로 바꾼다. 암수를 분리하기 위해서는 일정온도의 변화가 필요하지만 연어 스스로 온도변화를 만드는 것이 불가능하므로, 자연 상태에서 기수역보다 온도가 낮은 상류로 헤엄쳐서 온도변화를 만든다.

연어는 담수 상류와 하류의 온도 차이를 검출하기 위하여 하류에서 상류로 헤엄치게 되는데, 이때의 헤엄치는 속도 즉 온도(체온) 변화의 속도가 빠르면 암컷으로 속도가 늦으면 수컷

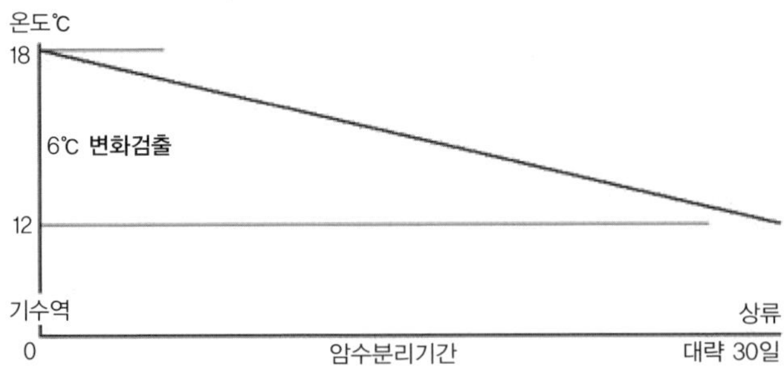


그림5. 연어의 암수분리 온도변화

으로 분리가 된다. 이는 연어가 헤엄칠 때의 주위온도나 환경의 변화폭이 크기 때문에 영향을 많이 받게 되므로 누적온도로 계산하는 것이 합리적이며, 연어도 집단으로 번식하기 때문에 밀물에 동기(同期)해서 거의 동시에 기수역에 도착하게 된다.

연어도 민물장어와 마찬가지로 부화누적온도가 324℃로 소화기관의 변화나 암수분리 누적온도가 부화누적온도와 같다. 따라서 소화기관이 생식기관으로 변화하는 기간은 기수역의 온도가 18℃라고 하면, 하루 누적온도는 18℃가 되고 324℃/18℃=18일이 소요된다. 물론 이 값은 낮과 밤의 온도 차이를 계산하지 않는 것으로 낮과 밤의 온도차이만큼 변화기간도 길어진다.

## 소화기관을 생식기관으로 변환하는 장치

그림6은 민물장어나 연어의 소화기관을 인공적으로 생식기

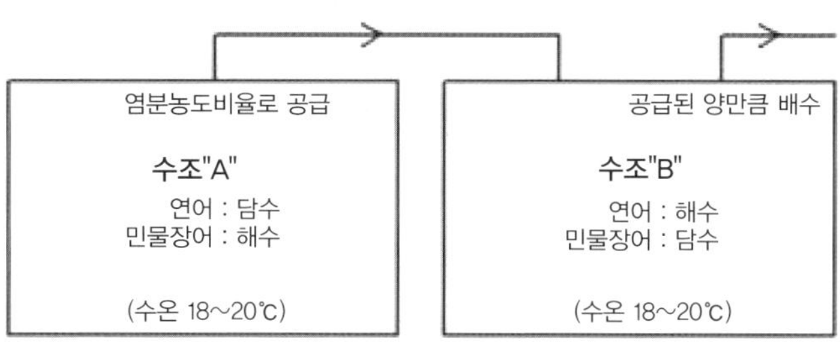


그림6. 소화기관을 생식기관으로 변환

관으로 변환하기 위한 구성으로 수조(水曹)B를 기준으로 민물을 채우면 연어, 바닷물을 채우면 민물장어가 된다. 따라서 먼저 눈으로 확인하기가 쉬운 연어를 수조B에 넣고, 수조A에서 공급되는 담수(민물)의 양으로 수조B의 염분농도를 조절해서 연어의 상태를 수술적인 방법으로 확인한다.

같은 방법으로 민물장어를 수조B에 넣고, 수조A에서 공급되는 바닷물의 양으로 수조B의 염분농도를 조절해서 민물장어의 소화기관을 생식기관으로 변환시킨다.

## 암수분리장치

자연 상태에서는 연어 스스로 온도를 조절하는 것이 불가능하여 상류와 하류의 온도 차이를 이용하기 위해 연어가 헤엄을 쳐서 필요한 온도변화 값을 얻지만, 인공적으로는 자연 상태와 반대로 연어는 정지 상태이고, 수조의 수온을 조절해서 암수를 분리 한다. 이 방식은 암수의 비율을 자유롭게 조절하는 장점이 있다.

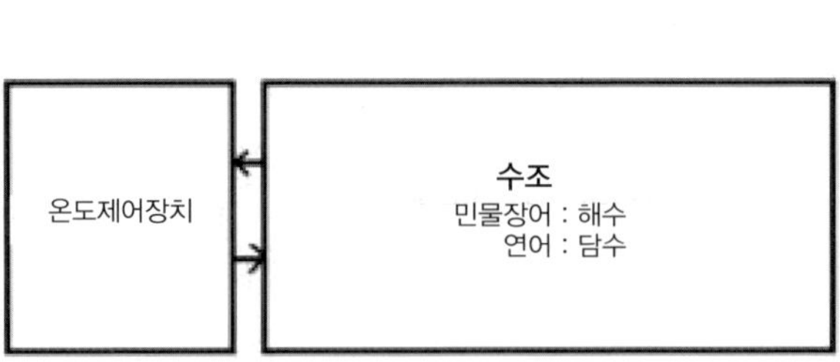


그림7. 암수분리 및 부화

그림7은 소화기관이 생식기관으로 변환이 끝난 민물장어나 연어를 암수로 분리하기위한 장치로 온도변화는 부화온도가 12℃이고, 6℃이상 변화해야 암수가 분리되기 때문에 초기온도는 부화온도+6℃로 18℃가 된다. 따라서 이 초기온도 값은 부화온도에 의해서 결정된다.

## 3. 인공부화

부화기간은 누적온도로 계산되므로 민물장어나 연어의 부화누적온도를 알기 위해서는 민물장어나 연어의 기본수명에 대한 이해가 필요하기 때문에 "생명주기이론"에 대한 이해가 필요하고, 번식방식이 복잡하게 이루어지는 이유에 대해서는 "종족보존의 법칙"에 대한 이해를 필요로 한다.

민물장어나 연어는 기본수명이 3년으로 생체주기(부화기간)는 9일이고, 부화누적온도는 9일×36℃=324℃가 되고, 부화온도가 12℃면 324℃/12℃=27일이 소요되고, 부화온도가 10℃면 324℃/10℃=32.4일이 소요된다. 필요에 따라서 부화기간은 부화온도를 조절하는 것으로 가능하다. 즉 연어나 민물장어는 부화기간 동안 암수를 분리할 필요가 없기 때문에 부화온도나 부화기간을 자유롭게 선택하는 것이 가능하다.

자연계의 모든 생명체는 수정되고 부화할 때의 온도변화에 따라 암수가 결정되는 방식과 연어나 민물장어처럼 번식할 때 암수를 분리하는 방식이 있다. 양 방식 모두 주위온도 변화에 암수의 성비율이 달라지는 취약한 단점이 있기 때문에 자연 상태에서 암수분리온도가 변화하면 성비의 불균형이 생긴다. 즉, 암수분리온도가 기준값보다 상승하면 암컷의 비율이 높아지고, 반대로 기준값보다 낮아지면 수컷의 비율이 높아져서 치어의 생산량이 급감하게 된다. 일반적으로 온혈동물로 알려진 발열방식의 생명체는 주위 온도와 관계없이 암수의 비율이 결정되는 장점이 있지만, 열을 발생시키는 장치 즉 대뇌열교환기(Bio-heater)가 필요하기 때문에 많은 양의 에너지(먹이)가 필요로 하는 단점이 있다.

## 4. 민물장어의 회유과정

민물장어의 부화지점(북적도 해류 해저)은 1년 중에서 12월 중순 경에 대류현상이 발생하는 때를 기준으로 시간적인 계산이 이루어 진다. 실뱀장어는 염분농도나 담수의 염분농도가 불규칙한 6월부터 시작되는 우기 전에 어느 정도 성장해야 한다. 따라서 민물장어는 가을에 출발해야 하고, 실뱀장어는 봄에 도착해야 하므로 6개월(180일)이 소요된다.

일부에서 과학적인 관찰로 북적도해류에서 240일정도 성장하는 것으로 알려져 있다. 이는 기준해류의 흐름에서 벗어나 저온에서 성장하는 것을 포획하는 것으로 추정되고, 실험실에서의 생장기간이 길어진 것은 생장장소의 온도가 북적도해류의 온도(25-28℃)보다 낮기 때문이다. 치어의 생장속도는 주위 온도에 비례하며, 생장온도가 높으면 생장속도가 빠르고 생장온도가 낮으면 생장속도는 느리게 된다.

1. 북적도 해류의 해저 300m지점의 안정적인 온도는 10℃ 전후로, 부화누적온도가 324℃이므로 부화기간은 32.4일이 된다. 부화지점에서 해수표면까지 부양하는데 10일정도가 걸린다고 하면 42-45일 정도가 소요되므로 11월초에는 도착해야 한다.

2. 도착시간이 11월초이고, 암수분리기간이 대략 20-25일로 계산하면 10월초에는 기수역에서 출발해야 한다.

3. 실뱀장어가 담수에 나타나는 시기가 3월초라면, 기수역에서의 적응기간이 대략 20일이므로 2월말 경에는 기수역에 도착해야 한다. 따라서 민물장어 치어가 북적도 해류에서 성장하는 기간은 12월 중순에 부양하기 때문에 대략 60일 정도가 소요되고, 15일 정도는 쿠로시오 해류를 거치게 된다.

4. 민물장어는 집단으로 번식하기 때문에 자연현상에 동기(同期)해야 할 필요가 있으며, 민물장어의 출발 동기신호는 썰물 때이고, 민물장어의 치어는 북적도 해류의 해저대류현상이 발생되는 12월 중순이 된다. 이를 정리하면 민물장어는 대략 6개월 정도가 소요된다.

**성어 민물장어** : 출발(10월초, 썰물), 도착(11월초), 산란 및 부화(30-35일), 북적도 해류 표면으로 부양(10일)

**민물장어 치어** : 출발(12월 중순), 북적도 해류(60일), 쿠로시오 해류(15일), 기수역 도착(3월초, 밀물)

참고로 북·남적도 해류는 대량으로 번식하는 장어종류의 치어의 성장에 최적의 장소이다. 종마다 대략 3개월 정도의 생장기간이 필요하기 때문에 4종류의 장어를 배치하는 것이 가능하므로 북·남적도 해류에는 기본적으로 8종류의 장어를 배치하는 것이 가능하다. 즉 북적도 해류에는 민물장어, 붕장어, 먹장어, 갯장어의 4종류가 배치되고, 남적도 해류에는 무태장어로 알려진 4종류의 장어를 배치하는 것이 가능하다. 해류는 계절에 따라서 경로가 바뀌기 때문에 붕장어, 먹장어, 갯장어 등의 서식지는 서로 다르게 된다.

# 생명주기이론

## 1. 서론

10干12支로 정의된 생명주기를 활용하여 생명체에 적용하기 위해서는 몇 가지의 규칙이 필요하다. 지구의 모든 생명체에 적용되는 10干12支는 생체기본온도 36°C에 대한 지구와 목성의 태양공전주기의 비율을 정의한 것으로, 태양계라는 Hardware와 지구생명체인 Software를 연결하는 중요한 연결고리의 역할을 한다.

10干은 생체기본온도와 지구공전주기의 비율을 정의한 것이고, 12支는 지구와 목성의 공전주기의 비율로서 생명체의 기본수명을 정의한다. 생명체의 탄생과정에서 각각의 종마다 단백질Library(줄기세포)의 동작누적온도 차이와 10干12支

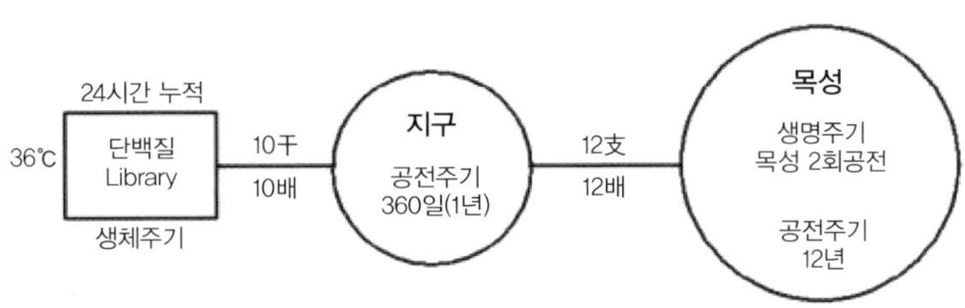


그림1. 10干12支 개념도

와의 상호관계를 연결시켜서 만들어진 이론이 '생명주기이론' 이다.

생명체의 탄생에는 생명체의 탄생에 필요한 단백질의 기본 동작온도의 제한성 때문에 낮은 온도를 누적시켜서 생명체의 탄생에 필요한 온도를 얻게 되는데, 이 온도를 '생체누적온도' 라고 한다. 이 생체누적온도의 차이 즉 임신기간이나 부화기간 및 발아기간 등으로 종(種)을 구별하게 되므로, 생체누적온도는 모든 생명체의 종을 구별하는 가장 중요한 기본(기준) 단위가 된다. 생명체의 규모가 크고 복잡해질수록 누적온도의 값은 많아지게 된다.

생명주기는 지구 및 목성의 태양공전주기를 의미한다. 따라서 생명주기는 지구의 기본공전주기 360일을 기준으로 360일 이하와 360일 이상 최대 목성의 공전주기 2회(24년)까지이며, 생명체의 규모에 따라서 다음과 같이 적용된다.

1. 360일 이하는 주로 생명체의 규모가 작은 Egg type으로 종족을 번식하는 생명체.

2. 180일 이하는 생명체의 규모가 작은 식물이나 곤충 기타 등.

3. 360일 이상 24년(임신기간 28.8개월), 즉 목성의 공전주기 2회까지는 주로 생명체규모가 큰 Baby type으로 종족을 보존하는 생명체에 적용된다.

기준온도는 생명체의 생체기본온도인 36℃를, 지구의 공전주기는 태양을 중심으로 하는 기본공전주기 360일을 기준으로 한다. 생명주기는 생체기본온도를 기준으로 생체누적온도로 표시하는 것이 정상적인 표현이지만, 편의상 생명주기이론에서는 날짜로 표시한다.

## 2. 생명주기

자연계에 존재하는 식물을 포함하는 모든 생명체는 고유의 생명주기를 갖고 있다. 생명주기는 기본적으로 구성요소가 같은 동물인 사람, 말, 돼지, 소 등의 서로 간의 교배를 방지하고, 종(種)과 종을 구별해주는 단위이다. 이 생명주기는 모든 생명체에서 매우 중요한 것으로 10干12支로 정의할 수 있다. 생명주기와 10干12支는 서로 분리하면 별다른 의미가 없지만, 서로 결합하면 큰 의미를 갖게 되며 모든 생명체에 적용된다.

생명주기를 10干으로 나누면 생체주기가 되고
생명주기를 12支로 곱하면 기본수명이 된다.
기본수명=생명주기×12支(생체주기×120배)
생체누적온도=생체기본온도(36℃)×생체주기

생명주기에서 시간적인 기본단위는 지구가 1회 자전하는 하루(24시간)를 기본단위로 하고, 생체누적온도는 생체기본온도 36°C가 24시간동안 누적된 온도를 기본단위로 한다.

자연계에 존재하는 모든 생명체는 유한의 생명을 살아가기 때문에 종족번식이 이루어지지 않으면 멸종하게 된다. 종족번식 즉 생명체 탄생에서 가장 중요한 것은 온도(열)이며, 이 온도의 기준이 되는 것이 생체누적온도이다. 생체누적온도는 생체주기와 밀접한 관계가 있으며, 생체주기×생체기본온도 36°C 의 값으로 주어진다.

따라서 생체누적온도를 이해하면 자연계의 생명체의 종족번식을 위한 구성방식을 이해할 수 있으며, 지역에 따라서 종(種)의 배치나 개체수의 차이가 발생되고 부화온도에 따라서 부화기간이 차이가 발생되는지도 이해할 수가 있다.

Baby type혹은 Egg type으로 종족을 번식하는 동물들은 대부분의 구성요소가 거의 같고 모양(형태)이나 기능에 약간씩의 차이만이 존재하기 때문에, 생명주기가 같다면 각각의 종간에 잡종이 탄생되어 종의 순수성이 사라지고 고유의 종이 멸종할 위험이 있다. 따라서 각각의 생명체마다 고유의 생명주기를 부여해서 종을 구별하고 각각의 종의 고유의 특징을 보존하고 유지하기 위해서는, 같은 생명주기를 사용하는 종들 간의 관계는 서로 다르게 설계(Design)되어야 한다.

생명주기는, 지구공전주기에 있어 태양을 Master로 하는 기본공전주기 360일과 목성을 Submaster로 하는 365.25일의 2종류가 있다. 태양을 기준으로 하는 360일을 기준으로 해서 지구의 기본공전주기인 360일 이하와 360일 이상, 목성의

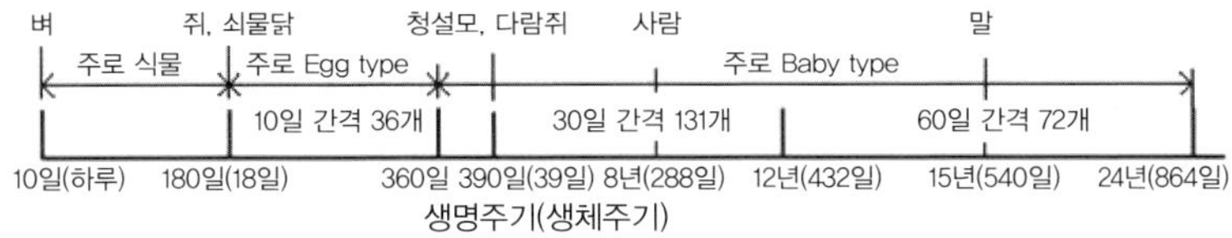


그림2. 생명주기 간격개념도

태양공전주기 2회(24년) 이하까지 부여된다.

따라서 360일(생체주기가 1일에서 36일까지) 이하는 주로 생명체규모가 작은 Egg type으로 종족을 번식하는 동물에 적용되고, 180일 이하는 주로 식물에 적용된다. 360일이상은 360일을 12支(지구와 목성의 공전주기비율)로 나눈 30일 간격으로 부여되고, 상대적으로 규모가 큰 Baby type으로 종족을 번식하는 동물들에 적용된다. 생명주기의 최대값은 목성의 2회공전주기까지 24년(생체주기는 28.8개월)이 된다.

이를 정리하면, 지구(자연계)에서 사용가능한 생명주기는,

1. 360일 이하는, 360일/10干=36개(10일 간격)
2. 360일 이상 12년 이하는
   144개월(4320일)-360일/30일=132개(30일 간격)
3. 12년 이상 24년 이하는
   144개월(4320일)/60일=72개(60일 간격)가 되어,

지구(자연계)에서 사용가능한 생명주기는 360일 이하 36개, 360일 이상 12년 이하 132개, 12년 이상 24년 이하 72개, 따

라서 생명주기는 대략 240개정도가 되지만, 겹치는 부분 즉 360일과 390일 사이는 10일 간격이 가능하므로 2개가 추가되어, 242개의 생명주기를 사용하는 것이 가능하게 된다.

생명주기는 배타적이기 때문에 하나의 생명주기로는 기본적으로 하나의 종밖에 만들 수가 없다. 1개의 종, 즉 동일종으로는 교배가 불가능하기 때문에 종족을 보존하기 위해서는 암컷과 수컷이라는 별개의 종이 필요하며 필수적으로 2개의 생명주기를 사용해야 한다.

따라서 242개의 생명주기를 사용해서 각각의 종을 배치하는데, 사람이면 사람, 소면 소, 말이면 말의 암컷과 수컷을 차례대로 즉 첫 번째 암수, 두 번째 암수, 세 번째 암수, 이렇게 순서대로 암수를 배치하게 되면, 구성요소가 같은 경우 첫 번째 수컷과 첫 번째 암컷도 교배가 되고, 두 번째 암컷과도 교배가 될 염려가 있으며, 암컷과 수컷의 생명주기 간격이 가깝기 때문에 암수 서로 간에 간섭을 주어서 종의 순수성이 회손될 가능성이 있다.

따라서 한정된 자원인 생명주기의 활용도가 현저하게 떨어지고 전체적인 종의 개체수가 줄어들기 때문에, 생명주기는 기본적으로 암컷만을 배치하고 수컷은 암컷의 생명주기에 종속되게 하지 않으면 안 된다.

이러한 개념을 FM(Frequency Modulation)방송을 예를 들어서 설명해보면 FM방송대역은 88㎒에서 108㎒까지 20㎒대역폭이고, 방송국과 방송국의 간격이 0.1㎒z 간격이기 때문에 전체적으로 200개의 방송국을 허가해줄 수가 있다. 그러나 주지하다시피 전파는 구성요소(성질)가 같기 때문에 동일 장소에서 인접한 Channel(예를 들면 95㎒와 95.1㎒z)을 동시에 송출하게 되면, 서로 간섭을 주게 되어 방송의 품질을 현저하게 저하시켜서 사용할 수가 없게 된다.

특히 Stereo방송인 경우에는 2개의 주파수가 필요해서 한정된 전파자원의 낭비가 심하다. 또한 수신자 측에서는 2개의 수신기가 필요하기 때문에 이러한 불편을 해소하기 위해서는 1개의 주파수에 Left신호와 Right신호를 19㎑라는 Pilot 신호를 사용해서 Left신호와 Right신호를 Multiplexing시켜서 송출한다. 그러면 수신측에서 Multiplexing된 신호를 Stereo Decoder를 사용해서 Left신호와 Right신호를 분리해서 사용하게 된다. 따라서 생명주기도 이와 같은 개념으로 생명주기가 부여되고 암수가 분리된다.

현재 자연계에 존재하는 생명체는 구성요소가 같은 경우 개체 수는 수 만종이므로, 대략 하나의 생명주기에 수백 종이상의 생명체가 존재하게 된다. 따라서 같은 생명주기를 사용하는 생명체와 생명체사이에는 일정한 법칙(규칙)이 필요하게 되며, 이를 '종족보존의 법칙'으로 규정한다.

자연계에 존재하는 모든 생명체의 기본수명은 최소 120일(생체주기 1일)에서 최대 288년(생체주기 28.8개월)까지다. 육지에서 현재 생명주기가 가장 긴 것은 코끼리로 생명주기는 18년(생체주기는 648일)이고, 기본수명은 216년이다. 생명주기가 길어질수록 생체주기의 오차가 커지기 때문에 종과 종의 생명주기의 간격도 길어져야 한다.

생명주기에서 1년은 360일을 기준으로 할 때 실제의 1년은 365.25일이므로 1년을 기준으로 5.25일의 차이가 나는데, 이 차이를 '생명주기오차'라고 한다. 계절변화(지구의 공전주기)에 의한 온도차이가 크지 않고 누적부화온도 및 누적생체온도를 얻기가 쉬운 열대지방에서 수시로 종족을 번식하는 형태의 생명체와 순수발열방식으로 생체온도를 제어해서 Baby type으로 종족을 수시로 번식하는 생명체는 별문제가 없지만, 매년 특정시기에 종족을 번식하는 경우에는 이를 보정해 주어야한다.

매년 특정시기에 종족을 번식하기 위해서는, 목성에 의해서 지구나 달은 동지가 되면 동기(同期)가 이루어지기 때문에 지구의 공전주기(4계절의 온도변화) 및 달의 공전주기 즉 달의 모양 변화나 밀물과 썰물을 검출해서 생명주기오차를 보정하며, 그 방법은 다음과 같다.

1. 지구의 수평축이나 적도지방에서는 열에너지 밀도가 일정해서 4계절변화에 의한 온도변화가 거의 없고, 누적부화온도 및 누적생체온도를 얻기가 쉽기 때문에 생명주기가 길다. 따라서 알의 형태로 종족을 번식시키는 생명체나 수시 때때로 종족을 번식하는 생명체에 적합하여 다양한 종이 존재하게 된다. 주로 생명체규모가 작은 생명체나 식물은 달의 공전

주기를 검출해서 종족을 번식한다.

2. 북극이나 남극에서는 지구가 태양과의 거리가 멀어져서 지구의 온도가 가장 낮을 때를 검출하거나 태양과의 거리가 가까워서 온도가 가장 높을 때를 검출해서 생명주기오차를 보정해서 매년 일정시기에 종족을 번식시킨다. 또한 남극이나 북극처럼 추운 지방에서는 누적부화온도 및 누적생체온도를 얻기 위한 조건이 까다롭기 때문에 극히 제한적인 종만이 번식한다.

3. 4계절이 뚜렷한 지역에서는 낮은 온도에서 높은 온도로 상승할 때를 검출하는 방식과 높은 온도에서 낮은 온도로 하강할 때의 온도변화를 검출해서 생명주기오차를 보정하여 종족을 번식시키는 방식과 온도가 가장 높을 때를 검출하거나 온도가 가장 낮을 때를 검출해서 생명주기의 오차를 보정하는 방식으로, 매년 일정시기에 종족을 번식한다.

4. 매년 일정시기에 종족을 번식하는 생명체의 기본수명은 1년 단위로 증가해야 한다. 그 이유는 생명주기의 오차를 보정하는 범위가 한정되어 있기 때문이다. 따라서 기본수명이 1년이면 생명주기는 30일로 생체주기는 3일(누적온도108°C)이 된다. 4계절이 뚜렷한 지역이나 기타의 지역에서 매년 같은 시기에 종족을 번식할 수가 있는 생명체의 생체주기 조건은 3의 배수이기 때문에, 생명주기표에서도 알 수가 있듯이 생명주기가 360일 이하에서는 사용 가능한 생명주기가 한정되어 있다.

따라서 4개절의 계절변화가 있는 지역에서는 매년 일정시기에 종족을 번식시키는 종의 개체수는 제한적이며, 추운 겨울에는 생체누적온도나 부화누적온도를 얻기가 어려워 종족번식이 거의 불가능하고 제한적인 종만이 번식이 가능하다.

5. 계절변화가 없는 지구수평축이나 열대지방에서는 건기와 우기를 만들고, 이 우기와 건기에 동기해서 공전주기의 오차를 보정하며 기타 다양한 방식이 존재한다.

6. 달의 공전주기는, 달의 모양변화나 밀물썰물은 변화주기가 짧기 때문에 주로 생명체규모가 작은 동물이나 식물의 번식주기에 적용된다. 또한 생명체규모가 크면서 대량으로 종족을 번식하는 생명체의 동기신호로도 사용되며, 달의 공전주기는 동기신호의 검출이 육지에 비해서 상대적으로 어려운 바다생명체에 주로 적용된다. 따라서 바다생명체나 식물은 지구의 공전주기를 검출하는 종과 달의 공전주기를 검출하는 종으로 구별된다.

7. 바닷물고기의 생명주기는 대체로 30일에서 300일 정도의 사이에 분포하며 부화기간으로는 3일에서 30일 정도가 된다. 기본적인 종(種)의 종류도 30여종밖에 안되기 때문에 주로 수정온도와 부화온도의 차이에 의해서 종족을 번식 하지만, 상기와 같은 방법 이외에도 다양한 방식으로 종족을 번식하게 된다.

결과적으로, 종족번식의 제약이 적은 열대(적도 및 수평축) 지방에서는 사용가능한 생명주기의 제약이 없기 때문에 종의 개체수가 다양하고 많은 개체의 생명체가 존재하게 된다. 종족번식의 제약이 열대지방에 비해서 상대적으로 많은 4계절이 뚜렷한 지역이나 극지방에서는 사용가능한 생명주기가 제한적이기 때문에 종의 개체수가 적게 된다.

## 3. 생명주기와 10干12支

지금까지 인류는 생명주기나 10干12支에대한 개별적인 이해는 존재해 왔지만 두 개념을 조합하여 생각하지 못했기 때문에, 자연계에 존재하는 생명체의 생명주기에 대한 자료가 거의 존재하지 않는다. 하지만 우리말 중에 여성(사람)의 생명주기에 대한 기록이 존재한다. 그 기록은 2팔(8)청춘, 8괘라고 하는 것으로 이를 해석해 보면, 여성의 생명주기가 8년이고, 두 번째 주기부터 배란이 시작된다는 것을 의미한다.

따라서 이를 생명주기이론에 적용시켜 보면, 여성의 생명주기가 8년이므로 기본수명은 8년×12支=96년, 생체주기(임신기간)는 96개월(8년)/10干=9.6개월(288일), 생체누적온도는 288일×36℃=10368℃가 된다.

여기서 임신기간이 288일 이라고 하는 것은 지구가 1회 자전하는 동안(하루)의 여성자궁의 평균온도가 36℃일 때 사람이 수정되고 탄생할 때까지 288일이 필요하다는 것을 의미한다.

생명주기이론을 이해하는데 있어서, 가장 교과서적인 종은 매미로 기본수명과 번식주기를 일치시켜서 기본수명마다 번식한다. '일명 7년 매미'는 번식주기(기본수명)가 7년이고 '북미 매미'는 번식주기가 13년 주기의 종과 17년 주기의 종이 있으며, 이를 계산해보면 다음과 같다.

1. 7년 주기로 번식하는 일명 7년 매미는 기본수명이 7년으로
   생명주기는 7년×360일/12지=210일
   생체주기는 210일/10간=21일
   생체누적온도는 21일×36℃=756℃
2. 13년 주기로 번식하는 북미매미는 기본수명이 13년으로
   생명주기는 13년×360일/12지=390일
   생체주기는 390일/10간=39일
   생체누적온도는 39일×36℃=1,404℃
3. 17년 주기로 번식하는 북미매미는 기본수명이 17년으로
   생명주기는 17년×360일/12지 = 510일
   생체주기는 510일/10간=51일
   생체누적온도는 51일×36℃=1,836℃

따라서 일명 7년 매미나 북미매미는 생체누적온도의 값이 크기 때문에 부화할 때 생체누적온도 값을 얻기 쉬운, 주위온도가 높은 여름에 번식하게 된다. 즉 온도가 가장 높은 때를 검출(동기)해서 집단으로 대량 번식한다.

## 4. M생명주기

생명주기는 모든 생명체의 암컷에게만 부여되고, 생명체의 수컷의 생명주기를 'M생명주기'라고 한다. M생명주기는 암컷의 생명주기에 종속되며, 생체주기를 10배한 값을 생명주기라 하고 9배(10干-1)한 값을 M생명주기라고 한다.

따라서 M생명주기=생명주기×0.9의 값으로 주어진다.

이를 현실에 적용해보면, 사람의 남성과 여성의 평균수명이 차이가 발생하는 이유는 여성의 생명주기가 남성의 M생명주기보다 그 값이 크기 때문에 평균수명의 차이가 발생하게 된다. 우리나라 2006년 기준 평균수명은 남성 75.74세 여성 82.36세이다. 따라서 남성과 여성의 평균수명의 차이는 0.92배를 나타냈다(2001년의 경우 0.90으로 일치).

결과적으로, 이론값인 “남성평균수명=여성평균수명×0.9”와 실제 예에서 거의 일치함을 보여준다. 하지만 현대사회는 남성중심사회로 남성의 사회활동에 의한 사고사나 전쟁 등으로 남성의 사망률이 다소 높기 때문에, 이론값인 0.9보다 다소 높거나 낮아질 수가 있다.

이 이론값을 관찰적인 방법으로 확인하기 위해서는 사람과 구성 요소가 같고 생명주기가 짧은 쥐를 대상으로, 같은 조건으로 암컷과 수컷을 사용해서 실험을 하면 암수의 평균수명의 차이는 0.9에 근접해야 한다.

## 5. 생명체의 암수 분리

자연계의 모든 생명체는 암수 짝으로 종족을 보존하기 때문에 암수를 분리하는 과정이 필요하고, 암수를 분리하는 방식은 수정되고 암수를 분리하는 방식과 기본수명으로 성장한 후에 암수를 분리하는 방식으로 구별된다.

즉, 생명체규모가 큰 Baby type의 생명체(온혈동물)는 주로 수정 직후에 암수를 분리하고, 기초성장 후에 암수를 분리하는 방식은 생명체의 규모가 작은 Egg type의 생명체에 적용된다. 기본수명으로 성장한 후에 암수를 분리하는 방식은 주로 Egg type의 생명체로 동시에 대량으로 종족을 번식하는 종에 적용된다.

모든 생명체는 난자와 정자가 수정되고, 적정온도에서 부화(동작)하는 생명체와 높은 온도에서 낮은 온도로 변화할 때와 낮은 온도에서 높은 온도로 변화할 때의 온도변화를 검출해서 부화하는 방식 등 3가지의 방식으로 부화가 시작되고 암수가 분리된다. 또한 부화누적온도의 차이로 암컷이 우선권을 갖는 생명체와 수컷이 우선권이 있는 생명체로 구별된다. 즉 기준부화누적온도 보다 길거나 짧을 때 암수 어느 쪽이 우선권이 있느냐하는 것을 의미한다.

그림3은 암수분리의 부화누적온도변화를 나타내는 것으로 A는 암수 구별 없이 일정온도에서 부화가 시작되고, 즉 기초성장(올챙이-개구리)후나, 기본수명(연어3년)으로 성장한 후

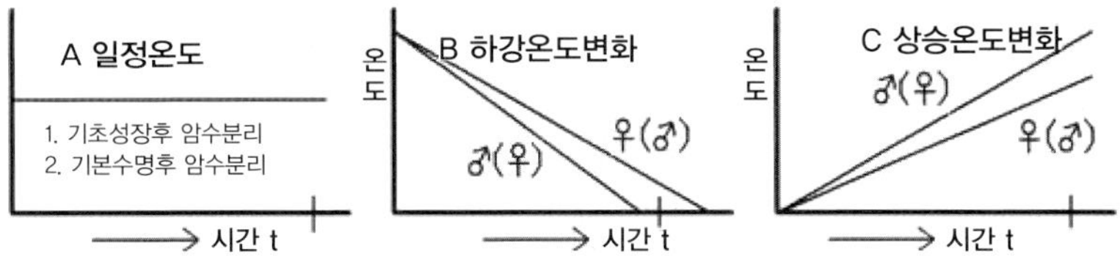


그림3. 암수분리와 온도변화

에 암수를 분리하는 방식은 B, C 와 같다. 또한 B, C는 수정직후 온도변화를 검출해서 암수를 분리하는 방식인데, 양 방식 모두 기준부화누적온도보다 길 때 암컷이 우선권을 갖는 생명체와 짧을 때 우선권을 갖는 생명체로 구별된다. 따라서 B, C는 4가지의 Mode(변화)가 발생된다.

난자와 정자가 수정되고 수정온도보다 하강하거나 상승하는 온도 변화를 검출해서 암컷과 수컷을 분리하는데, 이 과정을 넓은 의미에서 '부화'라고 한다. 난자와 정자가 수정되고 애벌레나 기타의 형태로 성장된 후 번데기상태에서 암수를 분리하는 것을 '우화'라고 하며, 올챙이상태에서 개구리로 암수가 결정되는 것을 '변이'라고 한다. 부화와 우화 및 변이는 여러 가지의 방식이 있으며, 부화와 우화 및 변이에는 필수적으로 온도(열)변화를 필요로 한다.

## 부화

넓은 의미에서의 부화과정은 크게 3가지의 형태가 있으며, 다음의 3가지 방식 이외에도 여러 가지의 방식이 존재한다.

첫 번째, 생명체 자체에 생체열교환기(Bio-heater)를 갖고 있어서 스스로 생체열을 발생시킬 수 있는 생명체(온혈동물)는, 종족을 번식하는 방식으로 Baby Type과 Egg type이 있다. 수정되고 줄기세포로 성장시킬 때 암수가 결정된 다음 탯줄형태로 착상단계를 거쳐서 기초성장 후에 출산해서 종족을 번식하는 방식과, 수정되고 줄기세포로 성장시킬 때 암수가 결정되고 줄기세포가 부착된 상태(새나 닭)로 산란한 다음 부화과정을 통해 기초성장 후에 종족을 번식시키는 2가지 방식이 있다. 암수의 결정은 수정누적온도에 따라 결정된다.

예를 들면, 사람의 경우에는 수정되고 줄기세포가 만들어질 때 수정누적온도에 따라서 즉 39℃에서 수정되고 36℃로 떨어질 때의 수정누적온도의 차이로 남성과 여성이 결정되어지고, 줄기세포로 성장된 후에 착상단계를 거쳐 기초성장 후에 출산한다. 또한 닭의 경우에는 수정되고 줄기세포가 만들어질 때 수정누적온도에 따라서 암수가 결정되고, 줄기세포가 부착된 상태로 산란해서 낮은 온도에서 높은 온도로 상승할 때를 검출해서 부화한다.

두 번째, 생명체 자체에 생체열교환기가 없어서 생체열을 발생시킬 수가 없는 생명체인 경우는 줄기세포를 만들기 위한 열을 발생시킬 수가 없기 때문에 체내에서 수정되고, 수정된 상태 그대로 알에 부착 후 산란하는 체내수정방식과 알을 산란하여 외부에서 수정시킨 다음 종족을 번식하는 체외수정방식이 있다. 두 방식 모두 외부 열(온도)에 의해서 암수가 결정되기 때문에 외부온도(기온)의 변화에 취약한 단점이 있다. 그리고 부화온도에 따라서 암수 종의 쏠림현상이 발생되기 때문에 주위 온도변화가 심하게 되면, 암수 종이 어느 한 쪽으로 쏠리게 되어 멸종하게 되는 단점이 있다.

세 번째, 체내 알의 상태에서 각각의 특성이 결정되고, 산란해서 부화하여 종족을 번식하는 방식이다. 개미나 꿀벌처럼 일생에 한번의 교배로 교배된 정자를 저장해두었다가 여러 형태로 복제해서 각각의 특성에 맞도록 수정시킨 후에 부착 산란하여 부화과정을 거쳐서 종족을 번식하는 방식이다. 주위온도의 영향을 적게 받고 종족의 특징을 이어가는 장점이 있다.

우화

우화는 주로 곤충형태나 소규모의 생명체에 적용되며, 한정된 자원인 생명주기내에서 여러 종류의 개체수를 만들기 때문에 다양한 방식이 적용된다. 수정되고 산란해서 부화하여 암컷과 수컷이 결정되지 않은 애벌레나 기타의 형태를 거친 후, 번데기 상태에서 종족번식을 위해서 우화과정을 통해 암컷과 수컷으로 분리하는 방식이다.

외부온도에 따라서 암컷과 수컷이 결정되기 때문에 외부온도에 따라서 암컷과 수컷이 어느 한쪽으로 쏠리는 단점이 있다. 부화할 때도 외부온도의 영향을 받기 때문에 외부온도의 변화에 가장 취약한 방식으로 온도변화가 커지면 멸종할 우려가 있다.

### 변태

우화와 같은 개념으로 올챙이 상태에서 개구리 형태로 변화하면서 암수가 분리되기 때문에 주위온도의 변화에 취약한 단점이 있다. 이 변태는 온도변화와 염분농도변화(기수역)를 검출하는 등의 다양한 방식이 존재하며, 우화나 변태는 동시에 대량으로 종족을 번식하는 생명체에 적합한 방식이다.

### 변이

변이는 주로 기본모양은 유지하면서 내장기관이 염분농도의 변화로 담수에서 해수로 적응하거나, 온도변화나 염분농도 기타의 변화를 검출해서 주로 내장기관을 생식기관으로 변이시켜 종족을 보존하는 생명체에 적용된다. 연어는 바다에서 성장하고 기본수명으로 성장하면, 기수역(염분농도)을 거쳐서 내장기관을 생식기관으로 변이시킨다.

그리고 기수역보다 온도가 낮은 강 상류로 가는 도중 그림3의 B의 방식으로 암수를 분리한 후, 수정되고 부화해서 강 상류에서 하류로 흐르는 물길을 따라 기초성장 한다. 그 후, 다시 기수역을 거치면서 내장기관의 변이로 담수에서 해수로 적응하여 바다에서 성장한다.

따라서 연어는 일생동안 내장기관이 2번의 변이과정을 거치기 때문에 매우 복잡한 과정으로 번식하게 되고, 민물장어는 연어와 같은 방식으로 번식하지만 번식방향은 정반대의 과정을 거쳐서 번식한다.

또한 숭어는 성어가 되면 기수역을 거쳐 강(담수)에 도착하면, 다시 기수역을 거쳐 바다(해수)에 도착하는 동안 내장기관이 생식기관으로 변이된다. 그리고 그림3의 B 와 같이 온도가 낮은 바다에서 암수가 분리되고, 종족을 번식하게 된다. 이 변이방식은 대량으로 종족을 번식하는데 적합한 방식이다.

상기의 방식 이외에도 여러 가지의 방식이 존재하며, 여러 방식을 혼합해서 암수를 분리하고 종족을 번식한다.

## 6. 임신 및 부화누적온도

자연계에 존재하는 모든 생명체는 종족보존을 위한 생명체를 번식시킨다. 이를 위해, 수정되고 Baby type으로 출산할 때까지와 수정되고 Egg type으로 부화할 때까지 필요한 온도(열)를 임신 및 부화누적온도라고 한다. 변태 및 변이누적온도는 부화누적온도가 적용된다.

모든 생명체가 가지고 있는 고유의 생명주기와 10干12支에 의한 생체주기는 Baby type으로 종족을 번식하는 생명체의 임신기간과 일치해야하며, Egg type으로 종족을 번식하는 생명체의 부화기간과도 일치해야한다. 순수발열방식으로 생체온도를 제어하는 생명체는 주위온도의 변화에 관계없이 일정하게 생체온도를 제어하기 때문에, 생체주기와 임신기간이 거의 일치한다. 그러나 축열방식으로 생체온도를 제어하는 생명체는 주위온도의 변화를 제어하는 것이 불가능하기 때문에, 고유의 생명주기에 따르는 생체주기와 부화기간을 일치시키는 것이 불가능하다. 이를 설명하기 위해서 도입된 것이 임신 및 부화누적온도라는 개념이다.

따라서 임신 및 부화누적온도는 생명주기와 10干12支라는 개념이 없으면 생체주기를 산출할 수가 없기 때문에 그 온도의 값을 구하는 것이 불가능하다.

1. Baby type으로 종족을 번식하는 생명체 중에서 발열방식으로 생체온도를 제어하는 생명체는 임신기간을 일정하게 하고 생체온도를 제어해서, 임신누적온도와 생체누적온도를 같게 하여 생체주기와 임신기간을 일치시키는 방식을 취한다. 그리고 축열방식으로 생체온도를 제어하는 생명체는 생명체의 주위온도를 어느 정도 일정하게 유지하면서 임신기간을 제어해서, 임신누적온도와 생체누적온도를 같게 하여 생체주기와 임신기간을 일치시키는 방식을 취한다.

2. Egg type으로 종족을 번식하는 생명체 중에서 보온발열방식으로 생체온도를 제어하는 생명체는 알을 품어서 알의

주위온도를 어느 정도 일정하게 유지하면서 부화기간을 제어해서 생체누적온도와 부화누적온도를 같게 하여 생체주기와 부화기간을 일치시키는 방식과, 외부 열(태양열이나 기타 열)이 어느 정도 일정한 장소에서 부화기간을 제어하여 생체누적온도와 부화누적온도를 같게 해서 생체주기와 부화기간을 일치시키는 방식이 있다.

Baby type으로 종족을 보존하는 생명체는 수정되고 기초성장 후 출산할 때까지 필요한 온도(열)를 '임신누적온도'라고 하고, Egg type으로 종족을 보존하는 생명체가 수정되고 부화되기까지 필요한 온도(열)를 '부화누적온도'라고 한다. '생체누적온도'는 생체기본온도 36°C에 생체주기를 곱한 값으로 주어진다.

## 임신누적온도

임신누적온도는 Baby type으로 종족을 보존하는 생명체가 수정되고 출산할 때까지 필요한 생체온도(열)를 의미한다. 생명체에 생체열교환기를 갖고 있어서 생체열을 조절하는 순수발열방식의 생명체와 생체열교환기를 갖고 있지 않는 축열방식의 생명체로 구별된다.

순수발열방식으로 생체온도를 제어(Control)하는 생명체는 생체온도를 제어해서 생체누적온도와 임신누적온도를 일치시키고, 축열방식의 생명체는 생체열을 발생시키는 것이 불가능하기 때문에 외부온도(열)에 의존해서 임신기간을 조절할 수밖에 없다. 외부온도의 변화에 따라서 생체온도가 일정하지 못하여 생체누적온도와 임신누적온도의 차이가 발생되면 외부온도조건에 따라서 임신기간을 제어해서 생체누적온도와 임신누적온도를 일치시키며 다음 식으로 주어진다.

① 임신기간=생체주기가 되고

② 생체누적온도=생체주기×생체기본온도 36°C

③ 누적임신기간=임신누적온도/생체온도

④ 임신누적온도=누적임신기간×생체온도가 된다.

따라서 생체기본온도 36°C/생체온도의 값이 1이 되면 생체주기와 임신기간이 일치한다. 이 값이 1보다 크면 생체주기보다 임신기간이 길어지고, 1보다 적으면 생체주기보다 임신기간이 짧아진다.

예를 들면 Baby type으로 종족을 보존하는 생명체의 생명주기가 30개월인 생명체는 생체주기가 90일이고 생명체의 생체누적온도는 3240°C가 되며, 발열방식으로 종족을 보존하는 생명체의 생체온도가 36°C이면 3240°C/36°C=90일로 임신기간과 누적임신기간이 같아진다. 여기서 생체온도가 30°C 라고하면,

① 임신기간=90일

② 생체누적온도=90일×생체기본온도 36°C=3,240°C

③ 누적임신기간=3240°C/생체온도 30°C=108일

④ 임신누적온도=108일×생체온도 30°C=3,240°C가 되어 임신기간(90일)보다 누적임신기간108일)이 길어진다.

축열방식으로 종족을 보존하는 생명체의 생명주기가 300일이면 생체주기가 30일이고, 생체온도가 주위온도의 영향으로 임신기간 동안의 평균온도가 18°C라고 하면 생체온도는 18°C가 되고

① 임신기간=30일

② 생체누적온도=30일×생체기본온도 36°C=1,080°C

③ 누적임신기간=1080°C/생체온도 18°C=60일

④ 임신누적온도=60일×생체온도 18°C=1,080°C가 되어 임신기간(생체주기)보다 누적임신기간이 길어진다.

결과적으로 발열방식으로 종족을 번식하는 생명체의 임신기간은 주위온도와 관계없이 거의 일정하지만, 축열방식으로 종족을 번식하는 생명체가 새끼형태로 종족을 번식하는 경우의 임신기간은 주위온도에 따라서 누적임신기간의 차이가 발생하게 된다.

### 부화누적온도

자연 상태에서는 낮과 밤이 존재하고 낮과 밤의 온도차이가 많아서 순수자연 상태에서는 부화가 어렵다. 자연 상태에서

부화를 시키기 위해서는 낮과 밤의 온도 차이를 줄여주고 보온이 잘되는 매질이 필요하며, 대체적으로 누적부화기간 동안의 평균온도 값을 부화누적온도의 기준값으로 사용한다.

부화누적온도는 Egg type으로 종족을 보존하는 생명체가 수정되고 부화할 때까지 필요한 온도를 말하며, 다음의 2가지의 형태가 있다.

첫 번째 보온발열방식으로 생체온도를 제어하는 생명체는 수정되고 줄기세포로 성장시켜 암수가 결정된 다음, 산란하여 알을 품어서 부화시킨다. 부화누적온도는 부화누적온도에서 수정되고 줄기세포로 성장시킬 때 사용되는 수정누적부화온도를 뺀(마이너스)값으로 정해지며, 수정누적부화온도의 값이 적으면 무시할 수가 있지만 그 값이 크면 무시할 수가 없게 된다.

① 부화기간=생체주기가 되고,

② 누적온도=생체주기×생체기본온도 36°C

③ 누적부화기간=생체누적온도/부화기간 동안의 평균온도

④ 부화누적온도=누적부화기간×부화기간 동안의 평균온도가 된다.

따라서 생체기본온도 36°C/부화기간 동안의 평균온도의 값이 1이 되면 생체주기와 부화기간이 일치하게 된다. 이 값이 1보다 크면 생체주기보다 부화기간이 길어지고, 1보다 적으면 생체주기보다 부화기간이 짧아진다.

예를 들면 닭은 생명주기가 210일이고 생체주기는 21일, 부

화온도가 36°C이고 수정누적부화온도가 25°C라고 하면,

① 부화기간=21일

② 생체누적온도=21일×생체기본온도 36°C=756°C

③ 누적부화기간=756°C-25°C/부화온도 36°C=20.3일

④ 부화누적온도=20.3일×부화온도 36°C=731°C가 되고,

여기서 수정누적부화온도를 무시하면

⑤누적부화기간=756°C/부화온도 36°C=21일이 된다.

참고로 부화온도가 38°C로 상승하면 누적부화기간은 731°C/38°C=약19일 정도가 된다.

두 번째, 축열방식으로 생체온도를 제어하는 생명체는 주위온도에 의존하기 때문에 주위온도의 변화에 따라서 생체누적온도와 부화누적온도의 차이가 발생하게 된다. 특히 체외수정으로 종족을 번식하는 생명체의 생체누적온도와 부화누적온도의 차이는 크게 되며 다음 식으로 주어진다.

① 부화기간=생체주기가 되고,

② 생체누적온도=생체주기×생체기본온도 36°C

③ 누적부화기간=생체누적온도/부화기간 동안의 평균온도

④ 부화누적온도=누적부화기간×부화기간 동안의 평균온도가 된다.

따라서 생체기본온도 36°C/부화기간 동안의 평균온도의 값이 1이 되면 생체주기와 부화기간이 일치한다. 이 값이 1보다 크면 생체주기보다 부화기간이 길어지고, 1보다 적으면 생체

주기보다 부화기간이 짧아진다.

예를 들면 알의 형태로 종족을 보존하는 연어의 생명주기는 90일(기본수명3년)이고 생체주기는 9일이며 누적부화기간 동안의 부화온도가 평균 8°C라고 하면,

① 부화기간=9일

② 생체누적온도=9일×생체기본온도 36°C=324°C

③ 누적부화기간=324°C/8°C=40.5일

④ 부화누적온도=40.5일×8°C=324°C가 된다.

변태, 변이누적온도는 부화누적온도와 같은 개념이다.

결과적으로, 생체누적온도는 생명체가 종족번식을 위한 생명체를 탄생시키기 위한 기간인 누적임신기간이나 누적부화기간과 밀접한 관계가 있고 종족번식기간의 기준이 된다. 때문에 생명체를 이해하는데 생명주기와 함께 매우 중요한 역할을 한다.

4계절 온도변화로 온도변화 차이가 많은 장소에서 축열방식으로 종족을 번식하는 생명체는 주위온도가 높은 장소에서는 주로 생명주기가 긴 생명체를 배치하고, 주위온도가 낮은 장소에서는 생명체의 생명주기가 짧은 생명체를 배치해야 한다.

그 이유는 같은 생명주기라도 겨울에는 주위온도가 낮아서 누적부화기간이 길어져종족보존을 어렵게 하기 때문이다. 여름에는 주위 온도가 높아 생명주기가 짧은 생명체를 배치하면 한정된 자원인 생명주기의 낭비가 심하기 때문에, 생명

주기가 긴 생명체를 배치하여 생명주기의 사용효율을 향상시켜 주도록 생명체를 배치하는 것이 중요하다.

## 7. 생체온도

자연계에 존재하는 모든 생명체의 생체온도는 생명주기와 같이 매우 중요한 것으로 축열방식과 발열방식으로 구분되며, 각 방식은 장점과 단점이 있다.

생체온도를 제어하기 위해서는 동력장치인 심장이 필요하고, 특히 순수발열방식은 체내의 모든 혈액이 대뇌열교환기(Bio-heater)를 거쳐서 가기 때문에 제어장치가 복잡하게 되는 단점이 있다.

### 축열방식

축열방식으로 생체온도를 제어(Control)하는 모든 동물들은 스스로 생체열을 발생시킬 수가 없기 때문에 열이 필요한 경우 외부의 열(태양열 또는 기타의 열)에 의존하게 된다. 종(種)에 따라서는 외부의 열을 직접 이용하는 방식과 외부의 열을 몸에 축적해서 이용하는 방식으로 구분된다. 양 방식 모두가 스스로 생체열을 발생시키지 않기 때문에 생체열을 발생시키기 위한 생체에너지가 필요가 없고, 활동에 필요한 기본적인 생체에너지만 필요하기 때문에 생체에너지를 발생시키는 재료(먹이)가 많이 필요로 하지 않는 장점이 있다. 하지만 체내 생체열교환기(Bio-Heater)가 없어서 체내에서 부화를 시키기가 어렵기 때문에 종족보존을 위한 부화를 외부의 열에 의존하게 된다.

또한 생체열을 발생시키는 생체열 교환기가 필요 없기 때문에 머리(head)의 크기를 작게 할 수가 있는 장점이 있는 반면, 종족보존을 외부 열에 의존해야 되기 때문에 외부 온도가 변화하면 종족보존에 위협을 받게 되는 단점이 있다. 종족보존 및 생명유지를 위해서는 외부의 열(온도)을 감지하는 고성능의 온도감지기가 필요하다.

### 발열방식

발열방식으로 생체온도를 제어(Control)하는 모든 동물들은 순수발열방식과 보온발열방식으로 구별된다. 순수발열방식은 스스로 생체온도를 조절해야 하기 때문에 생체열 발생장치(대뇌 열교환기)가 필요하며, 각각의 동물들은 그 모양이나 크기에 따라서 생체열 교환기와 뜨거워진 혈액을 공급하는 심장의 크기가 달라져야 한다. 그 크기는 일반적으로 각각 동물들의 몸무게의 비율 제곱근으로 값을 구해서 정해진 값에 비례하지만, 대뇌열교환기의 발열효율이나 서식환경에 따라서 차이가 발생하게 된다.

예를 들면 사람을 기준으로 사람의 몸무게가 70kg이고 생체열 교환기의 무게가 대략 1.2kg정도라고 하고, 소의 몸무게가 700kg이라고 할 때 몸무게의 비는 10이 되고 제곱근을 구하면 약 3정도가 되어 소의 생체 열 교환기의 무게는 대략 1.2kg 곱하기 3해서 3.6kg정도가 된다.

순수발열방식은 필요로 하는 모든 생체열을 생체열 교환기를 통해서 생체열을 발생시키기 때문에 생체열을 발생시키기 위한 생체열 에너지가 필요하다. 활동에 필요한 기본적인 생체에너지 이외에 많은 양의 생체에너지가 필요하기 때문에 생체에너지를 발생시키는 재료(먹이)가 많이 필요하게 되는 단점이 있다. 하지만 종족보존을 외부 열(태양열 또는 기타의 열)에 의존할 필요가 없기 때문에 외부 환경변화 또는 외부 온도변화에 강한 장점이 있다.

보온발열방식은 몸체의 크기에 비해서 생체열 교환기의 크기를 적게 할 수가 있어서 주로 생명체규모가 적은 생명체에 적합하다. 생체 열을 발생시키기 위한 생체에너지는 적게 필요하지만, 주위 온도의 변화에 취약한 단점이 있다. 따라서 종족보존을 위한 내부부화온도를 조절하기가 어렵기 때문에 종족보존의 형태를 새끼형태로 출산하기가 어려운 단점이 있다. 보온발열방식은 주로 체내수정 후 줄기세포를 만들게 되고 줄기세포를 알에 부착하는 형태로 산란 후에 종족을 보존하게 되며, 뇌에 성능이 우수한 온도감지기가 필요하고 보온이 잘되는 깃털형태의 보온장치가 필요하다.

발열방식(온혈동물)의 생체온도는 발열방식을 사용하는 동물들의 암컷의 자궁온도를 기준으로 결정되며, 자궁의 온도가 생체기본온도인 36°C가 되도록 열교환기의 기본동작온도가 결정된다. 즉 발열방식의 생명체는 구조상 자궁과 열교환기의 거리차이가 발생되기 때문에 열손실이 발생되고, 이 열손실을 보정하기 위해서 대뇌열교환기의 온도는 자궁의 온도보다 손실된 값만큼 높게 설정된다.

### 참고1

사람의 경우에는 자궁과 대뇌열교환기의 거리가 멀기 때문에 온도차이가 발생 한다. 이 온도 차이를 보정하기 위해서 대뇌열교환기의 온도를 0.5°C높게 해서 보정하므로 사람의 대뇌열교환기의 온도는 36.5°C가 된다. 자궁온도의 제어는 매우 중요하며, 이 온도의 변화가 크게 되면 임신기간의 차이가 발생하게 된다. 즉 자궁의 온도가 0.5°C가 변화하면 사람의 생체주기가 288일이므로 288×0.5°C=144°C가 되고 144°C/36°C=4일의 차이가 발생하게 되고 1°C가 변화하면 8일의 차이가 발생하게 된다.

결과적으로 사람의 생체온도(체온)를 결정하는 것은 여성의 자궁의 온도를 기준으로 결정되어진다. 대뇌열교환기와 자궁간의 거리가 멀기 때문에 온도(열)손실이 발생되고, 여러 가지의 이유로 이 온도(열)손실이 크게 되어 수정할 때 수정온도 39°C에 이르지 못하면 수정이 되지 않아서 불임이 되는 경우가 발생하게 되는 단점이 있다.

## 참고2

자연계에 존재하는 모든 생명체는 종족보존을 위해서 암수 쌍으로 종족을 번식하기 때문에 수정이 절대적으로 필요하며 각각의 동물들은 그 종류와 환경 조건에 따라서 수정온도가 달라져야 한다. 사람인 경우 수정온도는 생체기본온도 36°C에 한 번의 생체기본단위온도 3도(度)를 더한 39°C가 되고, 사람의 최고생체온도는 생체기본온도 36°C에 두 번의 생체기본단위온도 6°C를 더한 42°C가 된다.

최저생체온도는 생체기본온도 36°C에 두 번의 생체기본단위온도 6°C를 뺀 30°C가 된다. 따라서 최저생체온도와 최고생체온도의 차이는 12°C가 되며 여기서 생체온도라고 하는 것은 대뇌 열 교환기의 온도를 의미한다. 또한 사람을 제외한 모든 동물의 수정온도 및 최고생체온도와 최저생체온도는 각각의동물들이 살고 있는 주위환경이나 기타의 조건에 따라서 다르게 된다.

발열방식을 사용하는 모든 동물들에 있어서 대뇌생체열교환기의 중요한 기능중의 하나가 생체온도를 유지 관리하는 기능으로 발열과 냉각(Heating and Cooling)의 2가지 기능을 갖고 있다. 사람 및 동물의 대뇌열교환기는 가장 효율적이고 합리적인 생체온도발생장치이고, 대뇌열교환기가 주름이 많은 것은 단위 체적 당 발열면적을 증대시켜 열의 발생효율을 향상시켜주는 역할을 한다. 또한 질병이나 기타의 이유로 대뇌열교환기가 규정값 이상의 열이 발생하게 되면, 두개골을 통해서 외부로 열이 효율적으로 전달이 잘되게 하여 냉각기능을 증대시키기 위한 것이다. 대뇌열교환기와 두개골 사이에는 온도 전달이 잘되는 물질(액체상태)인 뇌 수액으로 가득 채워져 있어야 한다.

뇌 수액은 두 가지의 기능을 갖고 있다.

첫 번째는 대뇌생체열교환기로부터 발생된 열이 규정치 이상이 되면 두개골이나 안면을 통하여 외부로 열이 잘 전달되게 하기 위한 전달자 역할을 하고, 규정치 이하 일 때에는 대뇌생체열교환기에서 발생되는 열이 두개골이나 안면을 통하여 외부로 발산되지 않도록 열을 차단하는 역할을 한다.

두 번째는 대뇌생체열교환기가 외부 열에 직접적으로 노출되는 것을 막아서 외부의 열이 대뇌생체열교환기로 전달되는 것을 막아주는 역할을 한다. 따라서 뇌 수액은 적정온도 이하에서는 활성화되지 않아서 열전달이 안 되고, 적정온도 이상이 되면 활성화되어 열전달이 잘되는 물질이다.

사람 또는 동물의 대뇌생체열교환기는 관리하는 생명체의 크기(체중)에 비례해서 그 크기가 달라져야 하며, 사람에 비해서 생명체의 크기가 큰 동물은 사람의 대뇌열교환기에 비해서 그 크기가 커야 한다. 대뇌열교환기의 크기를 크게 할 수가 없는 동물인 새나 닭의 경우는 대뇌열교환기를 적게 하는 대신에 온도감지기능을 강화하고, 생체온도를 어느 정도 일정하게 유지할 수 있도록 보온이 잘되는 깃털 형태가 된다. 뱀 같은 경우에는 뇌에 고성능의 온도감지기를 설치해서 열이 필요하면 외부의 열을 몸에다 축적해서 사용하도록 한다.

이외에도 여러 가지 형태의 온도제어방법이 사용될 수가 있다.

# 생명주기표

생명주기표상의 생체주기(임신기간이나 부화기간)의 기준 온도는 생체기본온도인 하루 평균온도 36°C를 기준으로 하며, 생체누적온도=생체주기×생체기본온도(36°C)의 값으로 주어진다.

다음의 생명주기표에 해당하는 동물들은 서울대공원 인터넷 공개 자료 및 인터넷 검색자료를 기초로 참고용으로 작성한 것으로 일부 자료는 오차를 포함하고 있다.

## 생명주기(생체주기) 표1/ 360일 이하 (단위: 일)

| 생명주기 | 해당동물 | 생명주기 | 해당동물 |
|---|---|---|---|
| 10 (1)일 | | 20 (2)일 | |
| 30 (3)일 | | 40 (2)일 | |
| 50 (5)일 | | 60 (6)일 | |
| 70 (7)일 | | 80 (8)일 | |
| 90 (9일 | | 100 (10)일 | |
| 110 (11)일 | | 120 (12)일 | 상사조 |
| 130 (13)일 | 참새 | 140 (14)일 | 크낙새 |
| 150 (15)일 | 까막딱따구리 | 160 (16)일 | 까치 오색방울새 |
| 170 (17)일 | 메추리 어치 파랑까치 | 180 (18)일 | 쥐 찌르레기 쇠물닭 |
| 190 (19)일 | | 200 (20)일 | |
| 210 (21)일 | 닭 적색야계 꿩 해오라기 | 220 (22)일 | 바위자고새 왕관앵무 따오기 |
| 230 (23)일 | 황금계 상투메추라기 | 240 (24)일 | 안락정 일본꿩 소쩍새 |
| 250 (25)일 | 호로새 백한 올빼미 솔부엉이 | 260 (26)일 | 쇠백로 중백로 |
| 270 (27)일 | 거위 외가리 | 280 (28)일 | 자비공작 인도공작 오리 원앙이 |
| 290 (20)일 | 칠면조 관학 재두루미 | 300 (30)일 | 황새 양무 하리비앵무 홍학 |
| 310 (31)일 | 토끼 | 320 (32)일 | 두루미 검은목두루미 |
| 330 (33)일 | 홍부리황새 황새 | 340 (34)일 | 큰두루미 |
| 350 (35)일 | 붉은캥거루 타마왈라비 | 360 (36)일 | 수리부엉이 |

## 생명주기(생체주기) 표2/ 360일 이상 (단위: 개월)

| 생명주기 | 해당동물 | 생명주기 | 해당동물 |
|---|---|---|---|
| 13 (39일) | 회색캥거루,청설모,다람쥐,거위 | 14 (42일) | 큰고니, 타조 |
| 15 (45일) | 검독수리 | 16 (48일) | |
| 17 (51일) | | 18 (54일) | 화식조, 독수리 |
| 19 (57일) | 삵 | 20 (60일) | 코요테, 삽살개, 수달, 늑대 |
| 21 (63일) | 너구리, 고양이, 진돗개, 개 | 22 (66일) | |
| 23 (69일) | 시라소니 | 24 (72일) | 리카온 |
| 25 (75일) | | 26 (78일) | 슈리케이트 |
| 27 (81일) | | 28 (84일) | |
| 29 (87일) | | 30 (90일) | 비버 |
| 31 (93일) | 설표, 흑표, 표범 | 32 (96일) | |
| 33 (99일) | 시베리아호랑이 말레이곰 | 34 (102일) | |
| 35 (105일) | 재규어 | 36 (108일) | 사자, 호랑이 |
| 37 (111일) | 얼룩하이에나, 줄무늬하이에나 | 38 (114일) | 돼지, 멧돼지 |
| 39 (117일) | | 40 (120일) | |
| 41 (123일) | | 42 (126일) | |
| 43 (129일) | | 44 (132일) | |
| 45 (135일) | | 46 (138일) | |
| 47 (141일) | | 48 (144일) | |
| 49 (147일) | 안락꼬리원숭이, 마모셋원숭이 | 50 (150일) | 아이벡스, 염소, 일본원숭이 |
| 51 (153일) | | 52 (156일) | 흑염소 |
| 53 (159일) | | 54 (162일) | |
| 55 (165일) | 사자꼬리원숭이, 대만원숭이 | 56 (168일) | |
| 57 (171일) | 스프링복 | 58 (174일) | 반달가슴곰 |

## 생명주기(생체주기) 표3/ 360일 이상 (단위: 개월)

| 생명주기 | 해당동물 | 생명주기 | 해당동물 |
|---|---|---|---|
| 59 (177일) | 고라니 | 60 (180일) | 돼지사슴 아메리카들소 돌산양 |
| 61 (183일) | 만토원숭이 | 62 (186일) | |
| 63 (189일) | 큰개미핥기 | 64 (192일) | |
| 65 (195일) | 흑백콜로버스 | 66 (198일) | |
| 67 (191일) | | 68 (194일) | |
| 69 (197일) | | 70 (210일) | 대만문착 파타스원숭이 |
| 71 (213일) | 시티퉁가 그레이터쿠드 | 72 (216일) | |
| 73 (219일) | 니알리 엑시스사슴 | 74 (222일) | 에소불곰 |
| 75 (225일) | 일본사슴 유럽불곰 에조사슴 | 76 (228일) | |
| 77 (231일) | 블레스복 | 78 (234일) | 하마 |
| 79 (237일) | | 80 (240일) | 순록 물사슴 흰곰 워터백 |
| 81 (243일) | | 82 (246일) | |
| 83 (249일) | | 84 (252일) | |
| 85 (255일) | 오랑우탄 | 86 (258일) | |
| 87 (261일) | | 88 (264일) | |
| 89 (267일) | 유럽들소 | 90 (270일) | 잡종사슴 로랜드고릴라 |
| 91 (273일) | | 92 (276일) | 야크 |
| 93 (279일) | 소 고래 큰뿔소 | 94 (282일) | 점박이물범 |
| 95 (285일) | | 96 (288일) | 사람 |
| 97 (291일) | | 98 (294일) | |
| 99 (297일) | 사자꼬리원숭이 대만원숭이 | 100(300일) | |
| 101(303일) | | 102(306일) | |
| 103(309일) | 아시아물소 | 104(312일) | |

## 생명주기(생체주기) 표4/ 360일 이상 (단위: 개월)

| 생명주기 | 해당동물 | 생명주기 | 해당동물 |
|---|---|---|---|
| 105(315일) | | 106(318일) | |
| 107(321일) | | 108(334일) | |
| 109(327일) | | 110(330일) | 몽고야생말 아프리카물소 |
| 111(333일) | | 112(336일) | |
| 113(339일) | | 114(342일) | 바다사자 켈리포니아바다사자 |
| 115(345일) | 태평양돌고래 | 116(348일) | |
| 117(351일) | | 118(354일) | |
| 119(357일) | 라마 | 120(360일) | 제주말 단봉낙타 쌍봉낙타 |
| 121(363일) | | 122(366일) | |
| 123(369일) | | 124(372일) | |
| 125(375일) | 그랜트얼룩말 | 126(378일) | |
| 127(381일) | | 128(384일) | |
| 129(387일) | | 130(390일) | |
| 131(393일) | | 132(396일) | |
| 133(399일) | 기린 | 134(402일) | |
| 135(405일) | | 136(408일) | |
| 137(411일) | | 138(414일) | |
| 139(417일) | | 140(420일) | |
| 141(423일) | | 142(426일) | |
| 143(429일) | | 144(432일) | |
| 145(435일) | | 146(438일) | |
| 147(441일) | 그물무늬기린 | 148(444일) | |
| 149(447일) | | 150(450일) | |

## 생명주기(생체주기) 표5/ 360일 이상 (단위: 개월)

| 생명주기 | 해당동물 | 생명주기 | 해당동물 |
|---|---|---|---|
| 151(453일) | | 152(456일) | |
| 153(459일) | | 154(462일) | |
| 155(465일) | | 156(468일) | |
| 157(471일) | | 158(474일) | |
| 159(477일) | | 160(480일) | |
| 161(483일) | | 162(486일) | |
| 163(489일) | | 164(492일) | |
| 165(495일) | | 166(498일) | |
| 167(501일) | | 168(504일) | |
| 169(507일) | | 170(510일) | |
| 171(513일) | | 172(516일) | |
| 173(519일) | | 174(522일) | |
| 175(525일) | | 176(528일) | |
| 177(531일) | | 178(534일) | |
| 179(537일) | | 180(540일) | 말 |
| 181(543일) | | 182(546일) | |
| 183(549일) | 코뿔소 흰코뿔소 | 184(552일) | |
| 185(555일) | | 186(558일) | |
| 187(561일) | | 188(564일) | |
| 189(567일) | | 190(570일) | |
| 191(573일) | | 192(576일) | |
| 193(579일) | | 194(582일) | |
| 195(585일) | | 196(588일) | |

# 생명주기(생체주기) 표6/ 360일 이상 (단위: 개월)

| 생명주기 | 해당동물 | 생명주기 | 해당동물 |
|---|---|---|---|
| 197(591일) | | 198(594일) | |
| 199(597일) | | 200(600일) | |
| 201(603일) | | 202(606일) | |
| 203(609일) | | 204(612일) | |
| 205(615일) | | 206(618일) | |
| 207(621일) | | 208(624일) | 코끼리 |
| 209(627일) | | 210(630일) | |
| 211(633일) | 아시아코끼리 | 212(636일) | |
| 213(639일) | | 214(642일) | |
| 215(645일) | | 216(648일) | |
| 217(651일) | 아프리카코끼리 | 218(654일) | |
| 219(657일) | | 220(660일) | |
| 221(663일) | | 222(666일) | |
| 223(669일) | | 224(672일) | |
| 225(675일) | | 226(678일) | |
| 227(681일) | | 228(684일) | |
| 229(687일) | | 230(690일) | |
| 231(693일) | | 232(696일) | |
| 233(699일) | | 234(702일) | |
| 235(705일) | | 236(708일) | |
| 237(711일) | | 238(714일) | |
| 239(717일) | | 240(720일) | |

# 생명체의 암수분리

생명주기는 기본적으로 암컷에게만 부여되고, 수컷은 암컷의 생명주기에 종속된다. 생명주기 하나로는 1종류의 종밖에 만들 수 없기 때문에 암수가 공통으로 사용해야 하므로 모든 생명체는 짝짓기를 통해서 종족을 번식 하지 않으면 안 된다. 따라서 생명주기 1개로 암컷과 수컷을 구별해서 사용하기 때문에 적절한 방법을 거쳐서 암수를 분리해야 한다.

이 암수를 분리하는 방식은, 수정된 직후 수정누적온도 값에 의해서 암수를 분리하는 방식과 성장한 후 암컷도 수컷도 아닌 상태에서 암수를 분리하는 방식 및 기타의 방식으로 구별된다. 수정할 때 암수를 분리하는 방식은 태어날 때부터 암수 고유의 생식기관을 갖기 때문에 적정의 성장기를 거쳐서 종족을 번식하게 되지만, 성장된 후에 암수를 분리하기 위해서는 소화기관의 일부나 별도의 내장기관을 생식기관으로 변환한 다음 암수를 분리해야 한다. 때문에 수정직후 암수를 분리하는 방식보다 복잡한 방식으로 종족을 번식하게 되고, 주로 규모가 작은 생명체의 대량번식에 적용된다.

내장기관의 일부를 생식기관으로 변환하는 방식은 기본수명으로 성장한 다음 단 한번 종족을 번식하게 되고, 별도의 생식기관을 갖는 생명체는 여러 번에 걸쳐서 종족을 번식하는 방식으로 구별된다.

1. 수정직후 수정누적온도 값에 의한 분리하는 방식은 수정온도가 상승하거나 하강하는 것을 검출해서 동작하는 방식이다. 자체의 열 발생장치를 사용하거나 주위의 열을 이용하는 방식으로 구별된다. 자체 열을 이용하는 방식은 주로 대뇌열교환기를 갖춘 발열방식이나 보온발열방식의 생명체에 적용되는 방식으로, 반드시 열(체온)을 발생시키는 대뇌열교환기가 필요하다. Baby type은 순수발열방식으로 종족을 보존하는 생명체(온혈동물)에 적용되고, Egg type은 보온발열방식으로 종족을 보존하는 생명체로 구별된다.

순수발열방식은 Baby type으로 종족을 번식하는 포유류에 적용되는 방식으로 높은 온도에서 낮은 온도로 변화할 때 동작하는 방식과 낮은 온도에서 높은 온도로 변화할 때 동작하는 방식의 2가지 방식이 있다. 대부분은 높은 온도에서 낮은 온도로 변화할 때 동작하는 방식으로 암수를 분리한다.

순수발열방식은 종족을 안정적으로 번식하는 장점이 있지만, 생체온도(체온)를 제어하는 시스템 즉 대뇌열교환기의 발열효율이나 열을 전달하는 혈액의 기능저하, 고혈압 등으로 대뇌열교환기의 열 제어시스템에 문제가 발생되면, 즉사하거나 각종 열에 의한 세균의 번식에 의한 질병으로 사망에 이르는 단점이 있다.

2. 수정되고 일정기간(기본수명)성장한 후에 변이과정을 거쳐서 암수를 분리하는 방식은 주로 알(Egg type)의 형태로 종족을 번식하는 생명체에 적용되는 방식으로 기본수명을 기준으로 종족을 번식하기 때문에 집단으로 대량 번식하는데 적합하다. 소규모의 생명체에 적용되는 방식은 번식기가 되면 집단으로 행동해야하기 때문에 동기신호에 동기해서 움직여야하는 단점이 있다. 생명체의 규모가 작기 때문에 주로 달의 지구 공전주기를 검출해서 종족을 번식하는 방식으로 달의 모양변화에 동기하거나 밀물이나 썰물에 동기해서 집단으로 종족을 번식한다.

이 방식은 기본수명에서 번식하므로 수명이 짧기 때문에, 각종 질병 등에 강하고 안정적이며 대량으로 종족을 번식하는데 적합하다.

3. 암수분리는 내부의 열을 이용하는 방식과 외부의 열을 이용하는 방식으로 구별되며, 각각의 방식은 장점과 단점이 있다. 내부의 열을 이용하는 방식은 열을 발생시키는 대뇌열교환기가 필요하다. 안정적인 암수분리는 가능하지만, 열을 발생시키기 위한 열에너지를 얻기 위해서는 소화기관이 복잡하게 구성되고 많은 양의 먹이가 필요하며, 각종 질환의 발생확률이 높아진다.

외부의 열을 이용하는 방식은 열을 발생시키는 장치가 없기 때문에 열을 발생시키는 먹이가 필요 없어서 많은 먹이는 필요 없지만, 주위 온도의 변화에 따라서 암수의 비율이 달라지기 때문에 주위 온도가 변화하면 종 쏠림현상으로 멸종할 우려가 있다.

# 종족보존의 법칙

생명주기 이론으로 만들어진 242개의 생명주기를 사용해서 식물이나 동물의 다양한 종류의 종(種)을 만들기 위해서는 여러 종류의 규칙이 필요하며, 이 규칙을 정의한 것이 종족보존의 법칙이다.

자연계에 존재하는 모든 생명체는 고유의 생명주기를 갖고 있으며, 생명체의 암컷에게만 생명주기가 부여된다. 수컷은 암컷의 생명주기에 종속되며, 모든 생명체의 기본적인 수명은 10간(干)12지(支)로 정의된다. 따라서 자연계에서 모든 생명체는 기본적으로 12번(12支)의 생명주기를 살아가며, 한 번의 생명주기를 10등분(10干)한 값을 생체주기라고 한다.

자연계에서 모든 생명체 중에서 식물종류는 밑씨가 수정되어 씨앗으로 성숙한 후 발아과정을 거쳐서 그 생명이 시작되고, 모든 동물 종류는 난자가 수정되고 초기 부화하여 그 생명(生命)이 시작된다.

여기서 초기부화라는 의미는 수정되고 난 후 암컷과 수컷으로 분리되기까지의 기간을 의미하며, 일반적으로 사용되는 부화와는 개념적인 차이가 있다. 또한 부화되고 암컷도 수컷도 아닌 상태에서 성장한 후에 종족보존을 위해서 번데기상태에서 암컷과 수컷으로 분리되는 과정을 우화라고 하고, 올챙이상태에서 암컷과 수컷으로 변화하는 것을 변태라고 하며, 기타 다양한방식이 존재한다.

## 1. 제1법칙

1. 자연계에서 종(種)과 종을 구별하는 것은 생명주기의 차이로 구분되어지기 때문에 종이 다른 경우 생명주기가 같으면 절대로 안 된다. 생명주기를 부여해서 종을 결정하는 것은 종과 종간에 변종을 방지하고, 종족의 순수한 혈통 및 특징을 보존하고 이어가기 위한 수단이다. 또한 같은 생명주기를 부여해도 종족을 번식하는 방식이 다르거나 서식환경 및 생긴 모양(형태)이 현저하게 차이가나거나 기타의 방법으로 종을 확실하게 구분할 수가 있는 경우는 예외로 한다.

2. 생명주기가 다른 경우 외형적인 모양(형태)이 같으면 절대로 안 된다. 생명주기가 다르다는 것은 종이 다르다는 것이다. 외형적인 모양(형태)이 같아서 생명주기가 서로 다른 종과 종이 서로 짝짓기를 하게 되면 종족의 번식이 불가능하게 되어 종자체가 멸종되기 때문에, 어떤 경우라도 생명주기가 다른 경우 외형적인 모양이 같으면 절대로 안 된다.

3. 종족을 번식하는 방식이 Baby type과 Egg type이거나,

고래와 소(牛)처럼 생명주기는 같지만 서식환경과 모양(형태)이 다른 경우 및 기타 서로 다른 방식으로 종족을 번식하는 경우는 예외로 한다.

- 쥐는 Baby type으로 종족을 보존하고 메추리는 Egg type으로 종족을 보존하기 때문에 같은 생명주기를 사용한다.
- 개와 고양이는 같은 생명주기를 사용하면서 개는 낮에 짝짓기를 하고, 고양이는 밤에 짝짓기를 한다. 즉 개의 난자는 높은 온도에서 낮은 온도로 변화할 때 부화가 시작되고, 고양이의 난자는 낮은 온도에서 높은 온도로 변화할 때 부화가 시작된다.
- 사자나 호랑이처럼 생명주기가 같고 수정조건이 같으면, 서로 교배가 되어 새로운 종류(種類)가 탄생하게 된다. 이러한 현상은 자연 상태에서는 서식환경이 다르기 때문에 같은 생명주기를 사용하는 개체와 개체가 서로 교배가 될 염려가 없지만, 사람이 인위적으로 사자와 호랑이를 같은 장소에서 사육하기 때문에 발생되는 현상이다.
- 사람도 사람이라는 종(種)의 종류가 다양하지만, 생명주기가 같기 때문에 서로 교배가 된다. 흑색인종과 백색인종은 생명주기가 같고 수정온도 및 수정조건이 같기 때문에 서로 교배가 되며, 피부가 주로 검은색과 백색의 중간색이 된다. 또한 그 모양은 양쪽의 혼합된 형태가 되고, 백색인종과 황색인종이 교배하면 양쪽 피부색의 중간형태의 종

류가 태어나게 된다. 사람이라는 종은 생명주기 및 수정조건이 같기 때문에 종류에 상관없이 서로 교배가 되며, 그 종류는 수백 종류 정도가 된다.

- 일반적으로 지구의 공전주기 즉 4계절의 온도변화를 검출해서 종족을 번식하는 종과 달빛의 반사량을 검출해서 종족을 번식하는 종이 있다. 후자의 경우는 달이 흰빛태양과의 위치각도의 차이로 빛의 반사량이 다르기 때문이며, 변화기간이 짧다. 때문에 주로 규모가 작은 생명체에 적용되며, 보름달, 그믐달, 상하현달, 밀물과 썰물 등을 검출해서 종족을 번식한다. 이 방식은 주로 계절변화가 없는 적도나 지구수평축에서 많이 사용하는 방식이다.
- 식물은 스스로 이동하면서 종족을 번식하는 것이 불가능하므로 씨앗이나 열매형태로 바람을 이용하거나 동물을 매개로 번식하게 된다. 식물의 종류에 따라서 바람을 이용하거나 곤충이나 새 기타 등을 매개로 수정하게 되며, 기타 다양한 방식이 있다.
- 고래 및 상어는 그 종이 많고 바다라는 공동의 서식지에서 교배하여 종족을 번식해야 되기 때문에 각각의 종은 생명주기가 서로 같으면 안 되고, 대체적으로 육지동물의 생명주기와 같다. 고래는 생명주기가 90개월(임신기간이 9개월)에서 288개월(임신기간이 28.8개월) 사이에 분포하며, 바다와 육지에 서식하는 동물들은 거의 대부분의 생명주기를 공유한다. 꼬리지느러미의 형태가 수직방향의 바

다동물은 아가미로 숨을 쉬는 형태이고, 수평방향(고래)은 허파로 숨을 쉬는 바다동물에 적용된다.

● 기타의 방식(각종감각기관)

가. 나비는 같은 생명주기를 사용하면서 무늬 차이나 무늬+Color의 차이로 종을 구별한다.

나. 개구리도 같은 생명주기를 사용하면서 무늬+Color 차이나, 화학물질(독성분) 분비로 종을 구별한다.

다. 매미는 소리 차이로 종을 구별한다.

라. 후각의 특성을 이용해서 종을 구별한다.

마. 상기의 방식 이외에도 다양한 방식으로 종을 구별한다.

## 생명주기 부여조건

자연계에 존재하는 모든 생명체에 생명주기를 부여하는 것은 기본적으로 생명주기가 같다면 종이 같다는 것이다. 생명

주기 1개는 1개의 종(種)밖에 만들 수가 없다. 단일 종으로는 교배가 불가능하기 때문에 종족을 보존하기 위해서는 필수적으로 2개의 생명주기가 필요하다.

따라서 한정된 자원인 생명주기의 띠(Band)내에서 암수를 따로따로 구별해서 배치하게 되면 종의 종류수가 적어지고 여러 가지의 이유로 합리적이지 못하기 때문에, 생명주기를 암컷에게만 부여하는 것은 한정된 자원인 생명주기의 띠(Band)내에서 종의 종류수를 늘려주고 종과 종사이의 간섭을 줄여주기 위한 것이다. 즉, 암컷과 암컷은 어떤 경우에도 서로 교배가 불가능하다. 따라서 수컷은 암컷의 생명주기에 종속되며, 수컷의 생명주기는 다른 종의 암컷의 생명주기와 중복되어도 무방하다.

1. 종족을 baby type로 번식하는 경우는 최초 난자의 상태에서 수정되고 그 생명이 시작되므로, 수정조건 및 수정온도와 부화온도가 매우 중요하다. 수정조건 및 수정온도와 부화온도가 다르면 생명주기가 같아도 무방하다. 또한 이 부화온도는 적정온도보다 높거나 낮은 차이에 의해서 사람인 경우 남성과 여성, 동물인 경우 암컷과 수컷이라는 별개의 종을 탄생시킨다.

부화온도가 적정온도에서 사람인 경우 남성과 여성, 동물인 경우 암컷과 수컷이 결정된다. 기준값보다 높으면 주로 사람인 경우는 여성, 동물인 경우는 암컷으로 부화된다. 부화온도가 기준값보다 낮으면 주로 사람인 경우는 남성, 동물인 경우는 수컷으로 부화될 확률이 높아지며 그 온도 차이는 크지 않아야 한다.

2. 종족을 체내수정한 후 체외 알의 형태로 종족을 번식하는 경우에도 부화온도와 부화기간은 매우 중요하다. 생명주기가 같은 경우에는 부화온도 및 부화조건이 달라져야 하며, 만약 생명주기와 부화온도 및 부화조건이 같은 경우는 짝짓기 형태 및 수정조건이 달라져야 한다.

3. 종족을 체외수정으로 번식하는 경우, 같은 생명주기를 사용하는 각각의 종은 수정조건 및 수정온도와 부화온도가 같으면 안 된다. 즉 바다라는 공동의 서식지에서 살아가는 같은 생명주기를 사용하는 바닷물고기는 각각의 종에 따라서 수정온도 및 부화온도도 다르지만, 수압 및 염분농도에 따라서도 달라져야 한다.

또한 민물이라는 공동의 서식지에서 같은 생명주기를 사용하는 각각의 종은 수정조건 및 수정온도와 부화온도가 달라져야 한다. 이렇게 복잡하게 수정과 부화를 하는 이유는 한정된 자원인 생명주기의 띠(Band)내에서 여러 종별(種別)의 종을 만들기 위한 것으로, 바다 및 민물이라는 매개체내에서 단체로 수정되고 부화하기 때문에 변종을 방지하고 종족순수의 특징을 유지하기 위함이다.

4. 종족을 일생에 단 한번 기본수명과 번식주기를 일치시켜서 집단으로 종족을 번식시키는 종은 기본수명마다 번식하는

종과 기본수명마다 단 한번 종족을 번식하면서 번식주기와 관계없이 매년 일정시기에 지속적으로 종을 번식하는 방식으로 구분된다. 같은 서식환경에서 모양이나 형태가 비슷해서 서로 교배가 될 염려가 있을 경우, 서로 교배가 되지 않도록 하기 위해서 사용하는 방식이다.

기본수명과 번식주기를 일치시켜서 종족을 번식하는 경우, 기본수명의 1년은 360일을 기준하고 번식주기는 365일을 기준하기 때문에 번식주기가 반복되면 될수록 차이가 크게 되고 이 차이를 보정해주어야 한다. 이 차이를 '생명주기오차'라고 한다.

검출방식은 지구의 공전주기를 검출하는 것으로 낮은 온도에서 높은 온도로 변화할 때와 높은 온도에서 낮은 온도로 변화할 때를 검출해서 보정하는 2가지 방식이 있다. 즉, 4계절의 계절변화가 있는 장소에서 겨울이 지나고 봄에 종족을 번식하는 방식과 여름이 지나고 가을에 번식하는 방식이 있다. 이 온도검출방식은 알의 형태로 종족을 보존하는 생명체나 식물종류에 광범위하게 활용되는 방식으로, 계절변화에 따르는 온도변화를 이용해서 종의 개체수를 늘려주는 방식이다. 온도변화의 차이가 적은 지역에서는 사용할 수가 없다는 단점이 있다.

5. 기본수명(번식주기)마다 일생에 단 한번 집단으로 종족을 번식하는 종이다. 7년마다 번식하는 일명7년 매미나 북미매미 중에서 13년마다 번식하는 13년 매미와 17년마다 번식하

는 17년 매미는 기본수명(번식주기)을 소수(素數)에 해당하도록 배치하면, 13년과 17년의 최소공배수는 221년으로 서로 번식시기가 겹치는 기간을 길어지게 해서 종족을 번식하는 방식이 있다. 기본적으로 13년 매미나 17년 매미는 같은 장소에서 번식하면 안 되지만, 수정조건이나 기타의 조건이 다르면 관계없다. 연어나 민물장어와 같이 기본수명마다 일생에 단 한번 집단으로 종족을 번식하면서, 매년 일정시기에 지속적으로종족을 번식하는 방식이 있다.

6. 지구는 목성을 기준 시계(Reference Clock)로 다양한 종류의 동기신호(Synchronization signal))체계를 갖추고 있기 때문에, 지구의 모든 생명체는 이 신호에 동기해서 종족을 번식하고 생명을 유지하고 소멸하게 된다. 이 동기신호를 추종해서 이동하는 동물들의 이동을 대여정이라고 한다.

생명체의 규모에 따라서 적용되는 동기신호는 서로 다르게 되고, 생명체의 규모가 클수록 동기신호의 길이도 길어지게 된다. 또한 동시에 대량으로 종족을 번식하는 생명체는 정확한 동기신호가 필요하게 된다.

7. 종족을 씨앗 및 또 다른 형태로 번식하는 경우는 각각의 조건에 따른다.

## 2. 제2법칙

자연계에 존재하는 모든 생명체는 종족을 암수 쌍으로 번식하기 때문에 암수 간에 생명주기가 같으면 안 된다. 즉, 사람인 경우 남성과 여성, 동물인 경우 암컷과 수컷은 별개의 종(種)이어야 한다. 따라서 사람인 경우 여성(동물인 경우 암컷)은 임신기간 및 부화기간을 10번(10干) 더한 값을 생명주기라 하고, 사람인 경우 남성(동물인 경우 수컷)은 임신기간 및 부화기간을 9번(10간 마이너스 1) 더한 값을 M생명주기라고 한다.

1. 생명주기와 M생명주기는 그 간격이 너무 차이가 많으면 어미와의 생명주기 차이가 많아지게 되어 사람인 경우 남성(동물인 경우 수컷)은 태어나기도 전에 뱃속에서 사망하게 된다. 너무 가까워지면 남녀 혹은 암수간의 구별이 어려워져서 종족 번식이 어렵게 되어 종(種)자체가 멸종할 우려가 있기 때문에, 남녀 혹은 암수 간의 생명주기의 간격은 매우 중요하다. 어쩔 수 없이 생명주기의 간격이 가까워서 암수구별이 어려운 경우나, 외형상의 모양이 암수가 같아서 암수구별이 어려운 경우는, 소리나 기타의 방법으로 암수 서로 간에 구별이 쉽도록 배려되어야 한다.

2. 자연계에 존재하는 모든 생명체는 한정된(유한의) 생명

을 살아갈 수밖에 없기 때문에, 종족을 보존하기 위하여 종족을 번식시키는 것이 절대적으로 필요하다. 모든 생명체는 난자가 수정되고부터 시작되기 때문에 난자는 수정이 필수적이며, 모든 동물들은난자를 수정시키기 위해서는 적정한 수정온도와 수정조건이 필요하고 수정시키는 방법으로는 체외수정과 체내수정으로 구분된다. 체내수정인 경우는 체내에서 수정되고 초기부화(암수를 분리)시켜 착상단계를 거쳐 기초성장 후에 출산하는 baby type과 체내에서 수정되고, 체외에서 부화되어 종족을 번식하는 egg type이 있으며 각각의 방식은 장점과 단점이 있다.

체내에서 수정되고 부화시켜서 기초성장 후에 출산하는 baby type은 동시에 대량으로 종족을 번식하는 데는 부적합하지만, 주위온도의 영향을 받지 않고 종족을 번식하는 장점이 있다. 반면에 사람인 경우는 여성(동물인 경우 암컷)의 혈액이 오염되면 우수한 종(種)을 생산할 수가 없게 되는 치명적인 단점이 있다.

또한 체내에서 수정되고 체외에서 부화시켜서 종족을 번식하는 egg type은 동시에 대량으로 종족을 번식할 수 있는 장점이 있다. 동물인 경우 암컷의 혈액이 오염되어도 우수한 종(種)을 생산 할 수가 있지만 주위 온도의 변화에 약하다는 단점이 있다.

바다나 민물 물고기처럼 체외수정과 체외부화인 경우는 동시에 대량의 종족을 번식하는 데는 유리하지만, 주위의 온도가 급격하게 변화하면 종속 번식이 불가능하게 되어서 멸종하게 되는 치명적인 단점이 있다.

3. 자연계에 존재하는 모든 생명체는 난자가 수정되고 부화할 때 높은 온도에서 낮은 온도로 변화할 때의 온도변화를 검출해서 부화가 시작되는 방식과 낮은 온도에서 높은 온도로 변화할 때의 온도변화를 검출해서 부화가 시작되는 방식으로 구별된다.

- 순수발열방식으로 종족을 번식하는 생명체는, 수정과 동시에 부화하면서 부화온도보다 수정온도가 높기 때문에 높은 온도에서 낮은 온도로 변화할 때의 온도변화를 검출해서 부화가 시작된다. 만일 수정온도와 부화온도의 차이가 기준값 이하가 되면 부화가 시작되지 않는다는 단점이 있다.
- 보온발열방식으로 종족을 번식하는 생명체는 수정과 부화가 따로따로 이루어진다. 순차적으로 산란하기 때문에 높은 온도에서 낮은 온도로 변화할 때의 온도 변화를 검출해서 부화가 시작되면 산란 직후부터 부화가 시작되기 때문에 적정부화온도를 유지하지 못하면 사용할 수가 없게 된다. 장기간의 보존이 불가능하기 때문에 반드시 낮은 온도에서 적정부화온도로 변화할 때의 온도 변화를 검출해서 부화가 시작되지 않으면 안 된다.
- 축열방식으로 종족을 번식하는 생명체는 생체온도를 제어

하는 것이 불가능하기 때문에 외부의 환경(온도)조건에 따라서 수정온도와 부화온도 변화의 차이를 검출해서 암수를 분리한다. 이때 수정온도에 따라서 암컷에게 우선권이 주어지며 다음의 2가지의 모드(Mode)가 있다.

가. 수정온도보다 부화온도가 높은 경우

기준부화누적온도보다 부화누적온도가 낮으면 주로 암컷으로, 부화누적온도가 높으면 주로 수컷으로 분리된다.

나. 수정온도보다 부화온도가 낮은 경우

기준부화누적온도보다 부화누적온도가 낮으면 주로 수컷으로, 부화누적온도가 높으면 주로 암컷으로 분리된다. 수정온도와 부화온도의 변화차이를 검출해서 암수를 분리할 때 수정온도와 부화온도의 차이가 적어지면, 암컷과 수컷의 차이가 모호해지는 단점이 있다. 그리고 부화 및 우화할 때 암컷과 수컷의 부화누적온도의 차이가 많게 되면, 주위 온도변화에 따라서 암컷이나 수컷 어느 한쪽으로 종(種)이 쏠리는 현상이 발생될 수가 있으므로 그 차이가 크지 않아야 한다.

지구의 공전주기(4계절의 온도변화)와 일치시켜 온도변화를 검출해서 종족을 번식하는 방식과, 달은 흰빛태양과의 위치각도의 차이로 빛의 반사량이 차이가 발생되는데 이 변화량을 검출해서 종족을 번식하는 방식이 있다. 달의 반사량을 검출하는 방식은 보름달이 뜰 때 종족을 번식하는 경우와 그믐달이 뜰 때 종족을 번식하는 종이 있다. 검출방식은 주로 달빛의 색온도와 양을 검출하거나 조수간만의 차이를 검출해서 종족을 번식하게 된다.

# 4부

# 사람

# 출산권과 교배권(전립선)

모든 생명체는 한정된 유한의 생명을 살아가기 때문에 종족번식이 이루어지지 않으면 멸종한다. 종족번식이 절대적으로 필요하며, 그것을 위하여 암컷은 '출산권'을 갖게 되고 수컷은 '교배권'을 갖게 된다. 출산권은 종(種)의 번식에 필요한 권한이고, 교배권은 종의 품질을 결정하는 권한으로 출산권보다 우선하는 권한이다.

동물들의 수컷은 교배권을 확보하기 위해서 경쟁을 하는데 이것을 '서열짓기'라고 하며, 종족의 우수한 품질을 결정하는 가장 중요한 기능이다. 자연계에 존재하는 모든 동물의 수컷은 본능적으로 서열짓기를 지향하고, 암컷은 무리(집단)짓기를 지향한다.

일반적으로 동물들은 힘이나 크기(덩치) 등을 기준으로 우수한 품질의 종에 대한 서열을 결정한다. 사람도 과거에는 주로 힘(전쟁)으로 서열을 결정했지만, 현대는 지식기반사회이기 때문에 힘보다는 지식으로 서열을 결정하게 되었다. 따라서 사람의 서열 짓기는 힘과 크기의 품질과는 상관없이 결정되며, 또한 일부일처제를 채택하고 있기 때문에 동물들의 서열짓기처럼 남성(수컷)이 교배권을 행사하는 것이 거의 불가능하다. 그 결과, 종으로서 사람의 품질은 현저하게 저하하고 동물보다 훨씬 다양한 종류의 질병에 시달리기도 한다.

특히 여성의 대뇌열교환기의 온도제어시스템(System), 즉 체온조절에 문제가 발생하거나 임신기간 동안 자궁의 온도가 들쭉날쭉하게 되면, 태어난 아이의 생긴 모양(인물 및 몸매)이 제멋대로 만들어 진다. 또한 탯줄이 짧은 초기부화 때 혈액이 오염되어 부화가 잘못되면, 소아마비 혹은 신체적인 장애가 발생하거나 각종 질병 및 여러 종류의 장애를 유발시켜서 사람의 품질을 현저하게 저하시킨다.

동물의 암컷은 그 구조상 생식기가 뒤쪽에 위치하기 때문에 암컷이 자신의 상태를 확인하는 것이 불가능하므로 수컷이 암컷의 상태를 확인하여 교배를 하게 되는데, 이를 수컷의 교배권이라고 한다.

수컷의 교배권은 매우 중요한 권한으로 이 교배권이 잘못되면 종(種)의 품질을 현저하게 저하시키거나 멸종하게 되는 경우도 발생하게 된다. 즉, 무리를 지어서 생활하는 동물의 암컷이 건강하지 못해서 종족 번식에 부적합하여 병든 Baby를 출산하게 되면 질병으로 무리 자체가 멸종될 우려가 있고 종의 품질을 현저하게 저하시키기 때문에, 종족번식에서 출산권보다는 교배권이 우선된다.

수컷이 교배권을 행사하기 위해서 암컷의 종족번식의 적정성을 감지하는 방식은 동물의 종(種)에 따라서 약간씩의 차이가 있다. 대체적으로 혀로(맛으로) 감지하거나 냄새로 감지하거나 두 방식 모두를 사용해서 감지한다. 만일 교배에 적합하지 않으면, 수컷은 교배를 하지 않고 암컷을 무리에서 추방하는 등 교배를 하지 않는 권한을 가진다. 사자나 호랑이 하이에나 등의 육식동물은 이러한 암컷을 먹이로 사용하기도 한다.

일반적으로 동물들의 수컷이 여러 마리의 암컷을 거느리는 것이 사람의 입장에서 보면 이상하게 보일지는 모르겠지만, 동물의 입장에서는 종족보존에 절대적으로 필요하다. 수컷끼리 치열한 경쟁을 통해서 경험이 많고 힘이 센 우두머리가 많은 암컷을 거느리게 됨으로써, 종족의 순수성을 확보하고 종(種)의 품질을 지속적으로 유지하는 역할을 하게 된다.

사람은 직립하기 때문에 여성(암컷)의 생식기가 감추어져 있다. 따라서 남성이 여성의 생식기를 일반적인 동물들처럼 냄새를 맞거나 혀로 맛을 보고 출산의 적정성 여부 및 질병의 유무를 판단하는 것이 불가능하다. 그래서 사람의 남성은 전립선이라는 특수한 장치를 갖고 있으며, 전립선은 일반적인 동물들은 필요가 없고 유일하게 사람의 남성(직립하는 동물)에게만 존재하는 기능이다. 이 전립선이 붓거나 염증을 유발시키면 반드시 통증을 유발하게 된다. 만약 통증을 유발하지 않으면 교배의 적정성 여부를 감지하는 것이 불가능하기 때문에, 반드시 사람이 인지할 수가 있도록 소변장애나 통증을 유발시키게 된다.

전립선은 2가지의 형태로 종족보존의 적정성여부를 감지하게 되며, 단점으로는 접촉에 의하지 않으면 감지가 불가능하다는 단점이 있다.

첫 번째는, 여성의 자궁의 온도를 감지하는 기능으로 자궁의 온도가 종족보존(수정온도)에 적합하지 않으면(자궁의 온도가 낮을 때) 전립선이 붓거나 따끔거리게 되는데, 이는 감기와 유사한 형태를 갖게 된다. 같은 온도 변화라도 사람에 따라서 차이가 발생하듯이 같은 여성이라도 남성의 감지능력에 따라서 차이가 발생한다. 전립선은 요도(尿道)를 감싸고 있으므로 전립선이 붓게 되면 요도를 압박해서 소변장애와 통증을 느끼게 된다. 이 통증은 전립선에 열을 가하거나 마사지(마찰에 의한 열)를 하게 되면 통증이 사라지게 되거나, 현대의학적인 약물치료에 의해서도 치료가 가능하다.

두 번째는, 여성이 여러 가지의 원인에 의해서 자궁이 화학적인 질병 및 변화, 즉 여성이 배란 때 냄새를 동반하는 경우 등으로 종족 보존에 부적합한 경우에 전립선에 염증이 발생한다. 이러한 현상을 '전립선염'이라고 하며, 전립선염 또한 심한 통증을 동반하게 되며 현대 의학적인 치료가 필요하다.

자궁의 온도나 화학적인 질환 2가지가 동시에 종족보존에 부적합한 경우, 전립선이 심하게 붓거나 염증을 유발하게 되고 소변장애를 동반하며 매우 고통스럽게 된다. 그러나 여성은 아무런 자각증상이 나타나지 않는다. 때문에 전립선 질환을 남성고유의 질환으로 인식하는 경향이 많은데, 실제로는 여성에게 문제가 있는 것으로 전립선 질환은 여성과 밀접한 관계가 있는 질환이다.

과거에는 전립선 질환의 치료제가 없었고 발병 원인도 모르고 치료하는 방법도 몰랐으며, 따라서 사망에 이르게 되는 경우도 많았을 것으로 추측된다. 이 전립선 질환은 황달이라는 병명으로 알려져 있으며, 특이한 병증도 없이 서서히 죽어가는 질환이다.

여성의 자궁의 온도제어는 매우 중요한 것으로 온도가 낮으면 수정이 안 되어 임신이 불가능하게 된다. 여성이 자궁의 온도가 낮거나 화학적인 질환을 앓게 되면 배란은 되는데 임신이 불가능한 경우가 발생하며, 상기의 2가지 증상이 동시에 나타나는 경우도 있다. 이와 같은 경우는 어떠한 경우라도 교배권을 행사해서는 안 된다. 일반적으로 사람은 일부일처제를 채택하고 있기 때문에 특히 주의해야 하며, 사람은 의학적인 치료기능이 있기 때문에 임신을 하기 전에 반드시 확인하고 치료를 해야 할 필요가 있다. 사람은 한번 태어나면 100년 정도 살기 때문에 잘못되면 그 고통이 100년 간 지속되므로, 어떠한 경우라도 여성의 자궁의 온도 및 화학적인 질환에 대해서는 철저하게 관리하여야 한다.

일반적으로 20대 여성은 열이 어느 정도 많기 때문에 같은 조건이더라도 전립선 질환을 적게 유발시키지만, 여성이 나이가 들어갈수록 주로 혈액순환장애 및 기타의 질환에 의해서 자궁의 온도가 낮아지거나 화학적인 질환을 앓게 되는 경우가 있다. 이때 남성은 전립선 질환을 유발하게 된다. 전립선 질환을 앓게 되면 심한 통증을 유발시키며 필연적으로 발기부전증을 유발하게 되고, 발기부전증은 전립선 질환 이외에도 주로 혈액순환장애 또는 다른 여러 가지의 원인으로 발생하기도 한다.

일반적인 상식으로 전립선 및 인체내부의 열관리시스템(System)에 대한 개념을 잘 모르기 때문에 발기부전증을 정력이 약하다는 표현을 사용하고 있는데, 이것은 대단히 잘못된 생각이다. 정력이 약하다는 하는 것은 발기부전증과도 관련이 있지만, 전립선이 정상적일 때 심장에서 만들어진 압력(혈압)이 어떤 원인으로 낮아진 결과이다. 주로 혈액순환장애, 즉 고지혈증 지방간 등에 의해서 낮아진 심장의 압력이 남성의 생식기에 정상적으로 압력이 가해지지 못해서 발생되는 현상이다. 이러한 경우에는 혈액순환장애를 치료(열 뜸질)하여 우선 혈액순환이 원활하게 이루어지도록 하여, 심장에서 만들어진 압력을 정상적으로 해주면 된다.

사람은 대체적으로 일부일처제를 채택하고 있기 때문에, 여성의 자궁의 온도가 낮거나 화학적인 질환으로 남성의 전립선에 이상이 있는 경우 부부관계에 치명적이며 사망할 때까지 지속된다. 따라서 전립선 질환은 근본적으로 남성을 치료하는 것이 아니라, 여성을 치료해야 한다.

결과적으로, 여성 자신은 자각증상이 전혀 없기 때문에 남편의 전립선이 이상이 있는 경우 자신과는 전혀 무관한 것으로 생각하지만, 여성자신에게 문제가 있는 것으로 자각해서 치료를 해야 한다.

이러한 현상을 무시하고 출산을 하게 되면, 그 자식의 모양(인물)이 정상이 아니거나 각종 질환을 유발하게 되며, 이것은 여성 자신의 피해로 끝나지 않기 때문에 문제가 심각하게 된다. 따라서 여성의 자궁의 온도 및 화학적인 질환은 매우 중요하며 철저한 관리(청결)가 필요하다. 자궁의 온도를 측정하는 방법으로는 열화상 카메라(적외선카메라)를 사용하는 방식(비접촉)이 합리적이며, 모든 여성은 주기적(1년에 1번 정도)으로 확인할 필요가 있다.

이렇듯 여성의 자궁의 온도제어는 매우 중요하며 종(種)의 품질(생긴 모양 및 각종질병)을 결정함에도 불구하고, 현대의학적으로 여성의 자궁의 화학적인 질환을 검사하는 방법이 전혀 없다. 각각의 개개인이 직접적으로 확인하는 방법밖에 없으며, 스스로 화학적인 질환을 확인하여 치료하는 것이 필요하다.

참고로, 현대 사회는 지식기반 사회이며 지식으로 서열을 짓는다. 서열 짓기에서 가장 중요한 사람의 대뇌열교환기는 기억장치로도 사용하기 때문에, 대뇌열교환기의 온도가 높으면 기억기능 및 뇌의 집중력을 저하시켜서 학습능력을 현저하게 저하시킨다. 특히 여성의 자궁에 온도제어가 정상적이지 못하고 혈액이 오염되면, 태아의 대뇌열교환기에 피해가 발생되고 선천적인 장애나 고도비만과 고혈압 등 고질적인 질병에 시달리게 된다. 현재 실시되고 있는 대학입학 수학능력시험은 주로 이 기억기능을 측정하는 것으로 서열을 정하기 때문에, 기억기능이 저하하면 필수적으로 서열이 낮아지게 된다.

따라서 기억기능과 뇌의 집중력에 절대적인 피해를 주는 열을 발생시키는 맵고 뜨거운 음식 및 한약제 등을 자제해야 한다. 이를 무시하고 자주 먹게 되면 몸에 열을 발생시켜서 간기능을 저하시키고 신진대사 촉진을 방해하며, 나아가 살이 찌거나 살이 찌지 않게 되고 학습능력도 현저하게 저하시킨다. 또한 이 열(음식물에 의한)은 기본적으로 몸에 열이 적은 사람은 피해가 적지만, 몸에 열이 많은 사람은 치명적이다. 특히 어른은 저항력이 있어서 피해가 적을 수가 있지만, 어른에 비해서 저항력이 떨어지는 18세 이하는 아주 치명적이기 때문에 어떠한 경우라도 이러한 음식은 가능하면 먹어서는 안 된다.

결과적으로 사람은 음식습관이나 가정환경(주로 엄마)에 따라서 서열이 결정되는 모순점이 발생하게 되고 공정한 서열경쟁이 이루어지지 못하게 된다. 열(맵고 뜨거운) 음식 및 냄새가 나는 음식을 많이 먹고 가족 간에 침(타액)을 공유하는 식사를 하는 가난한 집안의 아이들일수록, 본인이 아무리 열심히 노력을 한다고 해도 학습능력이 현저하게 저하하여 서열경쟁에서 밀리게 되는 경향이 있다.

더우기 건강하지 못하여 여러 종류의 질병에 시달리기도 한다. 때문에 이러한 습관을 고치지 않은 한, 가난의 대물림은 자자손손 이어지게 된다. 따라서 공정한 서열경쟁이 되기 위해서는 무엇보다도 각 개인의 의식의 전환이 필요하고 식사습관을 바꿔야할 필요성이 있다. 특히 가정살림을 책임지는 주부(여성)의 의식전환이나 건강관리가 절대적으로 필요하다.

원숭이사회는 철저한 서열사회로 어미의 서열이 낮으면 새끼의 서열도 낮게 된다. 가뭄으로 식량이 부족하게 되면 맨 먼저 밥을 굶어서 죽게 되는 것은 서열이 낮은 어미의 새끼이고, 그 다음이 서열이 낮은 어미가 죽게 된다. 이러한 현상을 사람의 입장에서는 이상하게 보일지 몰라도 비상시 원숭이사회의 종족을 보존하기 위해서는 어쩔 수없는 현상이다. 사람도 마찬가지로 경제가 어렵거나 가뭄 등으로 식량이 부족하게 되면, 서열이 낮은 가난한 집안의 아이들부터 피해를 입게 되므로 주의해야 한다. 가난할수록 음식을 정갈하게 먹어야만이 서열짓기에서 기회균등이라는 평등한 권리를 가질 수 있으며, 경제에도 미래의 희망이 있는 것이다.

# 사람의 탄생

여성의 생명주기는 8년(96개월)이고 생체주기인 사람의 임신기간은 288일(9.6개월)이다. 임신기간이 288일이라고 하는 것은, 자궁의 온도가 하루 평균 36℃일 때 수정되고 출산(탄생)할 때까지 288일이 필요하다는 것을 의미한다.

사람의 탄생에 필요한 누적온도는 288일×36℃=10,368℃가 된다. 실제로는 사람의 임신기간은 누적온도로 표시해야 정확하지만 편의상 알기 쉽게 날짜로 표시하며, 임신기간은 전적으로 이 자궁의 온도변화에 따라 달라진다. 임신기간 동안 자궁의 온도가 하루 평균 1℃가 변화하면 임신기간이 288일이므로 288℃의 차이가 발생하게 되고 288℃/36℃=8일의 차이가 발생하게 된다. 0.5℃가 변화하면 4일의 차이가 발생하게 된다. 따라서 임신기간 동안 자궁의 온도변화는 0.1℃이내로 제어가 되어야 한다. 출산이 예정일보다 빠르면 임신기간 동안 자궁의 온도가 기준 값보다 높은 것이고, 반대로 출산이 예정일보다 늦으면 임신기간 동안 자궁의 온도가 기준 값보다 낮기 때문이다.

사람은 수정되고 줄기세포가 만들어지기까지 필요한 누적온도(累積溫度)는 임신누적온도(10,368℃)의 10%인

1,037℃로 28일~29일 정도가 소요된다. 이 값은 여성(사람)의 배란주기가 되며, 배란주기는 여성 각자의 건강상태나 신체적 조건에 따라서 약간의 차이가 발생한다. 일반적으로 여성의 배란주기와 달의 지구공전주기와 관계가 있는 것처럼 알려져 있지만, 달의 지구공전주기와 여성의 배란주기는 아무런 상관관계가 없다.

그림1은 사람이 수정되고 출산할 때까지의 온도변화를 나타낸다. 사람의 난자는 39℃에서 수정되어 36℃로 떨어질 때 동작하며, 이때 변화하는 온도(시간)의 차이로 남성과 여성(암컷과 수컷)을 분리하게 된다. 자궁의 온도가 그림1에서 B(적정 값)인 경우에는 대략 반반정도로 분리되고, A는 주로 남성으로, C는 주로 여성으로분리될 확률이 높다.

여성의 자궁온도제어가 정상적으로 이루어지지 못하게 되면 종(種: 남성과 여성)의 쏠림현상이 발생한다. 즉, 남자아이만 생산하는 여성은 자궁의 온도가 기준값보다 낮기 때문에 발생되는 것이다. 주로 몸에 열이 적어서 손발이 차거나 몸이

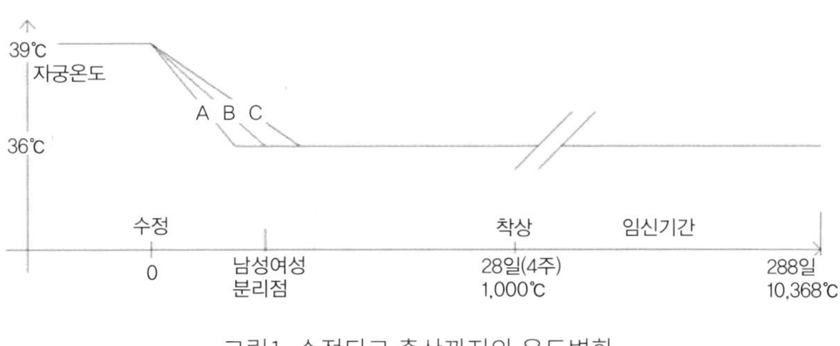


그림1. 수정되고 출산까지의 온도변화

차가운 여성에게서 많이 나타나는 현상이다. 반대로 여자아이만 생산하는 여성은 자궁의 온도가 기준값보다 높기 때문에 나타나는 현상으로, 주로 몸에 열이 많은 여성에게 나타나는 현상이다. 여성이 혈액순환장애나 기타의 원인으로 수정할 때 자궁의 온도가 39℃에 이르지 못하게 되면, 수정이 안되고 난자가 동작하지 않게 되어 여성 불임이 된다. 대부분의 불임여성은 자궁의 온도가 낮아서 수정온도에 이르지 못해서 불임이 되는 것이므로 여성의 자궁의 온도(혈액순환) 관리는 매우 중요하다.

사람은 수정되고 줄기세포가 만들어지면 착상단계를 거쳐서 기초성장을 하게 되는데, 기초성장에 필요한 혈액의 공급은 엄마(여성)의 심장의 압력에 의해서 탯줄을 통해 공급한다. 맨 처음 뇌가 만들어지고 뇌의 정보에 의해서 정해진 순서에 따라서 순차적으로 심장이나 기타의 장기나 팔다리 등이 만들어지게 된다. 이때 혈액의 오염이나 기타의 원인으로 뇌와 각각의 장기나 팔다리 등의 연결(Linking)이 정상적으로 이루어지지 못하게 되면, 신체적인 장애를 일으키게 되어 신체적인(물리적인) 장애나 뇌성마비 등의 주로 물리적인 장애를 유발하게 된다. 특히 탯줄이 짧은 초기부화 때 뇌가 부화되기 때문에 탯줄에서 여성(엄마)의 혈액오염을 정상적으로 제거하지 못하게 되면, 태아의 혈액이 오염되어 각종 화학적인 질환이나 백혈병 등 선천적인 질병을 유발하게 된다.

따라서 임신기간 동안 자궁의 온도제어가 불규칙적으로 이루어지면 사람의 생긴 모양이 정상적으로 만들어지지 못하게 되며, 특히 탯줄이 짧은 초기부화과정에서 그 피해가 크게 되기 때문에 주의를 해야 한다. 그리고 임신기간 동안 자궁의 온도의 변화폭이 크게 되거나 영양상태가 좋지 못하게 되면, 태어난 아이의 모양이나 몸체의 균형이 맞지 않게 되고 성장과정에서 여러 종류의 질병치레를 하게 된다. 이때 잘못하면 일생동안 신체적인 장애나 질병의 고통 속에서 살아가야 한다.

여성(엄마)의 혈액의 오염 관리나 건강관리는 매우 중요하다. 수정되고 줄기세포가 만들어지는 과정에서 잘못되면 신체적인(물리적인) 장애나 뇌성마비 등의 사람의 생긴 모양의 장애가 발생하게 되어 현대 의학적으로 치료가 불가능하기 때문이다. 줄기세포가 만들어지고 착상 후 줄기세포가 성장하는 기초성장기의 과정에서 엄마(여성)의 혈액이 오염되면 각종 선천성 장애(시각 청각 등) 및 각종 희귀병을 유발하게 된다. 다시 한번 강조하건대, 여성의 건강관리는 종족의 품질에 지대한 영향을 주게 되므로 철저한 관리가 필요하다.

임신기간 동안 여성의 혈액이 심하게 오염되어 태아에게 각종 질환이 만들어지게 되면 현대 의학적으로 관찰하고 치료할 방법이 없다. 질환이 심한 경우에는 출산직후 그 결과가 나타나지만, 그다지 심한 경우가 아니면 수년 혹은 수십 년 만에 나타나기도 하기 때문에 치명적이다. 여성(엄마)의 건강은 가족의 건강을 좌우하기 때문에 매우 중요하며 철저한 관리가 필요하고, 한 번 잘못되면 엄마에서 딸로 이어지기도 한다. 각종 선천적인 질병은 유전적인 요인에 의해서 발생되는 것처럼 생각되어지지만, 유전적인 요인과는 아무런 관련이 없다. 그리고 각각의 집단마다 질병의 종류가 차이가 발생되는 것은 가족의 구성형태나 주로 섭취하는 음식물의 종류나 식사습관 등에 크게 영향을 받게 되며, 특히 구강건강의 차이에 의해서 수명이나 각종 질병 종류의 차이가 발생하게 된다.

한국인의 특징은 대체적으로 덩치가 작아서 열교환기(머리)의 크기가 작고 몸에 열이 적기 때문에 기억력이 좋고 부지런한 장점을 갖고 있다. 그러나 지구력이 약하기 때문에 끈기와 지구력을 필요로 하는 발명이나 창조 등은 대체적으로 부적합한 특징을 갖고 있다. 음식문화 또한 몸에 열이 적은 사람을 중심으로 발전되어왔기 때문에, 열 발생이 많은 맵고 뜨거운 음식이나 각종 한약제의 사용이 많아진 잘못된 음식문화를 갖게 되었다.

맵고 뜨거운 음식은 몸에 열이 적은 사람이나 성인인 경우에는 피해가 그다지 크지 않지만, 열이 많은 어린 아이인 경우에는 피해가 많다. 대뇌열교환기의 뇌 수액이 피해를 입게 되어 나이가 들어갈수록 혈액순환 장애 등으로 방열효율이 떨어지게 된다. 대뇌열교환기의 낮은 열에 의해서 탈모증이나 흰머리증상이 나타나기도 하고 시력 저하나 청력 저하 등이 나타나기도 하므로, 어린 아이들은 가능하면 맵고 뜨거운 음식은 피하는 것이 좋다. 특히 매운 고추의 매운 맛이나 뜨거운 음식은 뇌 수액이나 대뇌열교환기에 치명적인 피해를 주게 되고,

나이가 들어가면서 부분탈모증, 시력저하, 청력서하, 치매 등을 유발하게 된다. 탈모증이나 시력저하, 청력저하, 치매 등은 현대 의학적으로 치료가 불가능하게 되므로 특히 주의해야 한다.

과거 조선시대에는 평균수명이 50세 미만으로 일찍 사망하기 때문에 맵고 뜨거운 음식이나 각종 한약제에 의한 피해가 없는 것처럼 인식되었다. 그러나 현대는 과거에 비해서 평균수명이 길어지기 때문에 그 피해가 많이 나타나게 되며, 과거 농경사회에서는 시력이나 청력저하도 크게 문제가 안 되었지만 현대사회에서는 여러 가지의 문제점을 야기하게 된다.

여성은 수정온도 때문에 남성에 비해서 3℃ 높게 동작하므로 대뇌열교환기(머리)의 크기가 작다. 몸체의 크기도 남성에 비해서 작아서 열에 의한 피해를 적게 받기 때문에 탈모증이 거의 없고 열에 의한 질환인 구강질환(잇몸질환), 고혈압, 비만 등의 질환이 적은 편이다. 대신에 남성에 비해서 핏줄의 굵기가 가늘기 때문에 혈액순환 장애에 의한 질환을 상대적으로 많이 앓게 된다. 따라서 여성이 남성처럼 열교환기의 크기가 크게 되면, 열에 의한 질환인 비만이나 고혈압 및 잇몸 질환에 의한 치아 손상이 많게 된다.

# 동력장치 심장과 Cerebrum
## (Bio_Heater)

사람의 체온(생체온도)은 Cerebrum(대뇌)에서 발생되는 일정량의 열과 외부에서 인체에 가해지는 열(주위 온도), 열을 발생시키는 음식물에 의한 열, 운동으로 발생되는 근육의 마찰열 등을 포함한다. 이렇게 모든 인체 내부에 축적되는 열이 심장의 박동횟수를 조절하여 체온이 일정하게 유지되도록 하는 역할을 한다. 그리고 인체내부의 열은 안면이나 피부 및 팔 다리를 통해서 외부로 방열(放熱)시키는데, 혈류(혈액)의 흐름속도가 빠를수록 방열량이 많아지고 혈류의 흐름속도가 느릴수록 방열량이 적어진다. 이때 심장은 박동횟수로 단위

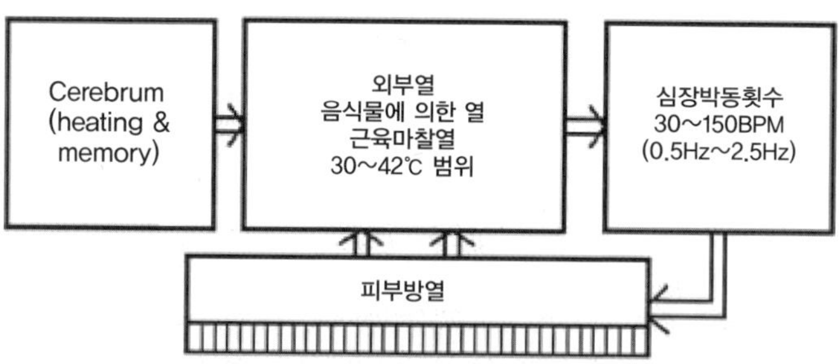


그림1. 심장의 체온제어 개념도

시간 동안 혈류량을 조절하면서 체온이 일정하게 유지되도록 하는 역할을 한다.

심장박동횟수는 Cerebrum의 발열효율과 피부, 팔, 다리의 방열 및 혈액의 열전달효율과도 밀접한 관계가 있다. Cerebrum은 크기에 비례해서 열 발생량이 증가하며, 대체적으로 체격이 크고 머리 크기가 크면 열 발생량이 많다. 거꾸로 크기가 작으면 열 발생량이 적다.

참고그림1은 나이가 같고 같은 환경조건(주위온도)일 때 심장 크기에 따른 심장의 박동횟수 차이를 측정 비교한 것으로,

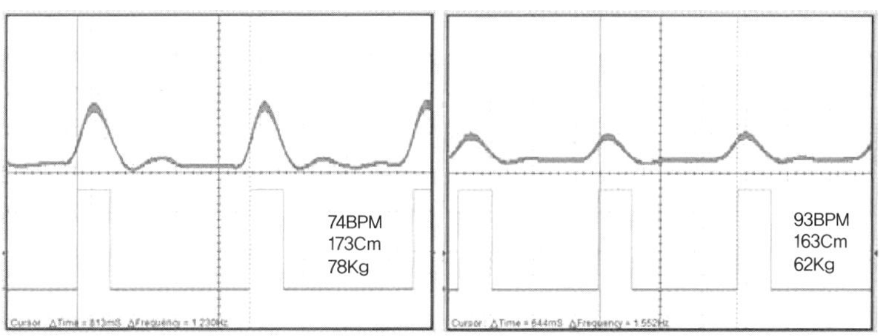


참고그림1. 심장크기에 따른 심장박동회수차이 비교도

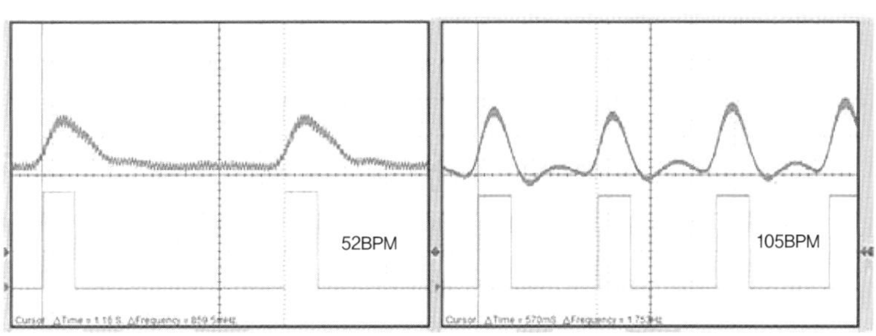


참고그림2. 근육마찰열(등산)에 의한 심장박동횟수 비교도

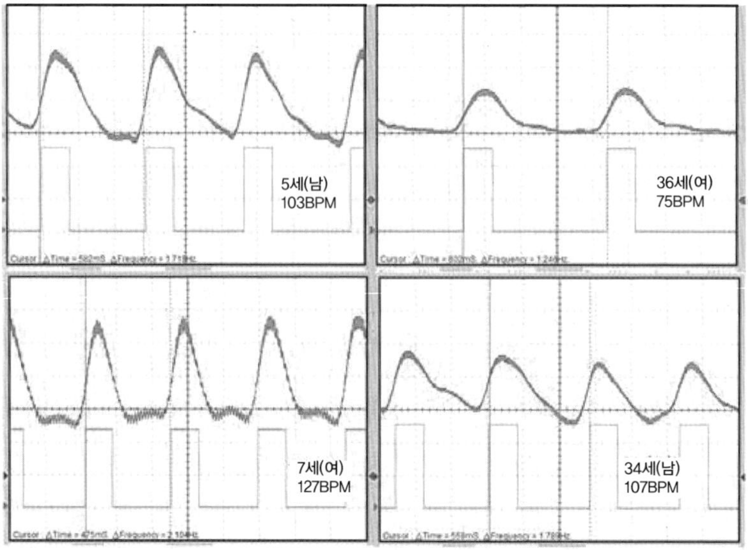

참고그림3. 각각의 개인의 신체적 조건에 따른 심장박동회수 비교도

20BPM정도의 차이가 발생한다.

참고그림2는 실측값으로 동일인이라도 근육의 마찰열이 더해지면 심장의 박동회수가 2배로 증가하는 것을 알 수 있다. 최대값은 136BPM(2.6배)까지 측정되었고, 이 값은 개인의 신체조건이나 피부방열효율에 따라서 차이가 발생한다. 특히 겨울에는 피부방열효율이 낮아지기 때문에 심장박동회수가 증가하면서 혈압도 증가하게 된다.

1. 심장은 심장의 온도(체온)에 따라서 30~150BPM 사이의 박동횟수를 제어해서 체온을 일정하게 유지하는 역할을 한다. 심장(체격)의 크기에 따라서 박동횟수의 제어범위는 다르

다. 즉 심장의 기본박동횟수는 심장(체격)의 크기에 반비례한다. 그리고 나이가 들어갈수록 Cerebrum의 발열효율이 떨어지기 때문에 나이에 비례해서 심장의 박동횟수가 감소하며, 각각의 개인에 따라서 서로 다른 값을 갖게 된다.

2. Cerebrum의 동작온도범위는 36℃±6℃, 즉 30-42℃ 범위내에서 동작한다. 외부 열이나 근육의 마찰열로 Cerebrum의 온도가 42℃ 이상 상승함으로 인해서, 심장의 제어범위를 벗어나 일정시간이 경과하여 사망에 이르게 되는 것을 열사병에 의한 사망이라고 한다. 반대로, 심장의 온도가 30℃이하 또는 HR25값의 50% 이하로 내려가면 심장은 동작을 멈추게 되어 사망하게 되는데, 이를 저체온증에 의한 사망이라고 한다.

그림2에서 알 수 있듯이, 열사병에 의한 사망은 Cerebrum의 온도가 42℃를 초과(과열)해서 사망하는 것이다. 심장의 온도(체온)가 30℃ 이하 또는 HR25값의 50% 이하로 내려가면, 심장이 동작을 멈추게 되어서 사망하는 것을 저체온증에 의한 사망이라고 한다. 따라서 열사병은 예방은 가능하지만

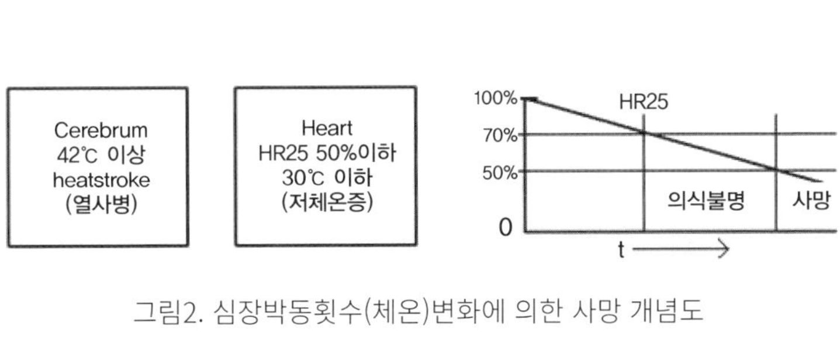


그림2. 심장박동횟수(체온)변화에 의한 사망 개념도

치료가 불가능한 증상이고, 저체온증은 외부에서 열을 가하거나 심폐소생술이라는 것으로 치료가 가능한 증상이다.

3. 심장의 기준박동횟수는 주위 온도가 25℃일 때의 심장의 박동횟수를 기준하고, 이 값을 HR25라고 한다. 동작범위는 주파수로는 0.5-2.5Hz, 박동회수로는 1분 동안 30-150회가 되고, 단위는 BPM(Beats Per Minute)으로 표시한다. 또한 심장의 박동회수가 대략 HR25값의 70% 이하로 내려가면 의식불명상태가 되고, 50%(1/2) 이하가 되면 저체온증으로 심장이 멎어서 사망에 이르게 된다.

따라서 개복수술을 하는 경우 마취상태에서 깨어난 경우라도 심장의 박동회수가 HR25값의 70%이하가 되면 의식 불명상태가 되고, 이때 깨어나지 못하게 되면 사망에 이르게 되는 경우가 발생한다.

또한 잠수할 때도 같은 증상이 발생하는데, 주위 온도가 낮은 경우, 심장박동횟수가 낮아지게 되어 혈액순환속도가 현저하게 떨어지기 때문에 잠수병(Cerebrum 고온증)이라는 증상이나 기타의 증상이 나타난다. 따라서 잠수를 자주하는 경우에는 가열(Heating)장치나 심장박동횟수의 감지장치는 필수적으로 장착해야 한다.

교통사고나 각종 사고로 출혈이 심한 경우에도 같은 현상이 발생한다. 고정된 상태에서는 주위의 열(온도)에 의해 의식불명상태가 유지되지만, 아무런 조치가 없이 움직이게 되어 HR25값이 50%이하로 떨어져 이송 도중에 사망에 이르게 된다. 따라서 이 HR25값은 필요시 누구나 알 수가 있도록 Smart phone에 의무적으로 기록해 두어야 한다.

4. HR25값은 각 개인마다 심장(체격)의 크기나 Cerebrum의 발열효율 및 피부방열효율에 따라서 다른 값을 갖는다. 나이가 들어가면서 Cerebrum의 발열효율이 지속적으로 떨어지기 때문에 HR25의 값은 나이에 비례해서 그 값이 낮아진다. 따라서 비슷한 조건일 때 HR25값의 변화속도가 빠르면 사망하는 나이가 빨라지고, 변화속도가 늦어지면 사망하는 나이가 늦어진다. 즉, HR25값의 변화속도가 늦어질수록 장수가능성이 높게 된다.

그림3은 Cerebrum의 발열효율의 변화와 심장박동횟수를 나타내는 것으로 대체적으로 성장기, 안정기, 노화기(쇠퇴기)의 3단계를 거친다. 성장기 때는 Cerebrum의 발열효율이 높기 때문에 심장박동횟수가 기준값보다 높고, 안정기는 기준

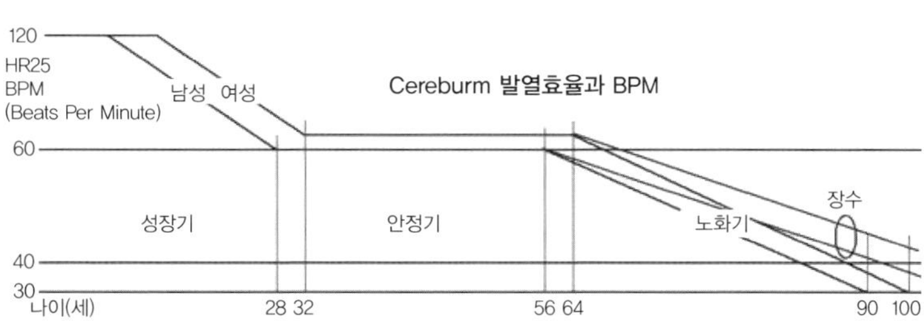


그림3. HR25 Value(값)의 변화와 최대수명개념도

값에 근접하고, 노화기는 기준값보다 낮아진다. 따라서 사람은 일생동안 거의 안정기의 평균Value(값)과 같은 심장박동횟수 Value(값)을 갖게 된다. 물론 그림3은 기본값을 의미하고, 이 값은 각 개인이나 주위의 온도변화에 따라서 여러 가지의 값을 갖는다. 그러나 대체로 나이가 증가하면서 피부의 노화로 방열효율이 저하하게 되어, 이 HR25값이 상승하게 되면 주로 백발증상이 나타나고 고혈압을 유발하게 된다.

5. 일반적으로 사람이 장수하는 것은 무슨 비결이 있는 것이 아니다. 장수하는 것은 주위 환경(온도), 섭취하는 음식물, 선천적인 요인 등으로 Cerebrum의 발열효율, 즉 심장박동횟수의 변화속도가 다른 사람보다 느리다거나 구강선분비액의 분비량이 항상 적정량이 분비되기 때문에 오래 사는 것이다. 나이가 증가할수록, 심장박동횟수가 가장 낮은 새벽시간대에 보온을 철저히 하거나 인위적으로 심장박동횟수를 조절하는 것으로 누구나 장수할 수 있다. 물론 섭취하는 음식물의 종류, 즉 식습관에 따라서 장의 표면질환이나 각종 질환에 의한 사망은 예외다.

6. 일반적으로 HR25값이 낮은 건강한 운동선수(축구)들이 보통의 사람들보다 일찍 사망하는 경우가 발생되는데, 그 원인으로 심장의 박동횟수의 제한 때문에 사망한다는 이론이 있다. 그러나 이러한 이론보다는 Cerebrum의 크기가 작고

발열효율이 보통의 사람들보다 낮음에도 불구하고 피부방열 효율이 높기 때문에, 저체온증이 나타나는 시기가 빨라서 사망에 이르게 된다고 하는 것이 보다 합리적이다. 그 이유는 체격이 작고 Cerebrum의 크기가 작은 사람은 보통의 사람들보다 심장의 박동회수가 1.5-2배정도 높기 때문이다.

비슷한 환경이라면 보통 사람들의 수명의 절반정도를 살아가야 하지만, 실제는 더 오래 사는 경우가 많다. 이러한 사실은 비슷한 조건일 때 여성은 남성보다 심장의 박동횟수가 높기 때문에 남성보다 여성의 평균수명이 짧아야 하지만, 현실의 평균수명은 심장의 박동회수와는 반대의 현상이 발생한다.

7. 사람은 심장의 크기에 따라서 온도(박동횟수) 제어범위가 다르게 된다. 즉, 같은 조건일 때 심장의 크기가 크면 온도제어 범위가 넓고 심장의 크기가 작으면 온도제어 범위가 좁아진다. 따라서 체격이 작을수록 주위의 온도변화에 약하고, 체격이 클수록 주위의 온도변화에 강한 측면이 있다.

참고그림4는 심장이 동작하는 상태를 그림으로 나타낸 것이다. A를 누적혈압(0- 80mmHg)이라고 하고 B는 심장의 압력(40-60mmHg)이며, W는 심장이 뛸 때 나타나는 뛰는 폭(Pulse width), 즉 심장의 동작시간을 나타낸다. 물론, 이 값(W, B)은 심장의 크기나 각각의 개인에 따라서 차이가 난다. 대체로 이 값의 평균값이 기준치보다 낮으면 심장이 약하게 뛰어서 전체적인 혈압이 낮게 되고, 기준치보다 높게 되면 혈

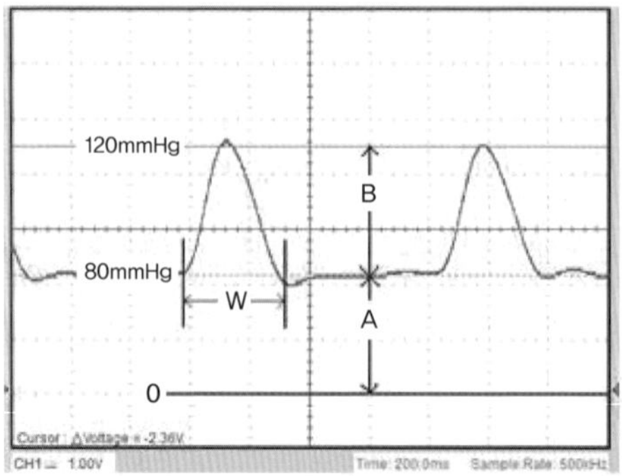


참고그림4. 심장이 동작하는 상태를 나타내는 모양

압이 높게 된다.

여기서 누적혈압은 매우 중요하다. 사람이나 발열방식의 동물(온혈동물)의 모든 장기나 소화기관 등은 적정량의 열(36℃)을 필요로 하며, 혈액을 통해서 그 열을 전달하게 된다. 혈액에는 약간 껄쭉한 형태의 열을 전달하는 물질을 포함하고 있기 때문에 심장에서 발생되는 압력을 축적하게 되는데, 이 축적된 압력을 누적혈압이라고 한다. 이 누적혈압은 혈액순환의 장애, 각종통증, 고혈압, 뇌졸중, 중풍 등을 예측할 수 있는 기준(Reference)값이 된다.

만약 혈액이 물처럼 껄쭉하지 않는 상태라면 누적혈압은 거의 0에 가깝게 되고, 심장의 박동횟수 값에 비례해서 높거나 낮게 된다. 즉, 같은 조건일 때 심장의 박동횟수가 높고 B값이 클수록 누적혈압 값이 높아지며, 반대의 경우는 누적혈압 값이 낮아진다.

1. 심장의 동작시간은 되도록 짧을수록, 즉 W값이 작을수록 좋지만 이 값은 심장의 크기에 따라서 다르다. 규정값보다 작으면 혈액순환의 장애로 몸이 차거나 여성인 경우 임신이 어렵게 된다. 그리고 열에 약한 관절 질환, 오십견, 허리통증 등을 앓게 되므로 적정값을 유지해야 한다. 이 펄스폭의 평균값이 기준치보다 높게 되면, 누적혈압이 상승하기 때문에 심장박동회수가 증가하여 혈압을 상승시킨다. 이때 사람이 놀라거나 흥분하거나 Cerebrum의 과열(Over Heating)등으로 혈압이 갑자기 상승하게 되면 약리요법으로는 치료가 어렵다. 따라서 이러한 심장의 동작원리를 이해하면 찬물이나 얼음, 에어컨을 켜는 등으로 Cerebrum의 온도나 체온을 낮추어 주는 방법도 가능하다. 전조증상으로 심장의 박동회수가 증가하기 때문에, 심장박동회수의 검출장치와 Smart phone을 연계해서 알람형태로 처리하는 것이 보다 합리적이다.

2. 사람의 심장은 동작(수축)속도, 즉 W의 평균값은 혈압과 비례한다. 심장의 크기가 규정치보다 크거나 모양이 정상적이 아닌 경우에 W폭의 평균값이 기준값보다 높은 것을 일반적으로 선천성(본 태성) 고혈압이라고 하고, W폭의 평균값이 기준값보다 낮아지는 것을 저혈압이라고 한다. 이것 또한 혈액순환장애의 원인이 되며, 주로 하체로의 혈액순환이 정상적으로 이루어지지 못해서 무릎관절 질환 등을 유발하게 되거나 손발이 차가운 현상이 발생하게 된다. 따라서 이 W값의

평균값이 기준값보다 낮아지는 경우는 열관리나 혈액순환관리를 철저하게 해야 한다. 사람이 놀라거나 흥분하게 되면, 심장박동횟수가 증가해서 혈압을 상승시키는 요인이 된다.

3. 현대 의학적으로 심장의 압력, 즉 혈압은 80mmHg에서120mmHg 사이를 정상혈압이라고 하고, 의사에 따라서는 누적혈압이 90mmHg부터 고혈압으로 분류하거나 95mmHg 이상을 고혈압으로 분류하고 있다. 하지만 이 값은 여러 가지의 변수가 적용되므로 실제 심장의 동작 상태를 Heart Rate Sensor로 검출해서 Computer로 분석하는 것이 보다 정확하다. 심장의 압력은 심장의 온도에 따라서 40-60mmHg 정도의 Value(값)을 갖게 된다.

4. 혈압이 정상적인 80mmHg라도 심장이 동작할 때 상승시간이나 하강시간이 빠르면 크게 문제가 안 되지만, 심장의 동작 파형에 문제가 발생되면 일반적인 혈압계로는 정상인지 그렇지 않는지 구별이 불가능하다. 즉, 심장의 과부하(Over load)는 감지가 어렵기 때문에 전기적인 Analog신호를 검출하고 분석하는 것으로 보다 더 정확하게 진단하는 것이 가능하게 된다.

일반적인 질환은 치료하는 데에 시간적인 여유가 있기 때문에 별 문제가 없다. 하지만 사람의 심장이나 생체(체온)온도의 제어System에 문제가 발생하면, 치료할 수 있는 시간적인 여유가 없기 때문에 의학적으로 치료가 거의 불가능하게 된다. 따라서 미리 경보가 가능한 심장박동 검출장치와 Smart Phone을 활용해서 분석하면, 이상이 발생되기 전에 사전에 예방조치를 취하는 것이 가능하게 된다. 즉, 심장이나 생체(체온)온도제어System은 갑자기 문제가 발생되는 것이 아니라, 사전에 이미 전조증상을 갖고 있기 때문에 예방이 매우 중요하다. 그러나 누구라도 지속적으로 혈압을 관찰하고 심장의 박동회수를 Check해서 분석한다는 것은 거의 불가능하다. 따라서 심장이나 생체(체온)온도 제어System에 문제가 발생되면, 대부분이 짧은 시간동안 사망에 이르게 되어 치료할 수 있는 시간적인 여유가 거의 없기 때문에 미리 예방하는 것 말고는 방법이 전혀 없다.

특히 Cerebrum과 심장이 수평을 이루어 잠을 자는 동안에 문제가 발생되면, 다른 사람이 도와줄 수 있는 여건이 전혀 안 된다. 때문에 심장박동검출장치를 활용해서 전조증상이 발생되면 경보를 울려주는 것 말고는 방법이 없다. 이러한 현상은 몸에 열이 많고 고혈압 증상을 갖고 있는 경우가 대부분이기 때문에 주의해야 한다.

5. 사람의 사망원인은 각종 질병이나 사고로 사망하거나 나이가 증가해서 사망하게 된다. 그리고 나이가 증가해서 사망하는 경우의 대부분은 심장이 멎어서 사망하게 되는 경우이다. 하루 중에서 온도가 가장 낮은 새벽에 Cerebrum의 발

열효율이 낮아져 심장의 박동회수가 HR25의 50%이하, 즉 Cerebrum의 온도가 30℃이하로 내려가면 심장이 멎게 되어 사망에 이르게 된다.

이때 대략 5-10분정도 이내에 생체(체온)온도를 올려주고 인공심폐소생시술로 생명을 연장하는 것이 가능하지만, 대부분의 사람들이 깊은 잠을 자는 시간인 새벽에 심장의 박동횟수를 감지하여 심폐소생시술을 한다는 것은 거의 불가능하다. 새벽에 심장의 박동횟수가 낮아져서 사망에 이르게 되면, 나중에 알더라도 목숨을 구하는 것이 불가능하므로 경보장치가 필요하다.

6. 사람의 성장기는 주로 공부를 하는 시기다. 그리고 이 시기의 Cerebrum은 기억장치로 사용되는데 기억기능은 열에 약한 성질이 있다. 심장의 박동횟수가 기준값보다 높으면 열이 많기 때문에 기억기능이 저하하게 되고 학습능력이 현저하게 저하한다. 따라서 같은 조건일 때 심장의 박동횟수가 적은 사람, 즉 열이 적은 사람이 기억력이 우수하기 때문에 공부를 잘하게 된다. 특히 축구나 마라톤을 하는 사람은 평소에 심장박동수가 기준값보다 낮아야 한다. 마찬가지로, 많은 기억력을 요구하는 바둑 기사의 경우에도 심장의 박동회수가 낮아야 한다.

삼국지의 제갈공명이 부채로 자주 열을 식히는 것은 본인이 열과 기억기능과의 상관관계를 알고 그렇게 했는지는 모르겠지만, 이러한 행동은 기억력을 향상시키는데 도움이 된다.

7. 사람의 심장박동횟수는 단순하게 심장이 동작하는 과정이 아니라, 우리가 지금까지 인지하지 못했던 인체에 대한 많은 정보를 포함하고 있다. 따라서 이를 잘 활용하면 건강하게 장수하는 것이 가능하다. 나이가 증가해서 Cerebrum의 발열효율이 기준값 이하로 떨어지면 심장의 박동횟수가 느려져서 사망에 이르게 되며, 이러한 현상은 주로 주위 온도가 낮은 새벽녘에 잠을 자다가 발생한다. 잠을 자는 동안 심장의 박동감지장치를 몸에 장착하고 전열기나 기타 열을 발생시키는 장치와 연계해서 심장의 박동횟수를 일정하게 유지되도록 해주면, 그렇지 않는 경우보다 최소 생명주기 1주기(7-8년) 혹은 그 이상 수명을 연장(장수)하는 것이 가능하게된다.

8. 성장기 때는 심장박동회수가 높기 때문에, 심장의 박동감지장치는 박동횟수와 연계해서 주로 열을 낮추는 장치인 Cooling장치(에어컨)를 활용하여 심장의 박동횟수를 강제로 낮추어서 학습능력을 향상시켜주기도 한다. 특히 몸에 열이 많아 심장의 과부하(Over load)로 심장질환이나 고혈압을 염려하는 경우는 심장박동횟수를 낮춰주어야 한다. 하지만 각각의 개인이 매일 똑같은 일을 반복한다는 것은 어렵고 거의 불가능하기 때문에, 심장박동Sensor를 몸에 부착한다든지 스마트폰과 연결하여 알람형태로 알려주거나 자동으로 제

어하는 방식이 가장 효율적이다. 각각의 개인의 심장박동횟수에 대한 정보를 관리하는 대용량의 저장장치가 확보되면, 말 그대로 각각의 개인을 요람에서 무덤까지의 심장에 대한 모든 과정을 Computer가 관리해주는 것이 가능하기 때문이다. 각각의 개인들이 크게 신경을 쓰지 않아도 건강한 삶을 살아 갈 수가 있게 된다.

또한 열화상(Infrared) 카메라를 스마트폰에 장착해서 인체의 열흐름을 자주 감지하여 스마트폰(Computer)으로 분석하면, 보다 정확하게 혈액순환의 장애로 발생되는 각종 통증의 예측과 치료가 가능해진다. 즉, 각종 통증이나 질병은 치료를 하는 것 보다는 예방하는 것이 중요하다. 전체 사망자 중에서 질병으로 사망하는 비율은 대략 25%정도이며, 이중에는 예측이 가능한 과열에 의한 질환인 고혈압, 뇌졸중, 심장질환 등으로 사망하는 경우가 많다. 심박Sensor는 심장박동횟수나 고혈압, 심장의 과부하(Over load)를 측정하는 것이 가능하다. 심박Sensor와 스마트폰을 활용하여 집 안(H/A)이나 차량에 내장된 발열장치나 냉각장치와 연계해서 활용하게 되면, 모든 사람이 건강하게 장수하는 것이 가능하게 된다.

9. 각종 통증이나 질환은 갑자기 발생되는 것이 아니라 서서히 발생되므로, 기본적인 심장박동횟수나 전신열의 화상 Data가 있으면 Computer로 분석해서 미리 예측하는 것이 가능하다. 실제로 과열에 의해서 발생되는 고혈압에 의한 질

환인 뇌졸중, 중풍 등은 현대 의학적으로 치료가 어렵거나 거의 불가능하기 때문에 예방하는 것 말고는 방법이 없다. 예방이 정상적으로 이루어지면 과열에 의한 질환으로 사망하는 경우가 줄어들기 때문에, 사람이 건강하게 오래 살아가는 것이 가능하게 된다.

10. 일반적으로 주로 야윈 체형이나 나이가 들어 노화기에 접어들면, 그 전조증상으로 새벽잠이 없어지게 된다. 그 이유는 하루 중에서 온도가 가장 낮은 새벽에 Cerebrum의 발열효율이 떨어져서 심장의 박동횟수가 대략 HR25의 70-80% 정도로 낮아지면, 근육의 마찰열을 얻기 위해서 본능적으로 잠에서 깨어나기 때문이다. 이때 건강상의 이유나 기타의 이유로 잠에서 깨어나지 못하게 되면, 결국 생체온도(체온)제어 System에 문제가 발생되어 사망에 이르게 된다. 이러한 현상은 주로 온도변화(일교차)가 심한 환절기에 많이 발생한다.

# 열 뜸질(통증클리닉)

사람은 발열방식의 생명체로 인체의 각 부위는 적정의 열을 필요로 한다. 특히 어깨(오십견), 척추, 무릎, 손목, 팔꿈치 관절 등은 적정의 열이 공급되지 않으면 굳어버리는 성질이 있다. 열 공급이 원활하지 못하면 그 정도에 따라서 통증을 유발하게 되는 것이다.

나이가 들어가면서 혈액순환의 장애나 운동부족 등으로 굳는 정도가 심할수록 통증이 증가하게 되고, 이 통증을 치료하려면 많은 시간이 소요된다.

각종 관절 통증을 치료하기 위해서는 열이 필요하며, 열을 공급하는 방법으로는 통증부위에 직접 열을 가하는 방법과 통증이 심하지 않는 경우에는 운동 등으로 근육의 마찰열을 이용하는 방법이 있다. 기본적으로는 통증이 시작되기 전에 운동 등으로 예방하는 것이 최선의 방법이지만, 이를 방치해서 관절이 심하게 굳어버리면 어떠한 방법으로도 치료가 어렵게 되므로 주의해야 한다.

각종 관절통증을 치료하기 위해 외부에서 열을 가하는 것을 '열 뜸질'이라고 한다. 혈액순환을 원활하게 하기 위해서 몸 전체에 열을 가하는 방법과 통증부위에 열을 가하는 방법이 있으며, 각각 장단점이 있다. 각종 관절통증이 시작되었다고 하면 이미 혈액순환장애가 시작되었다고 봐야 하며, 혈액순환장애는 피부의 열 냉각기능의 저하로 인한 화상에 주의해야 한다. 외부에서 열을 가했을 때 이미 화상을 입은 부분은 피부냉각기능이 전혀 듣지 않는 부분이기 때문이다. 일반적으로 저온화상이라는 것은 냉각기능이 정상적으로 동작하지 않는 피부에 45℃ 이상의 열을 가하면 화상을 입게 되는 현상이다. 따라서 각종 관절 통증이 발생되면 필연적으로 혈액순환의 장애를 갖게 되므로 열 뜸질 시 주의해야 한다.

인체 내의 열의 흐름은 눈으로 관찰하는 것은 불가능하다. 손으로 감지하는 것은 가능하겠지만 오차가 많이 발생하게 되므로, 열화상카메라를 이용해서 관찰하는 것이 정확하고 치료효율도 높다. 하지만 가격이 높다는 단점이 있기 때문에 누구나 보유하고 있는 휴대폰에 소규모 열화상카메라를 의무적으로 장착을 하면 관리하기도 쉽고 사용하기도 편리하므로 각종 관절 통증을 관리하는데 좋은 방법이라고 생각된다.

열 뜸질은 통증 클리닉이나 혈액순환장애의 치료에 효과적이며, 생체온도보다 높은 온도로 뜸질을 하는 방식과 낮은 온도로 뜸질을 하는 방식으로 구별된다. 낮은 온도의 뜸질은 일반적으로 '얼음 뜸질'이라고 하는 것으로, 얼음뜸질은 주로 운동이나 외부충격으로 근육이 늘어나거나 변형 및 허리나 목 디스크질환 등의 물리적인 통증의 치료에 매우 효과적이다. 그리고 높은 온도의 뜸질은 혈액순환장애로 주로 오십견으로 알려진 어깨통증이나 팔꿈치, 팔목, 무릎 등의 통증과 일반적으로 퇴행성질환으로 알려진 각종 관절 통증 및 질환에 효과적이다.

전신 열 뜸질은 찜질방, 사우나 등을 이용하는 방법이 있지만, 이미 각종 통증이 시작되었다고 하면 치료하는데 많은 시간이 소요될 수밖에 없다. 그러므로 이러한 방식은 수개월동안 지속적으로 치료하는데 어려움이 따르기 때문에, 온돌방을 구성해서 잠을 자는 동안 열 뜸질을 하는 것이 효과적이다. 이때 혈액순환장애로 고혈압이 있는 경우에는 특히 주의해야 하며, 가능하면 머리 부분은 차갑게 해주는 것이 좋다. 반신욕을 하는 것도 치료에 도움이 되지만 이 역시 지속적으로 실천한다는 것은 쉬운 일이 아니기 때문에, 온돌방이나 가열이 가능한 침대를 활용해서 잠을 자는 동안 열 뜸질이 이루어지도록 하는 것이 치료효율 면에서나 예방하는 측면에서 상당히 합리적이다.

혈액순환의 중요한 기능으로는 심장에서 발생되는 동력을 기반으로 대뇌열교환기에서 발생되는 열에너지 및 위(胃)나 장(腸)에서 흡수되거나 간(肝)에서 만들어진 각종 영양소를 각종 장기 및 인체 내부 각 기관에서 필요로 하는 곳에 혈액을 매개로 공급하는 역할을 한다.

혈액순환장애는 각종 질환과 통증을 유발시킨다. 특히 사람은 허리띠로 허리를 졸라매기 때문에 허리부근의 혈관이 막혀서 하체로 열 및 압력이 분산되지 못하고 있다. 상체에만 열과 압력이 집중되어 혈압을 상승(고혈압)시키거나 간이 열을 받게 되면, 그 기능이 현저하게 저하해서 각종 간(肝)질환을 유발하게 된다. 또한 이 열에 의해서 구강질환, 잇몸질환, 구강내부표면질환, 혀 표면질환 등을 유발한다. 특히 인두실질환은 주로 혀에 백태가 끼거나 혀 표면에 이물질 발생을 유발하여, 타액 및 구강선분비액을 오염시켜서 각종 인체내부의 화학적인 질환을 유발시킨다. 혈액순환장애로 열이 상체에 집중되어 대뇌열교환기의 온도가 상승하면, 기억기능 및 뇌의 집중력을 저하시켜서 학습능력 및 집중력을 저하시키고 각종 사고에 노출된다.

소금은 위산농도를 중화시키는 물질로 우리 인체에 절대적으로 필요한 물질이다. 그러나 간수함량이 많은 소금을 섭취하거나 염분 농도가 높은 소금을 많이 섭취하게 되면, 혈액에 포함되어 있는 여러 종류의 단백질(지방) 중에서 일부를 응고시키는 역할을 한다.

이 응고된 단백질(지방)에 의해서 혈관의 일부가 막히게 되면 혈액순환이 어려워진다. 결국에 고혈압을 유발하거나 혈액순환장애로 인한 각종 질병을 유발하게 되고, 이 응고된 단백질(지방)이 피부하부(피하)층에 쌓이게 되면 비만이 된다. 따라서 간수가 많이 포함된 소금이나 염분농도가 높은 소금을 섭취할 때에는 주의를 기울여야 한다. 혈액에 포함된 단백질(지방)을 응고시키는 원인은 소금 이외에도 여러 가지의 원인이 있다.

이러한 현상(원리)을 쉽게 설명하면 우리가 콩 등으로 두부를 만들 때 껄쭉한 상태의 단백질(지방)이 적정 온도에서 간수에 의해서 응고되는 것과 같은 원리다. 혈액에 포함되어 있는 단백질(지방)성분, 특히 동물성 단백질이나 식물성 단백질 일부가 간수나 기타의 원인으로 응고하게 되어 혈액순환에 방해를 주게 되는 것이다. 몸에 열이 많을수록 빠른 시간 내에 응고가 되며, 이 응고된 단백질이 안면 및 땀샘을 통하거나 해서 몸 밖으로 배출되지 못하고 혈액에 쌓이게 되면 고혈압 및 비만을 유발하거나 만성적인 각종 통증을 유발하게 된다. 가능하면 동물성이든 식물성이든 단백질의 섭취를 줄여주고, 소금은 간수함량이 적은 소금을 섭취하거나 발효식품(김치 된장 간장)에 첨가해서 발효과정을 거쳐 숙성시켜 섭취하는 것이 바람직스럽다. 소금은 우리 인체에 꼭 필요한 물질이기 때문에 거꾸로 섭취량이 너무 적으면 인체의 저항능력을 저하시키고 대뇌열교환기의 발열효율을 저하시킬 우려가 있다.

특히 응고된 지방이 피부아래층(피하지방층)에 쌓이게 되면 체내의 열을 외부로 발산(방열)하는 것을 방해하여 체내온도를 상승시켜 간이나 내장이 열을 받게 된다. 결국에 간 기능이 떨어져 비만을 유발하거나 고혈압과 각종 질환 및 통증을 유발하게 된다. 또한 같은 조건으로 같은 양의 소금을 섭취해도 몸에 열이 많으면 단백질 응고가 잘되고 열이 적으면 응고가 잘 안되기 때문에, 몸에 열이 많거나 각종 통증질환을 앓고 있는 사람은 단백질 섭취 및 소금 섭취에 신중을 기해야 한다.

사람이 건강하고 피부의 땀샘이 정상적으로 동작하게 되면, 간수를 포함하는 소금을 섭취하거나 기타의 원인으로 응고된 단백질(지방)이 주로 안면이나 피부 땀샘을 통해서 때(응고된 단백질)의 형태로 배출된다. 그러나 피부의 땀샘이 정상적인 기능을 하지 못하게 되면, 피부 밑에 지방층을 형성하게 되고 지방이 쌓이면 살이 찌는 형태가 된다. 이 응고된 단백질은 열에 약해서 열에 잘 녹으면서 동시에 열을 차단하는 이중적인 성질을 갖고 있다. 때문에 살이 찌게 되어, 지방층이 두꺼워지면 열을 가한다고 해도 제거하는 것이 어렵다. 고도비만은 근육마찰열을 활용하기 위하여 운동을 한다고 해도 응고된 단백질을 제거하기에는 충분한 열을 얻기가 어렵기 때문에, 외부에서 열을 가해서 즉 열 뜸질을 해서 응고된 지방을 제거하는 것이 바람직스럽다. 단백질은 열을 차단하기 때문에 많은 양의 응고된 단백질을 제거하는 데는 많은 시간을 필요로 한다.

혈액순환장애는 기본적으로 여러 가지의 원인으로 응고된 단백질(지방)이나 기타의 이물질이 혈관(핏줄)을 막아서 발생한다. 막힌 혈관에 응고된 단백질(지방)이나 이물질을 제거해서 혈액순환이 원활하게 이루어지도록 하기 위하여, 땀샘이나 혈관(핏줄)에 열을 가해 혈관(핏줄)을 확장시켜 혈액순환을 원활하게 하는 것을 열 뜸질이라고 한다. 따라서 열 뜸질은 모든 인체내부의 화학적인 질병을 치료하는 기본이라고 할 수 있다.

응고된 단백질(지방)을 제거하기 위해서는 약물요법도 효과가 있지만, 실험적인 방법으로는 열 뜸질과 약물요법을 활용(병용)하는 것이 가장 효과적이다. 그리고 이 열 뜸질은 고지혈증이 있거나 지방간 등으로 혈액에 지방성분을 많이 포함하고 있는 경우에는, 반드시 기름(지방)성분을 어느 정도 제거하고 열 뜸질을 해야 한다.

아무리 치료 효과가 뛰어난 치료약이라도 혈액순환장애로 인하여 필요한 곳에 공급되지 않으면 아무 소용이 없다. 또한 우리 인체는 무수히 많은 굵고 가는 혈관으로 구성되어 있기 때문에 어느 정도의 혈관이 막혀도 특이한 증상이나 자각증상이 없다. 우리가 어떤 증상(주로 각종 암 또는 통증)을 느낄 때는 이미 많은 핏줄이 막힌 다음이므로 치료하는데 많은 시간과 비용, 그리고 노력을 필요로 한다.

결과적으로 사람이 건강하게 오래 살아가기 위해서는 가급적이면 지방성분(단백질) 및 소금의 섭취량을 줄여주고, 자주 열 뜸질을 해서 피부의 땀샘을 활성화시켜 응고된 단백질을 제거해 주는 것이 필요하다. 혈액의 순환관리와 혈액의 오염관리는 매우 중요하며, 잘못되면 사망에 이르기 때문에 보다 철저한 관리가 필요하다.

만약 혈액순환장애가 발생했을 때 통증을 유발하는 자각증상(오십 견이나 기타의 통증)이 없으면 혈액순환장애를 감지할 방법이 없게 되어서 혈액순환장애로 사망에 이르게 되는 경우가 발생하게 된다. 최근에 여러 형태의 혈액순환장애에 의한 질병을 미리 발견하는 간단방법으로는, 열화상카메라를 활용하는 방법이 가장 확실하고 정확하다. 현대의 기술발전으로 개발된 열화상카메라는 온도분해 능력이 뛰어나서, 적절하게 활용하면 혈액순환장애를 미리 발견해서 치료하는 것이 가능하기 때문이다.

건강한 삶을 살아가기 위해서는 혈액순환관리와 혈액의 오염을 제거하는 것이 무엇보다 중요하며, 혈액순환관리나 혈액의 오염제거는 많은 시간을 필요로 하기 때문에 지속적인 관리가 필요하다. 그리고 관리기간은 생체주기 및 생명주기와 밀접한 관계가 있기 때문에 건강하게 오래 살기 위해서는 생체주기와 생명주기에 대한 이해가 필수적이다.

혈액순환을 방해하는 최대의 적은 지방(脂肪)성분이다. 이 지방성분은 이중적인 성격을 가지고 있는데, 같은 지방이라도 밀도가 높은 지방은 핏줄을 막는 역할을 하지만 밀도가 낮은 지방은 혈액순환에 도움을 주게 된다. 즉 윤활유 역할을 한다. 또한 같은 지방이라도 사람에 따라서 지방의 분해 능력이나 안면이나 땀샘을 통해서 몸 밖으로 배출하는 기능이 천차만별이기 때문에, 어떤 사람은 해로운 지방이라도 어떤 사람은 이로울 수가 있으므로 일률적으로 적용하면 안 된다. 몸에 열이 많은 사람이라도 간 기능이 정상이면 지방 분해 능력이 우수하기 때문에 피해가 적지만, 간이 열을 받아 간 기능이 저하하게 되는 사람은 지방 분해 능력도 현저하게 떨어져 혈액순환장애를 받게 되며 주로 고지혈증으로 나타난다.

모든 통증은 물리적인 외부충격이나 과도한 운동 및 과도한 사용, 즉 같은 동작을 지속적으로 반복해서 근육이 늘어나거나 변형된 결과이다. 허리나 목 디스크질환 등의 물리적인 통증의 치료에는 저온뜸질(얼음뜸질)이 효과적이다. 혈액순환장애에 의해서 발생하는 통증 및 질환은 주로 혈관이 막혀서 발생되기 때문에, 막힌 혈관을 깨끗하게 해서 혈액순환을 촉진시키면 된다. 그 방법으로는,

1) 열 뜸질에 의한 혈액순환촉진 (과열에 의한 화상을 주의)

2) 운동(근육마찰열)에 의한 혈액순환촉진

3) 약물에 의한 혈액순환촉진 (약물남용에 의한 피해를 주의) 등이 있다.

고혈압이 있거나 지방간, 고지혈증, 콜레스테롤 수치가 높은 경우에 열 뜸질을 하게 되면, 열이 몸 전체로 분산되지 않기 때문에 심장박동회수가 증가해서 한계치(약1분당150회) 이상으로 상승할 수가 있다. 이때 잘못하면 대뇌열교환기의 온도가 상승해서 사망할 수도 있으므로 특히 주의해야 한다.

예를 들면, 몸에 열이 많거나 고혈압이 있는 경우 마라톤을 하거나 심한 운동 또는 고온 사우나 및 찜질방 등에서 심장박동횟수가 기준치이상으로 증가하게 되면 순식간에 사망에 이르게 된다. 심한 운동으로 체온이 증가하면 심장박동회수가 증가하고 많은 산소를 필요로 하기 때문에, 숨을 빨리 쉬게 되어 숨이 턱에 차고 뇌가 뇌고온증으로 사망하게 되면 치명적이다. 그때는 아무리 의학이 발달해도 살려낼 방법이 없다.

일반적으로 열 뜸질은 국소적인 열 뜸질을 의미하지만, 국소

적인 열 뜸질은 일시적인 효과는 발생하더라도 근본적인 치료는 되지 못한다. 따라서 열 뜸질은 넓은 면적에 걸쳐서 막힌 혈관을 확장시키고 피부의 땀샘을 활성화시켜 피(혈액)에 포함되어 있거나 핏줄을 막고 있는 응고된 단백질(지방)을 몸 밖으로 배출시켜야 한다.

일반적으로 뱃살이라고 하는 것은 복부에 지방이 쌓이는 것으로, 이 지방이 쌓이게 되면 혈관이 없기 때문에 열을 활용해서 땀샘을 통해서 배출해야 한다. 지방은 열에 잘 녹기도 하지만 열전달을 방해하는 성질도 있기 때문에, 열을 활용해서 지방을 제거하는데는 시간이 많이 걸리는 단점이 있다. 따라서 지방이 쌓이는 부분에 적당한 열을 가해서 지속적으로 제거하는 것이 효율적이다.

# 인두(Pharynx)실과
# 구강선(Soft palate)

사람의 목에는 '인두실'이라는 매우 복잡한 장치가 있다. 인두실은 음식물을 식도를 통해서 위로 보내주는 역할과 코나 입으로 흡입되는 공기를 기도를 통해서 호흡기(허파)로 공급해주는 역할을 한다. 이 두 종류의 기능은 동시에 이루어지면 안 되고, 식도로 음식물을 공급할 때는 공기를 호흡기(허파)로 공급하는 기능이 정지되고, 공기를 호흡기(허파)로 공급할 때에는 음식물을 식도로 보내는 기능이 정지된다. 사람은 항상 숨을 쉬어야 하기 때문에 항상 식도는 닫혀 있고 기도는 열려 있어야 한다.

자동차 엔진의 실린더(Cylinder)에서 흡입기능과 배기기능이 동시에 발생하면 안 되듯이, 사람도 인두실을 통해서 음식물을 식도로 공급해야 하는데 음식물을 서둘러 급하게 먹다보면 음식물이 기도쪽을 막게 되어 호흡곤란으로 사망하게 되는 경우까지 있으므로 주의해야 한다. 또한 엔진에서 피스톤의 운동을 원활하게 하기 위해서는 윤활유(Engine oil)가 필요하듯이, 사람도 음식물이 소화기관을 통과하기 위해서는 구강선분비액이 필요하게 된다.

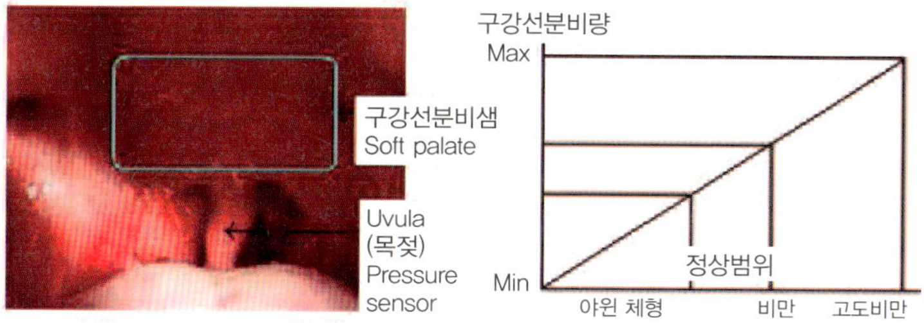


그림1. 목젖의 구조와 구강선분비액의 변화량

1. 사람은 그림1에서와 같이 '구강선(Soft palate)'이라는 구강선 분비액을 분비하는 분비샘을 갖고 있다. 인두실을 통해서 음식물을 원활하게 삼키게 하려면 구강선에서 약간 걸쭉한 형태의 물질, 즉 달걀의 흰자와 비슷한 약간 껄쭉한 구강선분비액을 분비하게 된다. 분비량은 개인에 따라서 차이가 나지만 평상시는 인두실이나 식도, 기도가 마르지 않을 정도로 분비되며, 음식물을 먹을 때는 목젖의 압력(음식물의 양)에 따라서 분비량을 조절한다. 분비량은 사람마다 차이가 있다.

또한 구강선분비액은 에너지밀도가 매우 높은 물질로, 성장기 때는 많은 양을 분비하고 나이가 들수록 분비량은 감소하게 된다. 분비량이 기준보다 많으면 주로 살이 찌는 비만의 체형이 되고, 분비량이 적으면 야윈 체형이나 나이가 들어가면서 얼굴에 주름이 많아지는 현상이 나타난다. 또한 성장기가 지나면서 그 분비량이 감소하게 되는데, 신체적인 조건 등으로 지속적으로 분비가 되면 살이 지속적으로 찌게 된다.

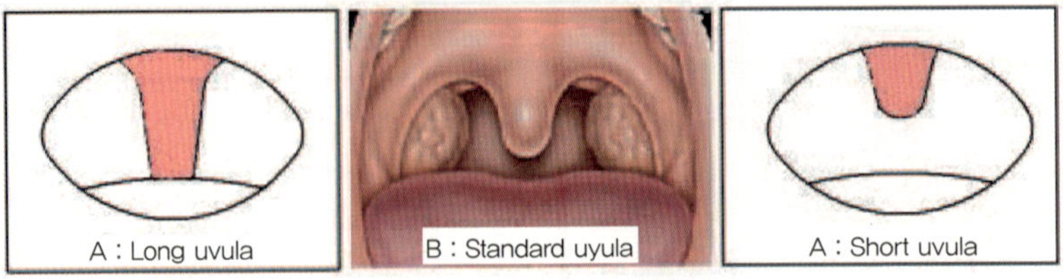


그림2. 목젖의 모양(Shape)

2. 목젖은 사람마다 그 모양이 다르다. 그림2의 B가 표준적인 모양으로 이 모양의 크기가 C처럼 짧거나 그 기능이 원활하지 못하면 성장기 때 성장이 둔화되고, 크기가 A처럼 길면 성장성은 좋아지지만 비만이 될 가능성이 높아지게 된다. 즉, 이 구강 선분비액의 분비가 많을수록 음식물을 적게 섭취해도 살이 찌는 비만의 체형이 된다. 몸에 열이 많아도 비만이 되지만, 몸에 열이 적어도 구강선분비액의 분비량이 많아지면 살이 찌는 비만이 되는 것이다. 비만은 주로 이 구강선분비액의 분비량이 많아서 발생된다.

목젖은 일종의 압력센서의 역할을 하면서, 음식물이 목에 가득 차 압력이 높아지면 뇌로 스텐바이 신호를 주게 된다. 음식물을 삼키고 안 삼키고는 자신의 의지에 따라서 결정하게 되며, 이때 액체(물)인 경우에는 압력 센서(목젖)가 동작하지 않기 때문에 잘못되거나 급하게 삼키게 되면 액체(물)가 기도로 넘어가는 경우가 발생한다.

이러한 현상을 우리는 '사래가 들었다'고 한다. 그 증상이 미미하면 재채기 정도로 끝나지만, 심하면 액체나 압력이 낮은 찰떡같은 부드러운 음식물이 기도를 막아 질식사하게 되는 경우가 있다. 목젖이 질환 등으로 동작이 둔화되면 구강선분비액이 적어지고 사래가 들 확률이 높아지기 때문에 특히 주의해야 하고, 나이가 증가할수록 목젖을 정기적으로 점검해야 할 필요성이 있다.

3. 구강선분비액은 귀나 코로 보내서 콧속이나 귓속으로 들어오는 공기에 포함되어 있는 먼지를 흡착해서 배출하는 역할도 한다.

이 구강선분비액은 달걀의 흰자처럼 약간 걸쭉하면서 영양분이 많기 때문에 각종 세균의 번식이 용이하며, 특히 감기를 유발하는 세균(Virus)이 대표적이다.

1) 인두 실에서 번식하면 목감기

2) 코에서 번식하면 코감기

3) 귀에서 번식하면 귀 감기 또는 중이염

4) 일반 세균이 인두실에서 번식하면 혀에 백태가 끼거나 혀에 이물질이 증식하게 되며, 코에서 증식하면 비염이 되고 숨을 쉴 때 허파에 침투해서 증식하면 폐렴이 된다.

4. 구강선에서 분비되는 구강선분비액은 인체내부에서 필요로 하는 각종 화학물질을 만드는데 필수적인 분비액(물질)이다. 발생량은 각 개인의 조건이나 머리의 크기에 따라서 다르며, 분비량이 적거나 각종 세균에 감염되면 사람의 건강이 좋

지 못하게 되고 음식물을 삼키는 것조차 어렵게 된다. 그리고 구강선분비샘이 질환을 앓게 되어 구강선분비액이 오염되면, 각종 알레르기성 질환을 앓게 된다. 이 알레르기성 질환은 사람에 따라서 계절(온도)이나 주위 환경(특정물질)에 의해서도 발생되기 때문에 이러한 원리를 모르면, 그 증상을 규명하는 것이 어렵게 되어 치료가 불가능하게 되는 경우가 종종 발생한다.

5. 일반적으로 동안(Baby face)이라고 하는 것은 피부방열효율과도 관계가 있지만, 주로 이 구강선분비액의 분비량과도 깊은 관련이 있다. 즉, 구강선분비액은 안면(얼굴)의 방열효율을 증가시키기 위해서 항상 촉촉한 상태를 유지하게 되어 주름살이 없지만, 나이가 증가하면서 분비량이 줄어드는 것이 일반적인 현상으로 얼굴에서 주름살이 만들어 지게 된다. 따라서 적정량을 지속적으로 분비하게 되면 주름살이 없어지게 되고 동안의 얼굴이 지속된다.

그림3은 구강선분비량과 주름살의 관계를 설명하기 위한 것으로 성장기 때는 구강선분비액의 분비량이 많기 때문에 얼굴에 주름살이 없게 되지만, 안정기 때는 각각의 개인에 따라서 분비량이 감소하게 되어 서서히 주름살이 늘어간다. A곡선처럼 나이의 증가와 함께 서서히 증가하면 얼굴에 주름살은 없더라도 비만이나 고도비만이 되고, B곡선처럼 지속적으로 일정량을 분비하면 살이 찌지 않으면서 주름살도 없게 된

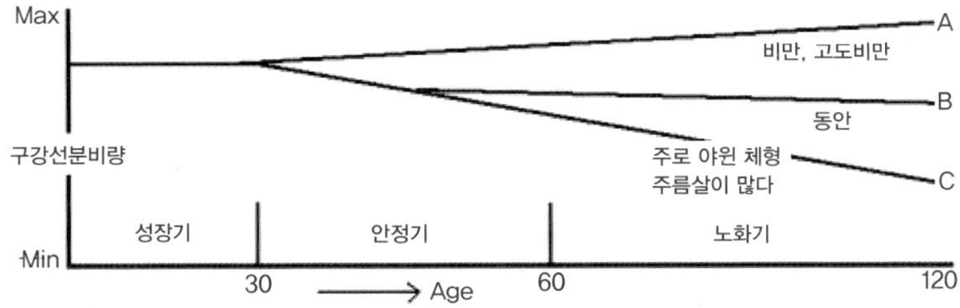


그림3. 구강선분비량과 주름살

다. 이러한 현상을 동안(Baby face)이라고 한다.

또한 C곡선처럼 안정기나 노화기 때 서서히 감소하게 되면 살이 찌지 않게 되고 주름살이 늘어난다. 따라서 A곡선의 경우 식사량을 조절하는 것으로 장수할 가능성이 가장 높음에도 불구하고 일반적으로 구강선분비액의 역할에 대한 이해가 없기 때문에 고도비만으로 인한 각종 질환으로 사망에 이르게 된다. 야윈 체형에 비해서 비만으로 고혈압인 경우는 고혈압 치료제의 보급으로 장수확률이 가장 높게 된다. 특히 동안은 장수가능성이 가장 높다.

6. 구강선 분비액은 내장의 표면을 보호하는 역할도 한다. 나이의 증가와 함께 분비량이 규정치보다 감소하게 되어 주름살이 많아지면, 내장표면질환을 앓게 되어 주로 음식물을 섭취하는 것이 불가능하기 때문에 굶어서 사망에 이르게 되어 장수하는 것이 어렵게 된다. 따라서 예방차원에서 얼굴에 주름이 늘어날수록 물기가 많은 부드러운 음식이나 죽 종류 또

는 식용유를 음식물과 혼합해서 섭취하는 것이 내장의 표면질환을 적게 유발하게 되어, 건강하게 오래 살아가는 것이 가능하게 된다. 결국에 건강한 사람의 장수라고 하는 것은 이 내장표면질환의 유무로 결정지어지게 된다.

인류는 지금까지 이 목젖의 역할이나 구강선분비액에 대한 이해가 없었기 때문에 많은 사람들이 내장표면질환으로 굶어서 사망하게 되고, 오래 살기 위해서 불로초라는 존재하지도 않는 약을 찾아 해매이게 되었다. 하지만 이 구강선분비액에 대한 이해와 용도를 알고 식생활을 개선하는 것만으로도 내장표면질환에 의한 사망을 획기적으로 줄여주는 것이 가능하기 때문에, 불로초는 아니더라도 수명을 10-20년 정도 늘려주는 것은 가능하게 된다. 따라서 구강선 분비액의 성분을 분석하여 인공으로 공급이 가능하게 된다면, 야윈 체형이나 주름살의 치료에 많은 도움이 될 것으로 생각한다.

# 사람, 3가지 즐거움

사람은 태어나서 먹는 것에서부터 시작하여 보고 듣고 하면서 성장하게 된다. 따라서 먹는 즐거움, 보는 즐거움, 듣는 즐거움을 사람의 기본적인 세 가지 즐거움이라고 한다.

## 1. 먹는 즐거움

사람은 단순히 생존을 위해 먹는 것에 그치지 않고, 여러 가지 미각(味覺)을 충족시켜가면서 먹게 된다. 그렇게 해서 발전한 것이 요리다. 맛의 기본이 되는 것은 양념이고, 양념에서 가장 중요한 것은 소금이다. 대부분의 음식에서 소금에 의한 간이 맞지 않으면 음식은 맛이 없다. 또한 음식재료의 고유한 향이나 음식의 온도, 미각의 느낌에 따라서도 음식의 맛이 좌우되기 때문에 아무리 뛰어난 요리사라도 재료가 좋지 않으면 음식 맛도 없을 수밖에 없다.

따라서 뛰어난 요리사는 요리솜씨도 중요하지만 재료를 보는 눈이 정확하지 않으면 뛰어난 요리사라고 할 수가 없는 것이다.

1. 사람의 미각은 성장기 때 음식물에 의한 뇌의 학습이 매우 중요하다. 이때 학습이 잘못되거나 단순히 살기 위해서 먹는 정도라면, 미각으로 충족되는 즐거움을 다양하게 느낄 수가 없게 된다. 미각에 관한 한 불행한 셈이다. 성인이 되었을 때 일반적으로 엄마의 손맛이라고 하는 것도 어린 시절 섭취했던 음식물에 의한 뇌의 학습효과 때문이며, 이처럼 성장기에 음식물에 의한 뇌의 학습효과는 일생동안 많은 영향을 끼치게 된다.

또한 각종 음식물에는 인체에 필요한 여러 종류의 영양소(인체에 필요한 각종 화학물질)가 포함되어 있다. 성장기 때 섭취하는 여러 가지 음식물의 종류에는 인체에 이로운 서로 다른 영양소, 즉 인체에 필요한 각종 화학물질을 포함하고 있다. 한 종류의 음식물에 모든 영양소가 포함되어 있지 않기 때문에, 여러 종류의 음식물을 골고루 섭취함으로써 뇌가 그것을 기억하게 된다. 그리하여 어떤 원인에 의해서 인체에 어떤 영양소가 부족하게 되면, 음식물에 의한 뇌의 학습효과에 의해서 부족한 영양소를 포함하고 있는 음식물을 섭취하도록 뇌가 명령하게 되는 것이다.

2. 간단하게 설명하면, 갑자기 어떤 특정한 음식물이 먹고 싶을 때는 그 음식물에 포함되어있는 어떤 영양소가 필요하기 때문이며, 바로 이러한 현상이 음식물에 의한 뇌의 학습효과이다. 또한 이 음식물에 의한 뇌의 학습효과는 성인이 되어

성장기 때 뇌가 학습하지 못한 음식물에 대해서는 거부반응을 일으키게 되며, 특히 서로 다른 음식문화를 접했을 때는 자주 나타나게 된다.

임신 중인 여성은 수정되고 착상되어 부화할 때 그 부화과정에 필요한 영양소(부화영양소)가 있다. 이때 뇌가 필요로 하는 부화영양소가 있으면, 음식물에 의한 뇌의 학습효과에 의해서 어떤 특정음식이 먹고 싶을 때가 있다. 만약 이 임신 중인 여성이 성장기 때 음식물에 의한 뇌의 학습이 잘못되었다면, 정작 필요로 하는 부화영양소는 섭취하지 못하게 되고 필요로 하지 않은 부화영양소를 섭취하게 된다. 이는 태아에게 좋지 않은 영향을 끼치게 되므로 특히, 여성은 성장기 때 음식물에 의한 뇌의 학습은 매우 중요하다.

3. 음식물에 의한 뇌의 학습효과는 혈액이 오염되지 않고 깨끗할 때 학습이 된 경우에는 건강하게 삶을 살아갈 수가 있지만, 혈액이 오염이 되어서 음식물에 의한 뇌의 학습이 잘못되게 되면 정작 필요한 영양소는 섭취하지 못하고 필요 없는 영양소를 과잉 섭취하게 된다. 그 결과로 인체에 심각한 영양소 불균형을 초래하여 일생 동안 건강하지 못한 삶을 살아가게 되므로, 혈액이 깨끗한 성장기 때 음식물에 의한 뇌의 적절한 학습이 매우 중요하다. 이는 전적으로 부모에 의존하게 되어, 학문이나 기타의 학습도 중요하지만 부모는 아이가 성장기 때 음식물에 의한 뇌의 학습을 제대로 할 수 있도록 세심한 배

려를 하여야 한다.

4. 음식물에 의한 뇌의 학습이 잘못되어 여러 가지 음식물을 골고루 섭취하지 않고 편식을 하게 되면, 영양소의 불균형에 의해서 건강하지 못함과 동시에 어떤 질병들이 발생하게 된다. 인체내부의 방어System이 정상적으로 동작하지 않게 되어 자체 치료가 안 되기 때문에, 외부에서 필요로 하는 영양소가 공급되어야 만이 질병치료가 가능하게 되어버린다. 만성적인 질환을 앓고 있는 사람들이 이 경우에 해당한다. 이러한 현상을 현대의학에서는 이러이러한 증상에는 이러이러한 비타민(Vitamin)을 섭취해야 한다고 하지만, 그러한 발상은 잘못된 것이다.

혈액이 오염되었다든지 인체에 필요한 영양소가 모자라서 화학적인 질병을 앓고 있는 사람은 그 원인의 제거, 즉 오염된 혈액을 맑게 해주는 것이 먼저고 상책이다. 그 다음에 필요로 하는 각종 비타민을 공급해야 한다. 원인을 제거하지 않고 각종 비타민만 공급하는 것은 치료 효율도 떨어지고, 이미 혈액이 오염된 상태이기 때문에 또 다른 부작용을 발생시킬 염려가 있다. 따라서 원인제거를 하지 않은 상태에서 비타민제를 투여하는 것은 좋은 방법이 아닐 뿐더러 또 다른 부작용을 일으킬 염려가 있기 때문에, 비타민제를 투여할 때에는 신중에 신중을 기해야 한다. 왜냐하면 오염된 혈액과 단일종류로 된 비타민(Vitamin)제가 음식물에 포함된 화학물질과 어떤 화학적인 반응을 했을 때 그 결과는 예측하기가 어려워지기 때문이다.

이러한 현상은 사람마다 혈액의 오염농도 및 오염정도 또는 오염 종류가 다 다르기 때문이다. 한약처럼 여러 종류의 재료를 혼합해서 농축된 형태 즉 보약이라는 형태로 복용하면, 뇌에 화학적인 충격이나 열을 발생시키게 되어 일시적인 효과가 있을 수는 있지만 동시에 혈액을 오염시키는 결과를 초래한다. 그리고 이러한 현상이 어쩌다 한 두어 번은 괜찮겠지만 자주 뇌에 충격을 주게 되면, 뇌의 학습효과에 의해서 중독이 되거나 건강에 좋지 않기 때문에 복용 시 신중에 신중을 기해야 한다. 우리말 중에 '밥이 보약이다'라고 하는 말처럼 여러 가지 음식물을 골고루 섭취하는 것이 건강하게 살아가는 방법이다.

5. 사람은 구강질환 및 인두실 질환 등으로 타액이나 구강선분비액이 오염되어 있으면, 음식물을 섭취할 때 다양한 맛을 느낄 수가 없게 되고 극히 제한된 범위에서의 맛만을 즐길 수밖에 없다. 다양한 미각(味覺)을 즐기기 위해서는 구강질환 및 인두실질환을 치료해서 타액의 오염을 제거해 주는 것이 절대적으로 필요하다. 그리고 이 미각에 대한 훈련은 어린 시절부터 실시되어야 한다. 어린 시절의 미각에 대한 훈련이 잘못되고 성장과정에서도 음식물에 대한 뇌의 충실한 학습이 이루어지지 못하면, 일생동안 먹는 즐거움을 제대로 느끼지

도 못하고 맛없는 일생을 살아가게 된다.

값이 비싼 고급음식이라고 다 맛이 있는 것이 아니라, 어떤 음식이든지 다 맛이 있다. 그리고 음식을 먹게 되면 입안에서 음식과 타액이 혼합되어서 다양한 맛을 내게 되는데, 음식을 빨리 먹게 되면 이러한 다양한 맛을 느낄 수가 없게 된다. 건강을 위해서 음식을 빨리 먹기보다는 보다 더 다양한 맛을 즐기기 위해서라도 반드시 음식은 천천히 씹어서 먹는 것이 좋다. 구강질환이나 잇몸질환 등으로 타액이 오염되면 음식을 먹을 때 맛을 제대로 느끼지 못하기 때문에, 자신도 모르는 사이에 음식을 빨리빨리 먹게 되는 습관을 가지게 된다. 건강에도 좋지 않고 음식 맛도 제대로 못 느끼기 때문에 반드시 구강질환이나 잇몸질환 등은 치료를 해야만 한다.

또한 여러 가지 재료를 혼합해서 먹는 한국식의 비빔밥이나 여러 가지 재료를 상치나 기타의 재료로 쌈을 싸서 먹는 음식은 여러 배 더 많은 다양한 맛을 느끼게 한다. 입안에서 천천히 씹어서 타액과 잘 섞일 때의 그 맛은 개별재료만 먹을 때보다 음식물을 먹는 즐거움이 훨씬 증가하기 때문에 그런 음식은 천천히 먹어야 한다. 또한 음식을 먹을 때 음식물의 온도는 같은 음식물이라도, 그 음식물의 온도에 따라서 사람이 느끼는 맛의 차이는 천차만별이다. 먹는 음식물이 약간 찬 음식이라도 입안에서 오래 머물게 할수록 구강내부 온도에 의해서 음식물의 온도가 상승하며, 온도에 따라서 사람이 느끼는 맛의 차이 및 먹는 즐거움 또한 다양하게 느낄 수가 있다. 아무 의미 없이 식사를 하는 것보다는 음식을 천천히 먹으면서 음식물이 갖고 있는 각종 고유의 맛을 느끼고, 입안에 오래 머물도록 해서 온도에 따라 달라지는 맛을 함께 즐기면서 식사를 하는 것이 좋다.

우리말 중에 '소식 장수'라는 말이 있다. 이 말은 사람의 혈액이 깨끗하면 소화효율이 높아지고 혈액이 깨끗한 사람일수록 음식물을 적게 먹기 때문에 건강하고 오래 산다는 것으로 해석되어야지, 혈액이 오염된 상태에서 무조건 적게 먹는다고 장수한다는 말이 아니다. 따라서 사람이 무병장수 하려고 한다면, 혈액의 오염을 제거해서 소화효율을 높여주고 음식물을 적게 섭취하는 것이 그 비결이라고 할 수가 있다.

## 2. 듣는 즐거움

자연계에 존재하는 거의 모든 소리는 비대칭신호가 대부분이다. 신호 중에서 수평축을 기준으로 수평축에서 상하의 신호면적이 같은 것을 '대칭신호'라고 하고, 상하의 면적이 다른 것을 '비대칭신호'라고 한다. 이 대칭신호와 비대칭신호의 차이는 매우 중요하다.

만약 사람의 목소리가 대칭신호라면 목소리에 특징이 없어지게 되어, 전화 통화를 할 때 얼굴을 마주하지 않으면 누가 누군지 구별하는 것이 불가능하게 되고, 소리자체가 단순해져서 소리를 듣는 즐거움이 없어져버린다. 따라서 자연계에

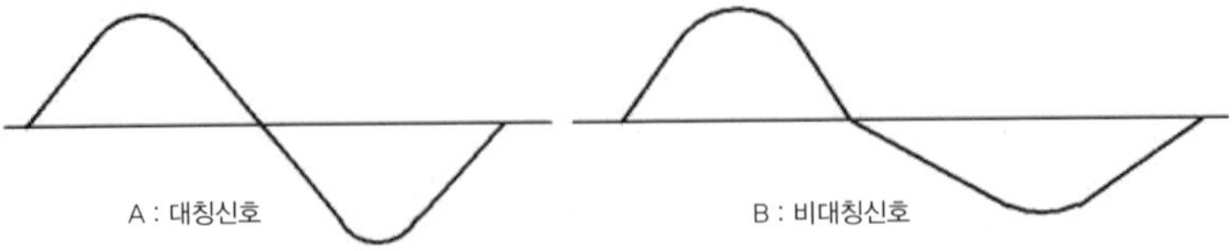


그림1. 소리신호종류

존재하는 소리(신호)나 사람의 목소리는 비대칭신호이기 때문에 얼굴을 마주하지 않고도 전화 목소리만으로도 상대방이 누군가를 구별할 수가 있고, 자연계에서 각각의 종(種)마다 소리에 특징이 있기 때문에 눈으로 확인하지 않고 우는 소리만으로도 종을 구별할 수가 있다. 이 비대칭신호 덕분에 각각의 종은 보이지 않는 곳에서도 서로를 인식할 수가 있게 된다.

1. 음악적으로 화음이라고 하는 것은, 여러 종류의 대칭신호를 조합해서 인위적으로 비대칭신호를 만들어서 듣는 즐거움을 느끼게 한다. 따라서 비대칭신호는 수학적으로 대칭신호의 합으로 나타낼 수가 있으며, 대칭신호 몇 개를 합하면 비대칭신호가 된다고 하는 개념이다. 이 개념은 매우 중요한 것으로, 사람의 귀는 뇌와 더불어 현재의 Audio신호를 디지털(Digital)방식으로 압축해서 저장하고 처리(Processing)하는 방식과 아주 흡사한 방식으로 신호를 처리한다. 따라서 Audio 신호압축원리를 이해하면, 사람의 뇌가 어떤 방식으로 신호를 처리하는가 하는 것을 쉽게 이해할 수가 있다.

Audio신호 즉, 자연계에 존재하는 사람이 들을 수 있는 모든 신호는 Digital 방식으로 Data를 아주 간단하게 압축할 수가 있다.

Audio신호의 아날로그 신호를 디지털 신호로 변환(A-D변환)한 후, 여러 개의 Digital필터로 Audio신호의 비대칭신호에 포함되어 있는 대표되는 대칭주파수 즉 수평축을 기준으로 상하 같은 면적으로 진동하는 진동수(주파수)를 추출해서 신호처리를 하게 된다.

여기서 대표되는 주파수(Frequency)를 선택할 때, 등 간격(일정한 간격을 유지)으로 처리하는 방식과 옥타브(Octave) 간격으로 처리하는 방식이 있다. 1옥타브(Octave)라고 하는 것은 도에서 다음 도까지를 한 옥타브를 말한다. 즉, 기본주파수가 2배되는 주파수 단위로 처리하는 방식이 있으며, 이외에도 여러 가지의 방식이 있을 수가 있다.

현재의 Audio신호를 디지털(Digital)압축처리 하는 방식은 거의 대부분이 옥타브방식을 채용하고 있다. 대표되는 주파수를 사전에 정해놓고 정해진 순서대로 대표되는 주파수의 높이(소리가 크다 작다)의 값만 저장하여 처리를 하게 되면, 전체 Data량을 줄여줄 수가 있기 때문에 Audio신호 압축처리가 가능하게 된다. 이때 Audio신호 압축장치의 내부 신호처리를 위한 신호로 변환할 때 Sine변환은 부호가 붙기 때문에, 부호가 붙지 않는 Cosine변환에 비해서 Bit가 1개 더 추가된다. 때문에 디지털(Digital) 압축신호 처리를 할 때는 저장하는 Data량을 줄여주기 위해서 Cosine변환해서 디지털 (Digital) 신호처리를 한다.

2. 사람이 인위적으로 소리(음악)를 만들기 위해서는 여러 가지 규칙이 필요한데, 그 중에서 음의 기본이 되는 5음계(여성음계)와 7음계(남성음계)가 있다. 기본적으로는 5음계이고, 7음계는 5음계를 변환한 것이다. 5음계에서 두 번째 음과 세 번째 음 사이를 반으로 나누어서 한음, 그리고 다섯 번째 음과 연속되는 다음 첫 음 사이를 반으로 나누어서 또 한음해서 두 음을 추가하면 된다. 인류의 초기음악은 주로 자연 친화적인 등 간격(일정간격)인 5음계이었을 것이다. 여러 가지 이유로 남성중심의 역사가 시작되면서 남성의 숫자로 인식되고 신성시되었을 7이라는 숫자에 맞추기 위해서, 인위적으로 5음계를 7음계로 바꾼 것이 아닌가하는 추측이 가능하다.

정상적인 7음계라면 사람의 귀 특성이 등 간격(일정한 간격을 유지)으로 소리를 인식하기 때문에 등 간격(일정한 간격을 유지)으로 7음계가 구성되어야 한다. 그래야만이 음계에 대

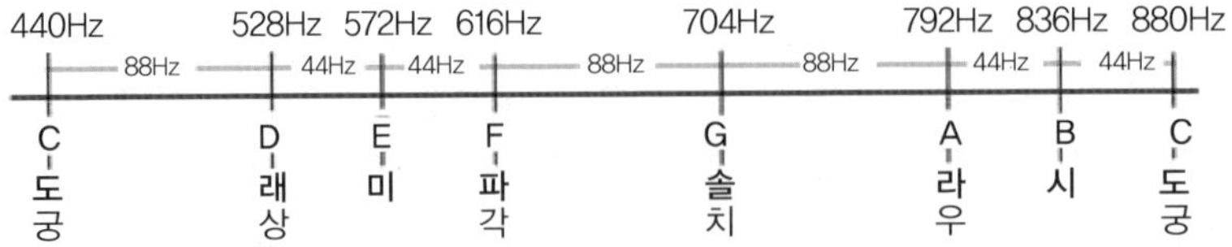


그림2. 한 Octave내의 음계구성 및 주파수분포

한 귀 특성상의 분해능이 증가하여 다양한 음악(소리)에 대한 명료도도 증가하게 된다. 하지만 불행스럽게도 이에 대한 배려가 없이 7음계가 만들어졌고, 때문에 고음에서는 큰 차이가 없지만 낮은(저음) 옥타브에서는 분해능이 현저하게 떨어진다. 물론 현재의 7음계는 실용상 큰 문제가 없기 때문에 사용하고 있지만, 기본원리구성은 알아둘 필요가 있다.

한 Octave내의 음계구성 및 주파수 분포를 나타낸 그림에서도 알 수가 있듯이, 5음계는 같은 간격이지만 7음계는 5음계의 사이사이에 음계를 추가하는 형태가 되어 어딘가 모르게 부자연스러워 보인다. 음계와 음계사이는 온음이 88Hz이고, 반음은 44Hz가 된다.

그림3과 같이 7음계를 등 간격(일정한 간격을 유지)으로 구성해 보면, 한 Octave내의 음계구성 및 주파수 분포는 그림3에서와 같이 기본도(C)가 440Hz에서 448Hz가 되고, 다음 도는 880Hz에서 896Hz가 되어 음계와 음계사이는 64Hz가 되어서 상당히 합리적인 7음계가 될 것으로 생각한다. 현대 음악에서 기준이 되는 음으로 사용하고 있는 라(792Hz)는 라(792Hz)가 아니라, 한 Octave내의 음계 구성 및 주파수 분포 그림

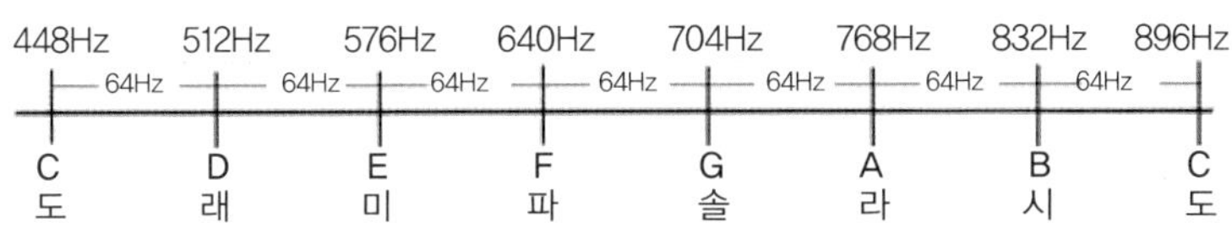


그림3. 한 Octave내의 음계구성 및 주파수분포

2와 그림3에서도 알 수가 있듯이 기존의 7음계와 새로운 7음계에서 공통되는 솔(704Hz)이 기준이 되는 음이 되어야 할 것으로 생각되어진다.

3. 사람의 귀는 등 간격(일정한 간격을 유지)방식을 채용하고 있기 때문에 소리에 대한 분해능(소리를 구별하는 능력)이 아주 뛰어나서 다양한 소리를 구별하는 능력이 탁월하다. 그러나 소리에 대한 뇌의 학습효과에 의한 학습이 이루어지지 않으면 아무 소용이 없다.

따라서 다양한 소리에 대해서 학습이 되어야 하기 때문에 사람은 성장기에 이 소리에 대한 학습이 이루어지지 못하면 성인이 되어서도 다양한 소리에 대한 듣는 즐거움을 모르게 된다. 또한 소리는 지속적으로 이어지는 신호이기 때문에 박자(소리와 소리사이의 간격)가 있고, 이 박자는 사람의 심장박동회수와 밀접한 관계가 있으며, 사람에 따라서 혹은 나이에 따라서 천차만별이다. 한 박자라고 하는 것은 심장이 1초에 한번 뛰는 것(1분 동안 60회)을 말한다.

사람은 박자가 빠르면 흥이 나고 흥분되는 경향이 있고, 대체적으로 1/2 박자가 지속될 때가 가장 흥분된 상태가 된다. 박자가 늦으면 안정적이고 편안해지는 경향이 있고, 박자가 빠르면 불안하고 초조한 느낌이 들게 된다. 또한 나이가 어리면 심장박동수가 빨라서 저음에 대한 감도(Sensitivity)가 낮아져서 저음을 크게 높여서 듣게 되고, 나이가 들어갈수록 심장박동수가 늦어지면서 고음에 대한 감도(Sensitivity)가 낮아져서 고음을 크게 높여서 듣게 된다.

따라서 나이가 들어갈수록 혈액의 오염을 방치해서 건강관리를 하지 않으면, 고음에 대한 감도가 현저하게 낮아져서 소리에 대한 분해능이 저하되어 여러 가지의 소리를 잘 알아듣지 못하게 된다.

또한 소리에 대한 분해능이 높을수록 여러 가지의 소리를 잘 알아 듣고, 소리에 대한 분해능이 낮을수록 여러 가지의 소리를 잘 알아 듣지 못하게 된다. 그리고 박자는 가수가 Live공연할 때 중요한 역할을 한다. 즉 공연을 시작할 때 같은 노래라도 박자를 느리게 시작해서 청중이 어느 정도 흥분하면 빠른 박자의 노래를 불러서 청중을 흥분시키고, 흥분이 고조되었을 때 다시 박자가 느린 노래로 흥분된 감정을 풀어주면서 Live공연을 끝낸다. 물론, 계속해서 박자가 빠른 노래로 Live공연을 끝내서 여운을 남기는 방식도 있다.

Live공연을 하는 가수가 이러한 박자개념이 없이 자기 식으로 노래를 부르게 되면, 가수는 가수대로 힘들고 듣는 청중도 무덤덤해져 버린다. 유능한 가수라면 청중에 대한 박자개념이 철저해야 하며, 아울러 Live공연은 시각적인 효과도 중요한 역할을 하게 되므로 양자의 조화가 중요하다.

다양한 소리와 박자는 사람이나 동물의 뇌에 많은 영향을 주기 때문에 사람이나 동물 등의 심리 치료(Management)와 정신치료에 유용하게 활용할 수가 있다.

## 3. 보는 즐거움

흰빛태양이 없으면 사람은 사물을 볼 수가 없다. 사람이 사물을 본다는 것은 사물의 모양 및 명암(밝고 어두움)을 감지하는 기능과 물체에서 반사되는 파장 즉 색(Color)을 감지하는 기능의 2가지의 형태로 사물을 구별하는 것을 의미한다.

흰빛태양은 기본적으로 흰빛(White Color)이다. 자연계에 존재하는 모든 색은 각각의 색마다 고유의 파장을 갖고 있으며, 흰빛이라고 하는 것은 이 모든 파장을 포함하고 있는 빛(광원)을 의미한다. 그 흰빛이 프리즘의 굴절에 의해서 무지개의 빨(Red), 주(Orange), 노(Yellow), 초Green), 파(Blue), 남(Cyan), 보(Magenta)의 7가지 색으로 파장이 낮은 쪽부터 순차적으로 높은 쪽으로 나타나는 것이다. 자연계에서 초록색이 많은 것은 초록색(Green)이 흰빛스펙트럼(Spectrum)의 중간에 위치하고 에너지밀도가 높기 때문이다.

또한 각각의 색은 고유의 색온도(Color Temperature)를 갖고 있다. 그림4에서와 같이 탄소(Carbon)에 열을 가하여 최초 검은색(Black)에서 점차 온도를 높여 가면, 파장이 낮은 적색에서 중간에 흰빛(White color)을 거쳐 청색에 이른다. 이때 나타나는 색에 가해진 열의 온도를 '색온도'라고 하며, 중간에 나타나는 흰빛(White color)의 색온도는 민족이나 인종에 따라서 감지범위가 차이가 난다. 서양인은 대략 6,500°CK 정도, 동양인은 대략 8,500°CK 정도이다. 사람은

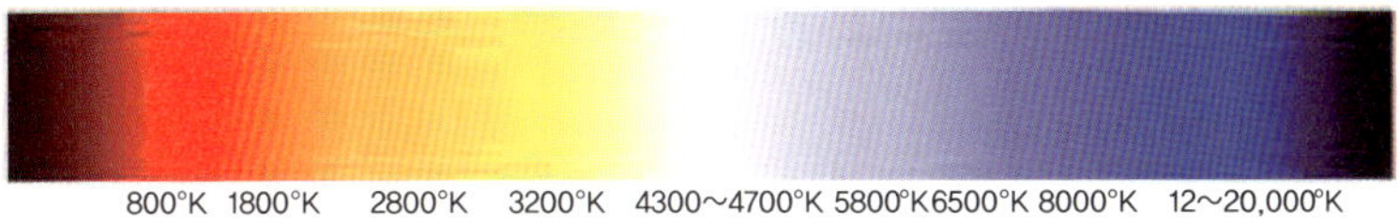


그림4. 색온도표

대체적으로 파장이 낮은 적색과 파장이 높은 청색에 민감하며, 적색은 파장이 낮기 때문에 따뜻한 느낌을 주고 청색은 파장이 높기 때문에 차가운 느낌을 준다. 주로 여성은 색온도가 낮은 적색을 선호하고 남성은 색온도가 높은 청색을 선호하는 경향이 있다.

서양인이 White color라고 하는 것은 동양인이 볼 때 약간 붉은 느낌이 들고 동양인이 White color라고 하는 것을 서양인이 볼 때는 약간 푸른 느낌이 들게 된다. 그리고 사람은 나이에 따라서도 색온도는 약간씩 다르게 느낀다. 물론 흰빛태양처럼 밝기가 아주 밝은 흰빛은 예외다.

도자기를 굽는 도공에게 있어서 도자기를 굽는 온도는 매우 중요하다. 불빛이 내는 색 온도를 보면서 온도를 측정해 보면, 대략 1,300도 정도에서 도자기를 굽게 된다. 이때 나이가 젊으면 색온도를 낮게 보는 경향이 있고 나이가 많으면 색 온도를 높게 보는 경향이 있기 때문에, 이러한 이유로 같은 조건이라도 사람에 따라서 도자기를 구울 때 완성품에는 나이에 따라서 차이가 많이 나게된다.

사람의 눈과 뇌(Brain)는 모양과 명암(밝고 어두움)을 처리하는 프로세서(Processor)와 색(色:Colour)을 처리하는 프로세서(Processor)가 있다. 색을 처리하는 과정은 귀가 소리를 처리하는 방식과 유사한 방식으로 처리를 한다. 즉, 사람의 눈은 색을 감지하는 것이 아니라 그 색이 갖고 있는 고유의 파장을 감지하는 것이다. 같은 파장이라도 민족이나 인종에 따라서 다르고 개인의 학습능력이나 성장기 때의 환경에 따라 다르며, 색에 대한 분해능에 따라서도 다르게 된다. 뇌는 모양과 명암을 처리한 Data와 색(파장)을 처리한 Data를 합성해서 종합적으로 처리하고, 이 결과로 보는 즐거움을 느끼는 것이다.

또한 서로 인접한 색과 색은 그 파장이 배수이거나 파장의 크기차이(색이 진하고 옅고)나 위상(Phase)에 따라서 서로 간섭을 주게 되어 전혀 다른 색으로 느끼게 되는 현상이 발생하게 된다. 이러한 사람의 시각특성을 정확하게 이해를 하고 있으면 실제 실험을 통하여 실험적인 방법으로 찾을 수 있으며, Computer를 사용하여 수학적으로 계산하면 이러한 현상을 만들어 내는 것도 가능하게 된다.

자연계에서 모든 물체는 흰빛(White Color)에 포함되어 있는 모든 파장 중에서 자기 자신 고유의 색에 해당되는 파장만을 반사시킨다. 사람의 눈이 이를 감지하여 색을 처리하는 프로세서(Processor)를 통해 색에 대한 Data(정보)를 얻게 된다. 따라서 식물이나 나무 꽃 등이 고유의 색을 나타내는 것은 각각의 크기와 모양 이외에 고유의 색을 나타내는 파장만을 반사하는 물질을 포함하고 있기 때문이며, 비로소 사람은 자연계에 존재하는 사물의 크기와 모양 이외에 색의 아름다움을 느낄 수가 있게 되는 것이다.

색은 색을 나타내는 파장을 반사시켜서 나타내기 때문에 사물을 보는 각도에 따라서 약간씩 색이 다르게 느껴지며, 색을 나타내는 파장을 반사하는 물질이 입체(3차원)인 경우는 보다 더 다양한 색을 표현할 수가 있는 것도 이와 같은 이유에서이다. 또한 이 이외에도 자연계에서는 반딧불이와 같이 형광물질에 의한 발광으로 발광주기를 이용해서 종족 간에 의사전달의 수단으로 활용하기 위해서 발광방식을 채용하는 방식이 있다. 반딧불이는 발광주기에 따라서 종이 다르게 되고, 매미는 소리차이로 종을 구별하게 된다.

사람에게 있어서 색맹은 흰빛에서 뇌가 명암과 모양은 인식하는데 특정 Color파장을 인식하지 못해서 발생하는 것이다. 유전적인 것보다는 엄마의 혈액이 오염되어서 주로 부화과정에서 나타나는 증상이다. 같은 조건이면 엄마와 동종인 딸보다는 이종인 아들의 피해가 크다.

인위적인 방법으로 명암(밝고 어두움)과 색(色 : Color)을 표현하는 방법으로는 가색법과 감색법이 있다. 가색법이라고 하는 것은 TV나 일반 컴퓨터의 Display에서처럼 Black에서 시작해서 하나 하나의 명암 및 색을 더해서 여러 가지의 색을 표현하고, 최종적으로 모든 명암과 색을 더하면 White Color가 되는 것을 말한다. 가색법에서 모든 색의 대표가 되는 색의 삼원색은 적색(Red), 초록색(Green), 청색(Blue)이 되고, 이를 '빛의 삼원색'이라고 한다.

또한 백색 종이에 인쇄를 하는 것과 같은 방식을 감색법이라고 하며, 최종적으로 모든 명암과 색을 더하면 Black이 되고 대표가 되는 색의 삼원색은 노랑(Yellow), 시안(Cyan), 보라(Magenta)가 된다. 과거 사람들은 파장이 긴 적색과 파장이 짧은 청색(Blue)을 혼합한 보라색을 모든 색(Colour)의 으뜸이라고 생각해서 신성시했을 것으로 생각된다. 백색 종이에 그림을 그리는 경우의 삼원색은 일종의 감색법으로 적색 노랑 초록을 삼원색이라고 하며, 모든 색을 혼합하면 검은색이 된다.

빛의 삼원색을 기준으로 가색법의 삼원색과 반대가 되는 Color를 감색법의 삼원색이라고 한다. 즉 Red는 Cyan, Green은 Magenta, Blue는 Yellow가 되는 것을 의미한다.

# 음식물의 내장통과지수 (Internal organs passage index)

사람은 발열방식(Heating type)의 생명체로, 열을 발생시키기 위한 열에너지가 절대적으로 필요하다. 따라서 열에너지를 공급하는 음식물을 섭취하지 않으면 생명을 유지하는 것이 불가능하다. 음식물의 종류에 따라서 소화기관을 통과할 때 저항을 주게 되는데, 이때 소화기관이 받는 저항계수를 '내장통과지수'라고 한다.

1. 사람의 구강 내에는 구강선(Soft palate)분비샘을 갖고 있으며, 이 구강선분비샘은 목젖의 압력에 따라서 그 분비량이 달라진다. 분비량은 개인에 따라서 차이가 있고, 나이가 증가하면서 점차 감소하게 된다. 구강선분비액은 음식물이 내장을 통과할 때 윤활유 역할을 하기 때문에 분비량이 많은 성장기는 별 문제가 없지만, 나이가 증가하면서는 분비량이 감소하기 때문에 문제가 된다.

물이나 식용유는 내장을 통과할 때 저항이 거의 없지만, 물기가 없는 빵은 저항값이 매우 높다. 이러한 개념을 기초로 만들어진 것이 내장통과지수라고 생각하면 간단하게 이해할 수

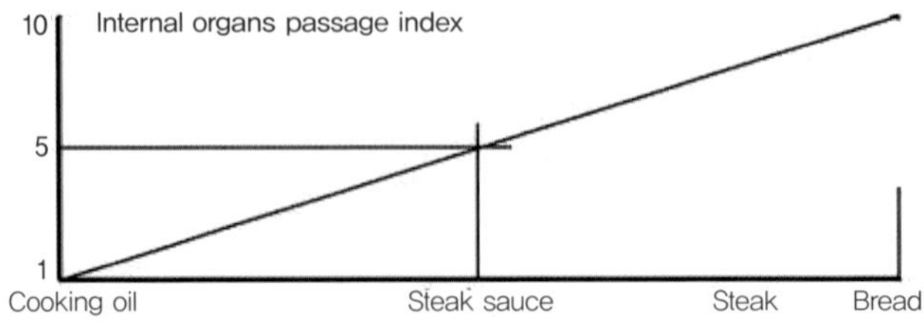


그림1. 내장통과지수

있다. 즉, 음식물에 기름성분이나 수분이 많을수록 저항값이 적고, 기름성분이나 수분이 적을수록 저항값이 크게 된다. 따라서 나이가 증가할수록 그리고 내장통과지수가 낮은 음식물을 많이 섭취할수록 내장의 표면질환의 발생확률이 낮기 때문에 같은 조건이면 장수할 가능성이 높아지게 된다.

2. 이 내장통과지수는 우리가 음식물을 섭취할 때 매우 중요한 의미를 가진다. 즉, 내장통과지수가 높은 음식물을 많이 섭취하면 소화불량이나 변비 등을 유발하고 아랫배가 불룩하게 나오는 증상이 나타나게 된다. 따라서 햄버거나 빵을 주식으로 하는 사람은 기름성분이나 수분이 많은 음식을 먹는 사람에 비해서 상대적으로 아랫배가 나오는 증상이 많다. 물론 이러한 현상은 소화기관의 음식물에 대한 저항계수가 모든 사람이 일정할 때를 가정한 것이지만, 일반적으로 큰 차이는 없으므로 내장통과지수를 모든 사람에게 적용해도 큰 무리는 없다. 그림1처럼 그 값은 식용유를 1로 했을 때 물기가 없는

빵을 10으로 해서 각각의 음식물을 구별해서 표시를 해두면, 소화불량과 변비 등의 예방이나 치료에 매우 유용하게 활용이 가능하게 된다.

3. 아랫배가 불룩하게 튀어나오는 증상의 발생 원인은 몇 가지가 있겠지만, 주로 내장통과지수가 높은 음식물의 섭취가 많아져 내장이 막히는 증상에 의해서 발생되는 경우가 대부분이다. 소화효율이 떨어지고 음식물이 내장을 통과하는 시간이 길어지게 되면서 소화과정에서 불필요한 물질을 발생하고 각종 질병을 유발하기도 한다. 소화효율이 떨어지기 때문에 상대적으로 필요 이상의 많은 음식물을 섭취하게 되어 아랫배가 불룩하게 튀어나오는 증상을 유발하게 되고, 비만도 유발하게 되는 것이다. 비만은 여러 가지의 원인에 의해서 복잡하게 발생되는 증상이지만, 비만은 치료하는 방법은 의외로 간단하다.

내장이 막히는 증상은 내장저항계수가 높은 음식물을 자주 섭취해서 내장의 일부분이 막히게 되고, 내장의 직경이 일정한 굵기를 유지하지 못해서 생기는 증상이다. 증상이 심각하면 본인도 느끼겠지만, 심각한 상태가 아니면 그대로 방치하게 된다. 그 결과로 장의 일부가 늘어나면서 아랫배가 불룩하게 되는 증상이 발생하게 되고, 오랜 시간이 경과하게 되면 치료가 어렵게 된다.

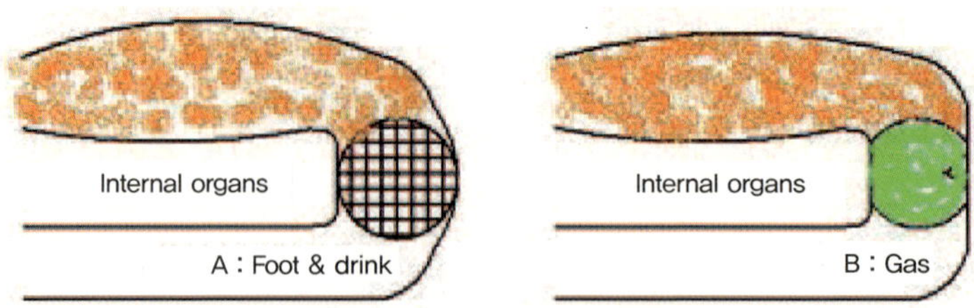


그림2. 내장이 막히는 증상

그림2는 내장이 막히는 증상을 설명하고 있다. A는 음식물에 의해서 내장이 막히는 것이고, B는 내장 내부에서 발생되는 가스에 의해서 내장이 막히는 것이다. A, B 모두 막히는 부분에서 음식물이 쌓이게 되면, 내장이 늘어나게 되어 배가 볼록 튀어나오게 된다.

이 부분이 꼬이게 되어도 같은 증상이 발생하며, 내장의 혈관을 압박해서 혈압이 상승하게 되는 현상도 발생하므로 주의해야 한다.

4. 내장이 막히거나 가스가 발생되는 증상으로 소화불량이 발생되면, 민간적인 요법으로 그림3처럼 바늘로 양손의 엄지손가락의 손톱과 피부사이의 B부분에 피를 흘려주게 되면 소화불량의 치료가 된다. 이러한 현상은 치료효과는 뛰어나지만, 과학적으로는 설명하기가 매우 어렵다. 어차피 내장은 우리 눈으로 확인이 어렵기 때문에 비과학적인 측면은 있지만, 이러한 효과를 활용하는 것도 내장이 막히는 증상이나 가스

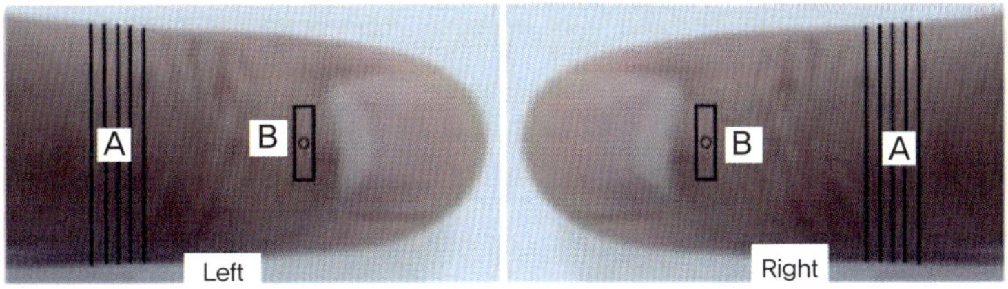


그림3. 엄지손가락

가 발생되는 것을 치료하는 방법 중의 하나로 활용하는 것이 유용하다. 물론 현대의학적인 방법으로도 치료는 가능하겠지만, 치료기간(시간)이 많이 걸린다.

경험상으로 보면, 신기하게도 소화불량이나 급체, 내장의 이상동작 등의 증상에는 매우 효과적이다. 이러한 현상을 비과학적이라는 이유로 초기에 장이 막히는 증상을 그대로 방치하면 내장과 내장을 연결하는 막(膜)이 파괴되어서 아랫배가 불룩하게 되는 증상이 발생한다. 이때는 이미 치료하는 것이 거의 불가능하게 되어 음식물의 내장통과 속도가 느려져서 각종 인체에 유해한 물질을 발생시키고, 심지어 혈액의 오염을 유발해서 각종 암이나 질병으로 사망에 이르게 되므로 주의해야 한다. 즉, 내장과 내장을 연결하는 막은 재생이 거의 불가능하기 때문에 의학적으로 치료가 거의 불가능하게 되므로, 현재 우리의 지식으로 과학적이나 의학적으로 증명하는 것이 어렵다고해서 무시하게 되면 그 결과는 의외로 치명적인 결과를 초래하게 된다.

그림3에서처럼 순차적으로 좌, 우의 A부분을 실로 여러 번(5-6회 정도) 감아주고, 바늘로 손톱과의 경계에서 3㎜정도의 거리의 B지점의 사각형범위 내에서 바늘로 0.2-0.5㎜정도를 거의 수직으로 찔러서, 바늘을 대략 수평으로 45°위치로 하게 되면 혈액이 흐르게 된다. 이때 엄지손가락에 압력을 가하게 되면 혈액의 흐름이 지속되고, 내장이 막히는 정도에 따라서 혈액의 양이 다르게 된다. 즉 혈액의 양이 많을수록 증상이 심각한 것이고 그 양이 적을수록 경미하며, 그 증상이 심각할 때는 12시간단위로 2회에 걸쳐서 실행해야 한다. 또한 손가락에 압력을 가해도 혈액의 양이 적으면, 대략 30초 이내에 중단하면 된다.

5. 평소에 별로 불편한 느낌이 없더라도 배가 볼록 튀어나온 경우에는,

1) 현대 의학적인 방법이나 MRI등으로 내장과 내장을 연결하는 연결막을 확인할 필요가 있으며, 이상이 있는 경우 의학적인 치료가 필요하다.

2) 상기의 그림3의 방법으로 혈액이 흐르는 양을 관찰하는 것으로도 확인이 가능하다. 즉 손가락으로 압력을 가했을 때 혈액이 흐르는 양이 적으면 의학적인 조치가 필요하고, 혈액이 흐르는 양이 많으면 3일마다 한 번씩 확인을 해줄 필요가 있다. 즉, 혈액의 흐르는 양이 많으면 내장이 심하게 막히거나 꼬였다는 것이므로 지속적인 관리가 필요하다.

배가 볼록 나온 경우는 반드시 치료가 필요하다. 음식물이 장을 통과하는 시간이 길어지면서 내장내부에서 불필요한 화학물질을 발생시키게 되고, 이 화학물질이 흡수되어 혈액에 포함되면 장기적으로 각종 암이나 기타 등의 질환을 유발하기 때문이다. 또한 입에서 입 냄새가 많이 나고, 방귀냄새가 지독하게 나고, 몸에서도 냄새가 나게 된다. 물론 이러한 현상은 배가 안 나온 상태에서도 나타나는 현상으로, 현대 의학적인 확인과 치료가 필요하다.

6. 사람이 나이가 증가면서 같은 내장통과지수의 음식물을 섭취한다고 해도, 내장의노화로 통과지수의 저항값이 높아지기 때문에 가능하면 국물형태의 음식물이나 Cooking oil을 첨가해서 섭취하는 것이 건강에 도움을 준다. 따라서 사람이 건강하게 오래 살아가기 위해서는 내장통과지수가 낮은 음식물을 많이 섭취하여 음식물이 내장을 통과하는 시간을 줄여준다거나, 내장에서 음식물의 부패에 의한 독소발생량을 적게 하여 간의 부담을 덜어주는 것이 중요하다. 같은 조건일 때 식사 전에 수분이 많은 Soup이나, 음식물에 식용유를 많이 첨가하는 음식물을 장기간에 걸쳐서 많이 섭취하는 것이 그렇지 않을 때보다 대략 10-20년 정도 더 오래 살아갈 확률이 높게 된다. 물론 장수는 이 이외에도 몇 가지의 변수가 적용된다.

내장의 표면질환은 확인하는 것도 어렵지만 질환이 발생되어도 수술적인 방법으로는 치료가 거의 불가능하다. 따라서 내장의 표면질환이나 내장의 질환이 발생되면 목숨을 구하는 것이 거의 불가능하게 된다. 따라서 식습관과 장수는 밀접한 관계가 있기 때문에 주의를 기울여야 하고, 음식물의 내장통과지수에 대한 지식이 있어야 한다.

7. 나이가 증가함에 따라서 내장표면질환 등으로 음식물의 통과지수가 높아지면, 각종 우리 몸에 해로운 화학물질의 발생확률이 높아진다. 내장표면질환을 지속적으로 증가시키게 되어 내장표면질환이 기준값을 초과하면 음식물을 섭취하는 것이 불가능하게 된다. 따라서 음식물을 섭취하지 못하면 굶어서 사망에 이르기 때문에 주의해야 하며, 이를 방지하기 위해 나이가 증가하면 가급적 내장통과지수가 낮은 식용유를 음식물에 첨가하는 것도 한가지의 방법이다. 물은 주로 위장에서 흡수되기 때문에 별로 효과가 없기 때문에 가능하면 식용유를 사용하는 것이 바람직스럽다. 그러나 식용유의 사용량이 너무 많아지면 장통과시간이 짧아서 소화효율이 떨어지기 때문에 주의해야 한다. 식용유는 종류가 다양하기 때문에 본인의 입맛에 맞는 것으로 선택하는 것이 좋다.

참고로, 올리브유나 들기름은 많은 사람이 식용으로 사용하며, 같은 조건이라면 자주 먹는 쪽이 건강하게 오래 살아갈 가능성이 높다.

# 요리란 무엇인가?

## 1장. 요리란 무엇인가?

다양한 식재료를 사용해서 가열하거나 기타의 방법으로 조리해서 음식을 만드는 것을 요리라고 한다.

요리는 어찌 보면 간단한 것 같지만, 같은 재료라도 조리하는 방법이나 첨가하는 양념, 부재료 등에 의해서 원재료의 특성이 달라지고, 재료의 종류도 많기 때문에 단순하게 정리하는 것은 거의 불가능하다. 하지만, 과거의 경험이나 실험적인 경험을 바탕으로 만들어진 래시피(Recipe)를 참고하는 것도 합리적인 방법 중 하나다.

고등어는 알칼리성 재료로 활어 상태는 약알칼리, 소금에 절인 간 고등어는 중성, 숯불에 그냥 구우면 강알칼리로 체질에 따라서 소화불량이나 알칼리 알레르기를 유발하기 때문에 고등어는 가능하면 소금을 쳐서 굽거나, 산성인 초고추장과 같이 먹거나, 신 김치찌개 형태로 조리해서 먹는데 체질에 따라 적당한 방법으로 조리해서 먹어야 한다. 따라서 같은 식재료라도 조리하는 방법에 따라 그 특성이 변화하므로, 요리를 할 때 주의해야 한다.

## 1. 위산과 질병

사람은 생명을 유지하기 위한 각종 영양소 및 에너지를 얻기 위해서는 음식물을 섭취해야 하는데, 같은 음식이라도 체질에 따라서 질병을 유발하기도 하고, 치료하기도 하기 때문에 음식재료의 선택은 매우 중요하다. 음식습관에 의한 질병은 식재료에 따라서 차이는 있겠지만, 오랜 시간 동안 서서히 질병을 만들기 때문에 특히 주의해야 한다.

일생동안 건강한 삶을 살아가기 위해서는 소화기관이 하는 역할, 식재료의 특성이나 섭취된 음식물을 분해하는 위산의 역할을 정확하게 이해하는 것이 중요하다. 그리고 인체의 소화기관 중에서 가장 중요한 장기인 12지장은 건강과 장수에 많은 영향을 주기 때문에 12지장의 역할을 정확하게 이해하는 것이 필요하다.

우리 인체는 강산성인 위산에 매우 취약하기 때문에 어찌 보면 만병은 위산에 의해서 발생된다고 할 정도이다. 따라서 음식으로 위산을 적절하게 관리하는 것이 일생동안 건강하게 오래 살아가는 비결이다. 소화기관에서 흡수되어 혈액에 포함된 위산은 간이 강알칼리인 담즙을 생산해서 중화시키는 역할을 하는데, 간의 중화능력 이상의 위산이 흡수되면 각종 질병을 유발하고, 간은 소화기관에서 위산이 과다흡수 되어,

혈액의 산성농도가 증가하면 담즙생산량이 감소하여 혈액중화능력이 떨어진다. 따라서 건강한 사람이라도 어느 시점에서 이 균형이 한번 무너지면, 각종 질병에 시달리게 되므로 지속적인 관리가 필요하고, 체질은 대체적으로 혈액에 포함된 위산농도를 기준으로 정해진다.

일반적으로 변수가 2개일 때 어느 한쪽을 고정하고, 다른 한쪽의 변화로 조절하는 것이 합리적이다. 즉 물의 온도를 일정하게 조절하는 경우 미세 조절이 어려운 냉각기능을 일정하게하고, 미세 조절이 쉬운 가열(Heating)기능으로 물의 온도를 조절하는 것이 합리적인 것처럼, 혈액pH농도를 조절하는 방식은 다양한 식재료가 존재하기 때문에 주식으로 산성인 쌀밥을 먹을 때 부식으로 각종 알칼리 식재료를 사용하는 방식과 반대로 밀가루 음식인 빵, 국수 등을 먹을 때 부식으로 산성식품을 사용하는 방식이 있지만, 두 방식 모두 장단점이 있고, 식재료의 종류가 워낙 다양하기 때문에 균형을 유지하는 것이 상당히 어렵다. 따라서 인체장기의 기능이나 식재료의 특성을 정확하게 이해하는 것이 중요하고, 경험적으로 후술하는 알칼리 치료나 산성 치료를 활용해서, 간의 담즙생산량을 적절히 조절해서 음식물에 의한 변화폭을 줄여주는 것으로 건강한 삶을 살아가는 것이 가능하다.

일반적으로 나이가 들어가면서 기력이 떨어지고 각종 질병에 시달리는 것을 노화라고 하는데, 이는 노화라기보다는 인체가 산성화(pH5.0이하)되어서 간의 담즙생산량이 젊었을 때보다 줄어들어서 나타나는 현상으로, 나이가 들어갈수록 요리를 할 때 산성 식재료는 피하고, 알칼리 식재료나 치료제를 사용해서 혈액pH값을 6.0 이상으로 유지해 주는 것으로 건강한 삶을 살아가게 된다.

의외로 갓 태어난 아기들이 모유(우유)를 먹는 이유나 이유식에 대해서 이를 정확하게 이해하고 있는 사람들이 별로 없는 것 같다. 특히 이유식은 평생의 건강을 좌우할 만큼 중요하고, 왜 모유를 먹어야 하고 이유식을 해야 하는지 그 이유는, 일반적으로 모유는 완전한 식품이라서 먹는다고 생각하는 사람들이 많은 것 같지만, 이는 전혀 잘못된 생각이다.

임신 중 위가 만들어질 때 위산이 분비되면, 위산에 의해서 태아의 위나 소화기관에 치명적인 피해를 주기 때문에 임신 중 태아는 어떤 경우라도 위산이 분비가 되면 안 된다. 따라서 갓 태어난 아이는 위산이 분비가 안 되어서 일반 음식물은 소화가 어렵기 때문에 산성농도가 pH4.5 정도인 모유를 먹어야 소화가 잘된다. 그 기간은 생체주기(임신기간) 1주기 정도이고, 생체주기 1주기가 지나면 위산이 분비되기 시작하여, 다시 생체주기1주기 동안 위산이 서서히 증가해서 정상적으로 위산이 분비되는 기간을 이유기라고 한다. 이때 먹는 음식을 이유식이라고 하고, 그 기간은 이유식의 음식종류에 따라서 다르지만 대략 생체주기 1-1.5주기 정도가 소요되는데, 이때 음식물에 의한 학습이 일생동안의 건강이나 모양(체형)에 영향을 주기 때문에 특히 주의해야 한다.

임신 중 산모가 산성식품의 과다섭취나 위산과다로 혈액이 산성화되면, 자궁근육의 탄력이 떨어져서 조산하거나, 태어난 아이는 모양도 정상이 아니고, 산성화된 엄마의 혈액을 그대로 물려받기 때문에 각종 질병치레를 하게 되며, 학습능력이 현저하게 떨어지기 때문에 특히 주의해야 한다. 임신 중 혈액이 중성(pH6.0-7.0)이면 모양(인물)도 좋고, 질병치레 없이 건강하고 학습능력도 뛰어나서 공부를 잘하게 되지만, pH7.5 이상이 되면 학습능력은 뛰어나지만 자폐증, 지체장애, 정신질환 등의 장애가 발생되고, 잘못되면 그 피해가 일생동안 지속되기 때문에 각별한 주의가 필요하다. 또한 갓난아이는 엄마의 혈액산성농도(pH)를 그대로 물려받기 때문에 성인의 혈액이 산성화되어 발생되는 질병을 그대로 발생하거나, 특이한 질병을 앓게 되므로 임신 중 혈액pH농도관리는 매우 중요하며 철저한 관리가 필요하다.

## 2. 음식습관과 학습능력

사람은 학습능력으로 서열이 결정되어지기 때문에 학습능력은 매우 중요하지만, 대체적으로 학습능력(기억)은 음식습관과 밀접한 관계가 있다. 성장과정에서 산성식품의 과다섭취로 혈액이 산성화되면 잠을 많이 자게 되고, 학습능력이 가장 좋은 하루중 온도가 가장 낮은 새벽 3시에서 6시 사이가 기억효율이 가장 우수한데, 이때 잠에서 깨어나지 못하게 되므로 학습능력이 현저하게 떨어진다. 즉 우리가 좌우 뇌라고 하는 것은 잘못된 상식으로, 뇌는 열을 발생시키는 기능과 기억기능을 동시에 하는 장치이다. 그리고 사람의 기억기능은 열에 취약하기 때문에, 주위 온도가 높거나 몸에 열이 많으면 기억기능이 현저하게 떨어진다.

우리 뇌는 잠을 자는 동안 초기화(Initialization)되고, 아침잠에서 깨어나면 하루 중에서 집중력과 기억기능이 가장 우수하다. 따라서 이때 공부를 해야 하는데, 사람의 시각정보 처리는 칼라카메라가 신호를 처리하는 방식과 같은 방식으로 처리한다. 즉 밝고 어두움(흑백)과 칼라파장(색신호)을 처리하는 2가지의 방식으로 처리한다. 텍스트를 공부할 때 흑백으로 된 텍스트를 공부하는 경우와 칼라가 포함된 텍스트로 같은 조건으로 공부를 한다고 하면 약 0.7배의 차이가 나는데, 이는 하루이틀 정도는 별 차이가 없지만 시간이 흐를수록 그 격차는 크게 된다. 때문에 가능하면 공부는 흑백으로 된 텍스트가 기억효율이 높아지고, 사회적으로 성공한 사람들의 대부분은 혈액pH농도가 높은 사람들이고 모양(인물)도 잘 생겼다.

우리가 공정한 경쟁이라는 말을 많이 하고 흙 수저와 금 수저라는 말도 있다. 부모의 재산으로 구별하는 것 같은데 이는 전혀 잘못된 것으로 생각하고, 어떤 엄마를 만나느냐에 따라서 결정되는 것이며, 음식습관에 의해서 결정된다고 생각한다. 산성식품인 쌀밥과 신 김치는 둘 다 산성식품으로 장기간에 걸쳐서 먹게 되면, 혈액의 산성화로 잠을 많이 자게 되고 항상 피로감을 느끼고 집중력 및 학습능력이 떨어져서 서열경쟁에서 밀려나게 되어 흙 수저로 전락하게 된다. 즉, 식사습관을 개선하지 않으면 흙 수저는 음식습관으로 자자손손 이어지기 때문에 주의해야 한다. 특히 김치가 익어가는 봄철에 춘곤증, 식곤증을 유발하기 때문에 주의해야 하고, 간단하게 개선하는 방법은 후술하는 알칼리치료를 참고하는 것으로 충분하다.

## 3. 위산과 담즙

강산성인 위산과 강알칼리인 담즙은 서로 보완관계가 있다. 이 균형이 유지되면 건강한 것이고, 이 균형이 깨지면 대략 50세 이전은 신체기능이 원활하기 때문에 그런대로 유지되지만 나이가 들어가면 각종 질병에 시달리게 된다.

혈액의 위산농도는 pH메타로 소변검사를 하는 것으로 측정이 가능하고, 소변 색으로도 측정이 가능하다. 즉 소변에 붉은색(산성)이 많으면 건강에 이상이 있는 것으로 알칼리 음식물로 치료를 해야 한다. 소변색은 리트머스 시험지 색을 기준으로 유추해도 되지만, 정확성이 떨어지는 단점이 있다.

## 4. 혈액pH농도와 질병

혈액의 산성농도가 적정범위(pH6.0-7.0)를 벗어나면, 낮은 경우는 알칼리치료로 반대로 높으면 산성치료를 하는 것으로 충분하다. 각각 개인의 상태에 따라서 적정의 식재료를 선택해서 요리하는 것이 중요하며, 각종 질병을 예방하고 치료해서 건강한 삶을 살기 위해서는 사람의 소화기관의 역할이나 식재료에 대해서 정확하게 이해를 해야 한다. 그 이유는 사람마다 위산 분비량이나 간의 담즙 생산량이 천차만별이고, 식재료도 재료에 따라서 포함하는 성분이 다양하여 모든 식재료의 산성농도(pH농도)를 표기하는 것은 거의 불가능하기 때문이다. 따라서 기본방식은 설명에 따르면 되지만, 변화가 발생되면 본인이 직접 적응을 해야 하기 때문에 정확하게 이해를 해야 한다.

위산의 과다분비나 산성식품의 과다섭취로 혈액이 산성화되면 나타나는 증상으로 알칼리치료가 필요한 경우는 당뇨, 치질, 각종 암, 아토피, 각종 피부질환, 코골이, 무호흡증, 윗배 아랫배가 나오는 증상, 요실금, 시력저하, 각종 치과질환, 심근경색, 삼장마비, 전립선 질환, 각종 통증(허리, 목, 팔 등), 저혈압, 기억이 깜박거리는 증상 등의 증상이다. 치매는 치료가 가능한 증상과 불가능한 증상이 있지만, 이 또한 체질에 따라서 알칼리, 산성식품으로 치료나 예방하는 것이 최선의 방법이다. 위암은 주로 살이 안찌고 마른 사람 중에서 잠을 자는 동안에 12지장을 통해서 담즙이 위로 역류해서 발생되거나 평소 위산 과다분비의 2가지 원인으로 발생한다. 위암은 수술적인 방법보다는 체질에 따라서 적절한 산성치료나 알칼리치료가 보다 효율적이며, 반드시 혈액pH값(체질)의 확인이 필요하다.

알칼리식품인 밀가루를 사용하는 면 요리인 자장면이나 아귀찜을 먹을 때 남들보다 물기가 많이 발생하거나 우동 같은 국물요리도 국물이 많이 발생되는 경우는, 위산분비량이 많거나 산성식품의 과다섭취로 인한 산성체질로 반드시 지속적인 알칼리치료가 필요하다.

의학적으로 각종 암은 무슨 암세포가 있어서 발생되는 것으로 알려져 있지만, 이는 전혀 잘못된 것이고 위산에 의해서 발생되는 증상이다. 물론 암세포에 의해서 발생되는 경우도 있겠지만 발생확률은 극히 낮고, 암세포가 전이된다고 하는 것도 잘못된 상식이다. 그 원인은 혈액의 pH농도가 낮은 상태에서 수술하는 경우, 인체 내부 장기인 간, 쓸개(담즙주머니) 등은 산성(위산)에 취약한데, 개복수술 중 혈액이 튀어서 발생되는 것이다. 수술 후에 혈액pH농도에 따라서 발생(전이)되는 기간은 차이가 발생되고, 혈액이 중성이면 암 전이 현상은 발생되지 않는다. 또한 항암치료, 항암치료제, 방사선치료는 특이한 경우를 제외하고는 아무 의미가 없는 치료방법이다. 각종 암이나 말기암 등은 산, 알칼리치료를 하는 것으로 완치가 가능하며, 그 기간은 대략 생체주기(임신기간)1-2주기 정도가 소요된다.

반대로 담즙 과다분비로 혈액pH농도가 높은 경우의 증상은 많이 먹어도 살이 안찌는 증상, 불면증. 새벽 위 통증 등이다. 담즙의 과다분비로 잠을 자는 동안 12지장에서 담즙이 위로 역류해서 위의 산성농도가 낮아지면, 위가 위산을 과다분비해서 나타나는 증상들이다. 어찌 보면 위산과다이기 때문에 알칼리 음료가 효과가 있을 것 같지만, 위의 산성농도가 낮아서 발생되는 현상이기 때문에 산성음료(매실, 감식초 등)를 잠자기 전이나 새벽 통증이 발생되었을 때 체질에 따라서 적정량을 마시는 것으로 충분하다. 일반적으로 매실음료나 감식초를 마시면 배앓이나 위통증이 사라지기 때문에 알칼리로 착각하는 경우가 있지만, 이는 전혀 잘못된 상식이므로, 후술하는 위의 동작원리를 정확하게 이해할 필요가 있다. 위 통증에는 위산 제거제도 효과가 있지만, 위산 제거제는 대체적으로 껄쭉하기 때문에 음료형태보다 반응이 늦은 단점이 있다.

일반적으로 당뇨의 치료가 어려운 것은 혈액pH농도가 낮아도 발생되고, 반대로 높아도 발생되기 때문이다. 즉 당뇨는 공복상태애서 위산과다나, 남즙분비랑이 기준치보다 낮을 때 췌장에서 분비되는 인슐린은 알칼리로 위산에 매우 취약한데, 12지장에서 담즙이 위산을 충분히 중화시키지 못해서 지속적으로 발생한다. 반대로 담즙이 과다분비 되어 12지장을 거쳐 주로 잠을 자는 동안에 위로 역류하면 위는 위산을 과다분비하게 되어 발생하기도 한다. 따라서 양자는 치료하는 방법도 다르기 때문에, 당뇨는 혈액pH농도를 측정해서 치료를 하는 것이 중요하다.

산성농도와 pH값은 서로 반대의 개념으로, pH값이 낮으면 산성농도는 높고 pH값이 높으면 산성농도는 낮다. 즉 서로 반대의 개념이기 때문에 혼란을 피하기 위해서 이하 산성농도는 pH값을 기준으로 표시한다.

## 5. 술과 요리

좋은 요리에 술(알코올)은 궁합이 잘 맞지만, 같은 요리라도 술의 종류나 체질에 따라서 이롭기도 하고 해롭기도 하기 때문에 술에 대해서도 정확하게 알아두어야 한다. 순수 알코올은 중성이지만 술은 어떤 재료를 사용해서 발효시키느냐에 따라서 pH값은 차이가 발생되며, 기본적으로 알코올발효는 산성재료가 아니면 발효가 불가능하다. 따라서 대부분의 발효주는 산성이고 대표적으로, 포도가 재료인 양주, 와인, 기타 등은 포도pH4.5 농도와 같고, 수수가 재료인 중국의 고량주도 수수pH5.0과 같고, 쌀을 원료로 만든 일본 사케는 쌀pH4.5와 같다. 또한 한국의 막걸리는 주재료(쌀, 옥수수)나 부재료 및 희석하는 물에 따라서 차이가 발생되며 대략 pH2.0-5.0 정도이고, 특이하게 한국 소주는 순도가 높은 알코올을 대략pH7.5인 물을 사용해서 희석하기 때문에 알칼리 술이다. 또한 맥주는 pH5.8 정도로 발효주라기보다는 효모가 공주라고 하는 것이 적절한 표현인 것 같다.

알칼리 술하고 산성 술은 차이가 많이 난다. 대부분의 술은 산성으로 술안주는 가능하면 알칼리 식재료의 요리가 좋고, 반대로 산성 식재료의 요리는 소주와 같은 알칼리 술이 균형이 맞다. 물론 이것도 체질에 따라서 다르기 때문에 술에 대한 기본개념을 정확하게 이해하고 경험적인 방법으로 술을 마시는 것이 중요하다. 알코올은 혈액순환에 도움을 주고, 특히 신장(콩팥)에 때가 끼어서 얼굴이 붓거나, 고혈압을 유발하는 경우 알코올이 아니면 세척하는 것이 어렵기 때문에 가능하면 술을 자주 마셔주는 것이 건강에 도움이 된다.

고혈압은 위산에 의해서 장이 늘어지면 음식물이 장 혈관을 압박해서 발생되기도 하는데, 장 늘어짐으로 발생되는 고혈압은 고혈압치료제로 치료가 되지만, 신장에 때가 끼어서 발생되는 고혈압은 약리적인 방법으로는 치료가 어렵고 뇌졸중이나 심장의 과부하로 인한 심장마비 등의 치명적인 질환을 유발한다. 때문에 적절한 요리와 술은 건강에 필수적인 요소이지만, 알코올은 침투력이 매우 강하기 때문에 과음하게 되면 알코올이 각종 소화기관의 표면에 침투해서 그 기능을 현저하게 저하시킨다. 어쩌다 한 두어 번은 괜찮지만 자주 과음을 하게 되면 그 피해는 크게 되고, 같은 술이라도 숙성이 오래될수록 그 피해는 적다.

## 6. 디저트

식사 후에 먹는 디저트(Desert)는, 음식물을 적정량 이상 먹게 되면 위산농도가 낮아지고 소화효율이 떨어지기 때문에 산성식품으로써 낮아진 위산농도를  적정수준으로 올려주기 위해서 먹는다. 주로 산성인 신과일이나 유제품 등을 먹게 되는데, 이때 먹는 먹을거리를 디저트라고 하며, 디저트 역시 균형이 매우 중요하다. 즉, 요리의 산성식품 비율이 높을 때는 가능하면 산성식품은 피하는 것이 좋고, 반대로 알칼리식품 비율이 높을 때는 적정량의 산성식품은 도움이 된다. 특히 산성식품은 침샘을 자극해서 타액분비량이 증가하고 단맛이 나지만, 이는 체질이나 건강상태에 따라서 차이가 많이 발생되며, pH농도가 낮을수록 효과는 크다. 따라서 가능하면 요리할 때 알칼리 식재료를 사용하고, 디저트는 산성식품(과일, 막걸리, 와인)을 먹는 것이 좋고, 타액은 단맛이 많을수록 건강에 도움이 된다.

막걸리의 pH농도는 희석하는 물의 양에 따라서 차이가 발생되며, 물을 타지 않는 막걸리는 대략 pH2.0이지만, 희석하는 물의 양에 따라서 pH농도는 증가하며 대략 pH5.0정도가 된다. 막걸리는 다양한 영양소가 포함되어 있고, pH값이 낮을수록 효과가 좋기 때문에 pH2.0의 막걸리와 강알칼리인 홍어, 숯불에 구운 고등어, 각종 민물고기 조림, 파전, 튀김요리, 등과 곁들여서 적정량을 먹게 되면 건강이나 소화에 도움이 된다. pH2.0의 막걸리를 디저트로 먹는 경우, 성인이라도 한 번에 맥주 컵1/2-1컵 이상은 자제해야 하고, 새벽 속 쓰림, 소화불량, 위산과다 등에 유효하다. 산성치료 항 참조.

## 7. 요리와 소금

소금은 일종의 중화제로 요리의 풍미나 간을 조절한다. 우리 인체는 식재료에 포함되는 소금이나 양념으로 추가하는 소금을 소화기관에서 흡수하여, 혈액의 염분농도를 대략 5-10ppt(0.5-1%)전후가 되도록 유지하게 되고, 땀샘은 염분농도를 조절하는 역할을 한다. 즉 혈액염분농도가 높아지면 땀샘을 통해서 배출해서 염분농도를 조절하는데, 과격한 운동 등으로 땀을 지나치게 흘려서 혈액염분농도가 낮아지면 건강에 이상이 발생한다. 자주 땀을 흘리는 운동으로 염분농도를 조절하는 것이 중요하며, 이 또한 체질에 따라서 다르기 때문에 주의가 필요하다.

소금을 과도하게 섭취하면 혈액에 포함된 단백질을 응고시킨다. 즉, 두부를 만들 때 간수로 콩 단백질을 응고시키는 원리와 같은 성질이 있어서, 혈액의 흐름을 방해해서 고혈압이나 혈액순환장애를 유발하기 때문에 주의해야 한다. 가능하면 간수 함량이 적은 구운 소금을 사용하는 것이 건강에 도움이 된다.

## 2장. 요리재료의 산성농도

전 세계적으로 주 식재료는 쌀과 밀가루(빵, 국수)가 있으며, 쌀과 밀가루는 성질이 전혀 다른 식재료이다. 쌀은 산성 밀가루는 알칼리로, 쌀을 주식으로 하면 부식으로 주로 알칼리 식재료를 사용해야 하고, 밀가루(국수, 빵 등)는 부식으로 산성 식재료를 사용해서 균형 잡힌 조합이 필요하다.

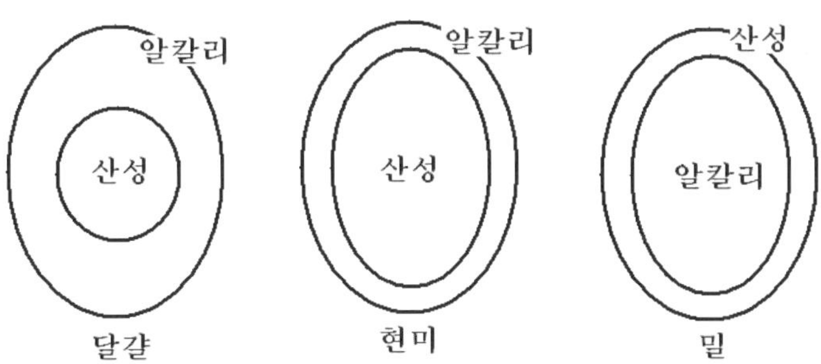


그림1. 달걀과 씨앗의 산, 알칼리 구성

그림1은 전 세계인이 먹는 식품(주식)재료 중에서 밀은 겉껍질(밀기울)은 산성, 밀가루는 알칼리이고, 쌀은 반대로 쌀겨는 알칼리이고 쌀은 산성이다. 현미는 쌀에 비해서 쌀겨의 양이 많지 않아서 산성농도는 쌀에 비해서 약간 낮기 때문에 산성식품(주식)에 의한 피해는 밀보다는 떨어지지만, 흰쌀보다 피해는 적다.

달걀의 노른자는 산성이고 흰자는 알칼리로 용량비율이 대략 50:50으로 달걀을 조리했을 때는 거의 중성이지만, 이때 사용하는 조리재료(기름)에 따라서 차이가 발생된다. 즉 산초기름, 들기름은 알칼리이고 콩기름은 약산성으로 큰 변화는 없지만, 두부는 약산성으로 산초기름에 튀기면 약알칼리식품이 된다.

한국인은 주로 쌀을 주식으로 김치를 부식으로 식사를 하는데, 김치는 오래 되거나 높은 온도에 노출되면 유산균이 발생한다. 유산균은 산성으로 쌀밥과 신 김치를 함께 먹는 경우 같이 먹는 부식종류에 따라서 차이는 있겠지만, 각종 질병을 유발하므로 주의가 필요하다. 체질에 따라서 다르기 때문에 체질을 정확하게 파악하는 것이 중요하다.

산성, 알칼리식품의 분류는 pH메타를 사용하거나 체험적인 방법으로 분류한 것으로, 음식재료의 종류가 다양하기 때문에 분류에 한계성이 있다. 체험적인 방법은 기본적인 식사에 식재료를 첨가해서 조리과정을 거쳐, 대략 2-3일 동안 소변

pH검사로 기존 pH값6.5보다 낮으면 산성식품으로, 반대로 높거나 변화가 없으면 알칼리식품으로 분류한 것이다. 체질에 따라서 약간의 차이는 있겠지만, 식재료의 기본성질은 변함이 없다.

교과서나 기타의 자료에 의해서, 우리가 일반적으로 알고 있는 산성, 알칼리식품의 분류는 거의가 잘못된 것으로 생각된다. 이 분류가 잘못되었기 때문에 같은 식품이라도 체질에 따라 어떤 사람은 건강하고, 어떤 사람은 각종 질병으로 고통 받게 되므로 정확성이 중요하다.

## 1. 산성 식재료

쌀, 신 김치(유산균), 감식초(pH3,2), 우유, 요구르트, 신과일, 양 상치, 양배추. 아스파라거스. 매실음료(pH3.0), 순수막걸리(pH2.0) 등등.

## 2. 알칼리 식재료

밀가루, 전복, 민물고기, 복어, 고등어, 홍어, 민물장어, 미역, 다시마, 마늘, 생강, 참외, 자색양파, 두릅, 산나물, 백오이 등등. 오이, 백오이 등의 알칼리 식재료는 체질에 따라서 식초나 초고추장 등의 산성양념과 같이 먹는 것으로 체질개선에 도움이 된다.

### 3. 강알칼리(pH8.2 이상)

측정 방법은 pH7.5의 물에 재료를 넣고 끓이는 방법으로 측정해서 강알칼리로 확인한 것으로, 이들 재료는 후술하는 알칼리치료에 사용되는 재료로 감초, 강황, 옻나무, 두릅나무, 음나무(엄나무), 헛개나무, 산초기름, 두릅, 개두릅, 옻나무순 등등이 있으며, 각각 장단점이 있다.

산초열매, 겨우살이열매 등은 알칼리로, 대부분의 새는 빠른 소화를 위해서 강산성인 위산을 사용하기 때문에 자주 이들의 열매나 기타의 알칼리 열매를 먹지 않으면 각종 질병에 시달리게 된다.

## 3장 위산과 담즙

위산과 담즙은 서로 보완관계의 물질로, 위산은 강산이고 담즙은 강알칼리이다. 주로 식사습관이나 기타의 원인으로 이 위산과 담즙분비량의 균형이 깨지면, 각종 질병에 시달리게 되므로, 위산과 담즙에 대해서 정확하게 이해를 해야 한다.

### 1. 위와 위산

위는 위산을 분비해서 섭취한 음식물을 소화기관에서 흡수하기 용이하도록 혼합하는 역할을 한다. 위 역시 강산에 취약하기 때문에 공복 시 구강선분비샘에서 분비된 구강선분비액으로 위벽을 보호하는데 이 분비량이 적정보다 적으면 위장질환에 시달리게 된다. 위는 알칼리식품을 과도하게 섭취하면 위산을 과도하게 분비하는 특성 때문에 배앓이를 하거나 설사를 하는 경우가 있으므로 주의해야 한다. 이 현상은 매우 중요하기 때문에 정확하게 이해하는 것이 중요하다.

잠을 자는 동안 담즙이 과다 분비되어 12지장을 거쳐서 역류하면, 위는 위산을 과다분비하기 때문에 주로 새벽녘에 심한 위 통증을 유발하므로 주의해야 한다. 통증이 경미하면 산성음료를 마시고 적당한 간식으로 통증이 사라지지만, 심하면 제산제를 복용해야한다. 제산제는 여러 종류가 있으며, 체질에 따라서 알마겔F나 알기택트 등이 효과가 있다.

### 1) 구강선분비샘

구강선 분비샘은 목젖 앞에 위치하는 장기로 구강선분비액을 분비하는 역할을 한다. 이 구강선분비액은 달걀의 흰자처럼 맑고 약간 걸쭉한 일종의 윤활유역할을 하는 분비물로, 평상시에는 인두실, 구강, 비강 성대 등을 촉촉하게 적셔주는 역할 및 위벽, 소장, 대장 등의 표면을 위산으로부터 보호하는 역할을 한다. 음식물을 섭취할 때에는 목젖의 압력으로 분비

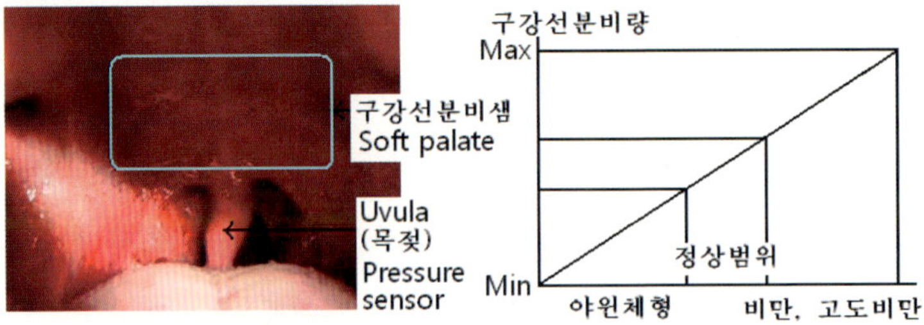


그림1. 구강선분비샘

량이 늘어난다.

이 구강선분비샘이 질환을 앓게 되면, 혀에 백태가 끼거나 질환의 정도에 따라서 각종 알레르기성 비염, 폐렴, 감기 등의 질환을 앓게 된다. 분비량이 모자라면 변비, 위장질환, 음식물의 목 넘김이 불편하고, 분비량이 기준 값을 초과하면 주로 살이 찌거나 성장기에는 뚱뚱한 체형으로 변하게 된다. 비만처럼 보이지만 비만이라기보다 체형이 변했기 때문에 원상복귀에는 어려움이 따르고 거의 불가능하다.

### 2) 혈액pH농도변화실험

혈액pH농도는 인위적으로 원하는 농도를 임의로 조절하는 것이 가능하다. pH측정기(농도계), 혈압계, 소주(17도, pH7.5), 감식초(산성), 헛개나무열매, 옻나무열매 등을 사용해서 혈액 pH농도에 따른 변화를 관찰하기 위해서 실험을 진행했으며, 혈액측정과 소변을 측정하는 방식이 있지만, 혈액측정은 즉시성이 떨어지고, 원심분리기 등의 고가의 장비가 필요하기 때문에 즉시성과 편리성 때문에 소변측정방식으로 측정했다. pH측정기는 유리전극방식과 ISFET방식의 2종류를 사용해서 측정했지만, 주로 유리전극방식을 사용했다.

음식물에 변화를 주지 않고 5일간 측정한 결과, 아침식사 전 대략 4.6-5.2 정도의 수치를 보였고, 식사 후에는 음식물에 따라서 약간의 차이는 있지만 별 변화는 없었다. 감식초(산성)를 희석해서 복용 1시간 정도 경과 후 측정결과 4.5정도가 측정되었고, pH값이 5.4일 때 혈압이 간이측정기로 130/80정도였는데 4.5에서는 90/60 정도로 내려갔고, 약간의 어지럼 증상이 있었다.

반대로 헛개나무열매를 끓여서 pH8.2 정도의 적정농도를 만들어서, 섭취하는 양으로 pH농도를 증가시켜 7.0일 때 150/90 정도, 7.6일 때 180/120 정도가 측정되었고, 눈이 시큼 거리고 두통이 있어서 중단했다. 사용된 혈압계는 간이혈압계로 측정값에는 오차를 포함하고 있으며, 이 측정값은 개인의 조건이나 혈액순환장애등으로 차이가 발생되므로 참고값이다.

그림2는 상기의 실험결과로 심장의 압력은 혈액의 pH농도에 비례한다는 것을 확인했으며, 이 사실은 매우 중요한 의미를 갖는다. 즉 pH값이 낮을수록 심장근육의 탄력성

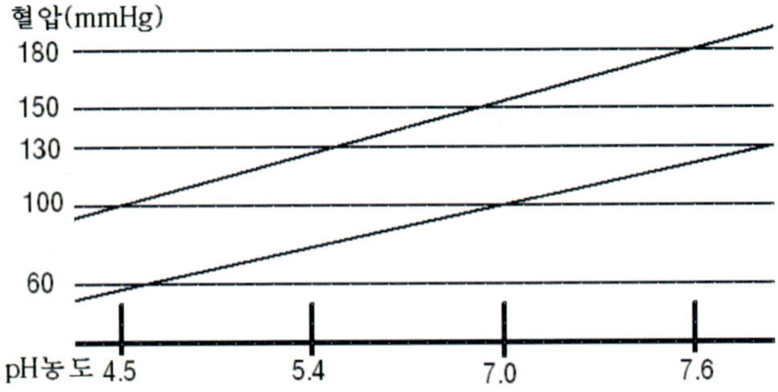


그림2. 혈액pH농도와 심장의 압력

(Tension)이 떨어져서 심장의 압력이 낮아지고, 반대로 pH값이 높을수록 심장근육의 탄력성이 높아져서 심장의 압력이 증가했다. 결과적으로 심장, 인체근육, 피부탄력 등의 탄력성은 혈액pH농도에 비례한다.

그림3은 다양한 실험을 기초로 작성된 것으로, 녹색구간은 안정적인 구간으로 아주 건강한 상태를, 노란색구간은 주의구간으로 위산농도를 조절해 주어야 할 필요성이 있는 구간이며, 적색구간은 반드시 관리(치료)를 해야 하지만, 강알칼리 음식이나 음주 등으로 일시적으로 범위를 벗어나는 경우는 주의해야 한다.

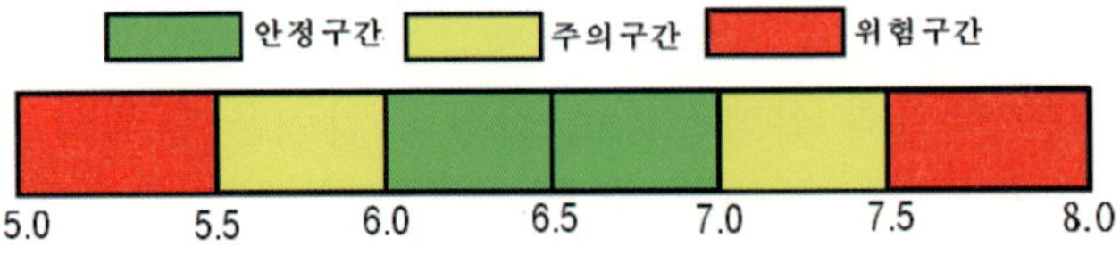


그림3. 혈액pH농도와 건강

혈액pH농도는 장기적으로 각종 통증을 유발하고, 건강에 나쁜 영향을 주지만, 장표면의 pH농도는 단기적으로 건강에 많은 영향을 끼친다. 따라서 일반적으로 노화라고 하는 것은, 나이가 들어가면서 각종 신체가능이 떨어지는 것을 의미하지만, 위산으로 혈액이 산성화되어 신체기능이 떨어진다고 하는 것이 정확한 것으로 생각되어진다.

3) 위산과다는 선천적(이유기학습)이거나 산성음식인 우유, 탄산음료, 포도, 사과, 자두, 흰쌀밥, 신 김치(유산균), 요구르트, 등의 과다섭취나 음식물의 종류에 의해서 발생되는 현상이다. 혈액이 산성화 즉 혈액의 pH농도와 심장의 압력은 실험적으로 정확하게 비례하기 때문에 혈액의 pH농도가 낮으면 심장의 압력(혈압)이 낮아지고, 반대로 높아지면 심장의 압력이 높아진다.

여기서 심장의 압력이 낮아지면, 말초혈관까지 혈액이나 열전달이 정상적으로 안 되기 때문에 손발이 차게 되고, 혈액순환장애나 각종 영양소의 공급이 어렵게 되어, 인체 각종 장기에 혈액이나 열의공급이 원활하지 못하면 각종 질환을 유발한다. 특히 혈관이 늘어지는 현상으로 혈관의 풍선효과가 발생되면 각종 소화기관의 암을 유발하고, 소화불량이나 체증으로 혈압이 급격하게 상승하면 중풍, 뇌졸중, 심근경색, 심장의 과부하로 심장마비를 일으킨다.

4) 혈액의 산성화로 피부의 탄력이 떨어지면 피부 주름살이 만들어지고, 위, 소장, 대장의 표면이 늘어지면 배가 볼록하게 나오는 증상이 발생한다. 장 늘어짐 현상으로 소화과정에서 불필요한 물질을 흡수해서 입 냄새가 나거나, 위 괄약근의 늘어짐 현상으로 잠을 자는 동안 위산의 역류로 구강질환, 잇몸 질환, 치아손상 등의 질환을 유발한다.

5) 위산과다를 적절하게 관리하는 것으로 인체 내부화학적인 질환을 예방하거나 치료하는 것이 가능하고, 특히 치매는 치료가 거의 불가능하지만 예방하는 것은 가능하다. 일부에서 숫자놀이를 한다든지 등으로 예방이나 치료가 가능하다고 하지만, 이러한 방식으로는 치매를 예방하거나 치료하는 것은 전혀 근거가 없고 불가능하다.

6) 산성식품의 과다섭취로 인해서 발생되는 각종 질환은 위산(강산)에 의한 질환이므로 강산성인 위산을 적정 농도로 중화시키기 위해서는 적정량의 알칼리식품을 섭취하는 것으로 예방이나 치료가 가능하다. 우리 주변에는 다양한 알칼리식품이 존재하기 때문에 이들을 활용하는 것으로 인류는 건강하게 오래 살아가는 것이 가능하지만, 이는 단편적인 것이고 근본적으로는 산성식품의 섭취를 줄여주어야 한다.

고양이 비교사진

7) 위산과다로 장이 늘어나서 배가 볼록하게 나오면 소화효율이 떨어지고, 불필요한 물질을 흡수하게 되어 살이 찌게 되는데, 위산에 의한 피해가 많은 부분이 늘어나게 되어 모양이 변하게 된다. 특히 뱃살로 배가 나오면 음식물의 압력으로, 장혈관을 압박해서 고혈압을 유발하게 되며, 고혈압은 혈액순환 장애에 의해서도 발생된다. 따라서 고혈압은 장 압력을 적게 발생하는 곰탕이나 국물이 많은 음식으로, 고혈압을 완화시키면서 알칼리치료로 혈액pH농도를 조절해야 한다. 그러나 기본적으로 산성음식인 쌀밥과 신 김치 된장국(약산성)등의 산성식품은 가급적 섭취량을 줄여주고, 밀, 보리, 생야채 등의 알칼리식품의 섭취량을 늘려주어야 하며, 생야채도 양배추, 양 상치 등의 약산성 야채는 되도록 섭취량을 줄여주어야 한다.

8) 위산과다나 혈액pH농도가 낮아서 위 괄약근의 탄력(Tension)이 떨어져 위산의 역류에 의해 목젖이 늘어나면, 잠을 잘 때 코를 심하게 골거나 무호흡증을 유발하고, 음식물

을 삼키는데 불편하기도 하며, 음식물 특히 국물종류를 먹을 때 사래로 심한 기침을 하게 되고, 치아 손상이나 잇몸 질환을 유발하므로 주의해야한다.

9) 일반적으로 저혈압이라고 하는 것은, 위산과다에 의해서 심장의 근육이 늘어지면 심장의 압력이 규정 값보다 낮아진 상태에서 나타나는 증상이다. 체증이나 소화불량 등으로 장 혈관이 압력을 받게 되면 혈압이 급격하게 상승하고, 이때 늘어진 혈관의 풍선효과나 혈관이 터지는 현상이 나타나고 출혈이 발생되면, 중풍이나 각종 신체적인 마비나 운동성질환, 뇌혈관이 터지게 되면 대뇌(기억기능)는 산에 약하기 때문에 치매를 유발한다, 물론 어쩌다 한 두어 번은 상관이없지만, 자주 발생되면 치명적이며, 그 증상이 심하면 심장마비를 유발하고, 혈액산성화의 전조 증상으로 기억이 자주 끊기는 현상이 발생된다.

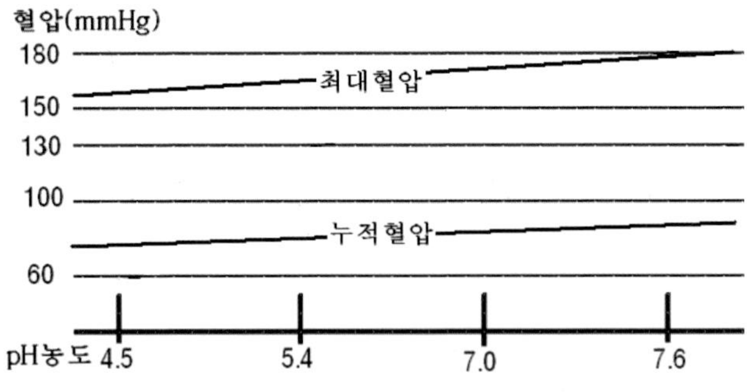


그림4. 장 혈관압력과 혈압

그림4는 체증, 소화불량, 장 늘어남 현상 등으로 장내의 음식물의 흐름이 원활하지 못하게 되면, 음식물이 장 혈관에 압력을 필요 이상으로 증가시켜 혈액pH농도와 관계없이 혈압을 증가시키기 때문에, 혈액pH농도가 낮은 상태 즉 혈관의 탄력성이 떨어진 상태에서 갑자기 혈압이 상승하면 혈관의 풍선효과에 의해서 혈관이 터지는 현상이 나타난다. 머리 쪽에서 이러한 현상이 발생되면 뇌졸중, 반신불수, 중풍 등의 질환을 유발하며, 같은 조건이라도 혈액pH농도가 높은 상태에서는 혈관의 탄력성이 높은 관계로 혈관의 풍선효과가 발생되지 않기 때문에 치명적인 질환은 거의 발생되지 않는다.

같은 고혈압이라도 혈액pH농도가 높은 상태에서는 피해가 경미하거나 무시될 수가 있지만, 혈액pH농도가 낮은 상태에서는 치명적이며, 이러한 현상이 인체의 어디에서 발생되느냐에 따라서 나타나는 질병의 종류에 차이가 발생한다. 산성은 인체조직을 서서히 녹여버리는 성질이 있기 때문에 한번 발생되면 치명적이며, 치료가 어렵게 되기 때문에 평소 혈액pH농도는 철저히 관리해야 할 필요가 있다. 물론 혈관의 탄력성이 우수한 건강하고 젊은 사람은 크게 걱정할 필요가 없다.

혈액pH농도가 5.0 정도 이하가 되면, 심장의 근육이 늘어진 상태에서, 소화불량이나 체증으로 심장이 과부하가 지속되면 심장이 정지하게 된다. 이때는 즉시 알코올 도수가 높고 알칼리성 술(옻나무 담금 주)을 소주잔으로 2-3잔 투여하고 심폐소생술로 치료는 가능하지만, 빠른 시간 내에 시행해야하기 때문에 기본적으로는 치료가 불가능하다. 이 상태를 의학적으로는 심장마비라고 하고, 심장마비는 예방하는 것이 중요하다.

## 2. 간과 담즙

간의 중요기능은, 소화기관에서 흡수되어 혈액에 포함되는 위산을 담즙이라는 강알칼리를 생산해서 중화시키는 역할과, 쓸개(담즙주머니)를 거쳐 담관을 통해서 12지장에 연결되어 소화가 끝나고 위산농도가 가장 높은 상태에서 소화기관으로 흘러드는 위산을 중화시키는 역할을 하는 장기이다. 산성식품의 과다섭취로 혈액의 위산농도가 증가하면, 간은 정상적인 기능을 하지 못해 담즙의 알칼리 농도가 낮아 위산중화 기능이 떨어진다. 즉 혈액pH농도가 낮아지는데 이는 수년에서

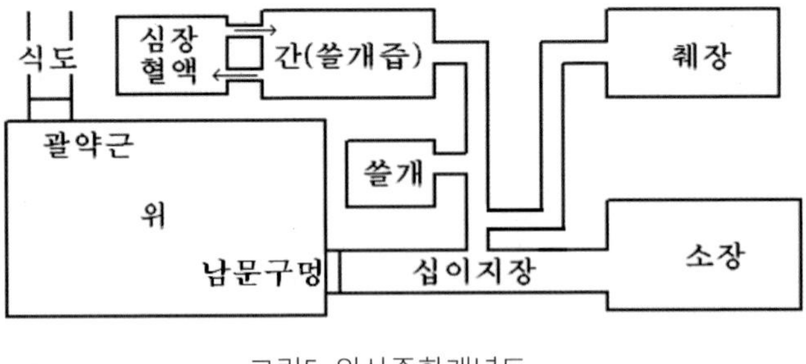


그림5. 위산중화개념도

수십 년에 걸쳐서 진행되기 때문에 우리가 인지하시 못하는 사이에 각종 질환을 유발한다.

혈액pH농도가 낮으면 쉬 피로하고 잠을 많이 자게 되며, 집중력, 학습능력 등이 떨어지고 주로 비만 가능성이 높고, 반대로 혈액pH농도가 높으면 불면증이나 살이 전혀 찌지 않게 되고, 혈액pH농도가 기준 값보다 낮거나 높으면 각종 질환에 시달리게 된다. 혈액pH농도의 기준 값은 7.0pH(중성)이고, 실험적으로 6.0-7.5pH가 적정 값이고, 혈액pH농도는 한번 낮아지면 간이 정상기능을 하지 못해서 낮은 상태가 지속되기 때문에 우리가 각종질환을 인지했을 때는 이미 각종 질환이 발생한 다음으로, 혈액pH농도가 낮은 상태에서 현대 의학적으로 치료를 한다고 해도 완전하지 않다. 이때는 필수적으로 알칼리치료가 먼저이고, 평소 pH농도계를 사용해서소변을 검사하는 것으로 혈액pH농도를 확인하는 것이 필요하다.

## 3. 12지장

12지장은 위산에 대한 완충장치(Buffer)이자 중화기능(Mixer)을 하는 장기로, 우리 인체나 소화기관은 위산에 매우 취약하기 때문에 즉 소화가 끝나고 위가 공복상태일 때 지속적으로 분비되는 위산을 담즙으로 중화시키는 역할을 한다. 즉 담즙이 적정량이 분비되면 문제가 없지만, 과다분비 되면 소화효율이 떨어진다. 따라서 많이 먹어도 살이 찌지 않게 되고, 12지장의 구조상 직립으로 활동하는 낮 동안에는 담즙이 위로 역류하는 것이 어렵지만, 잠을 자는 동안에는 담즙이 위로 역류하게 된다. 위는 강알칼리인 담즙이 역류해서 위산 농도가 낮아지면 위산을 과다분비하게 되어 새벽 위통증이나 속 쓰림 현상이 나타나고, 위 괄약근 기능저하로 위산이 구강까지 역류하게 되면 치아손상, 침샘 및 구강선분비샘질환을 유발해서 각종 구강질환, 알레르기성 비염, 폐렴 등의 질환을 유발한다.

12지장에서 담관은 췌장과 연결된 췌관과 결합해서 12지장의 유두에 연결되어, 위가 공복상태일 때 위와 12지장을 연결하는 남문 구멍부위는 괄약근 형태가 아니기 때문에 위산이 12지장을 통해서 소장, 대장으로 흘러드는 위산을 중화시키는 역할을 하는데, 담관과 췌관은 12지장의 유두에 연결되기 전에 췌관과 연결되어 12지장 유두에 연결된다. 그 이유는 췌장에서 분비되는 인슐린은 위산에 매우 취약하기 때문이다.

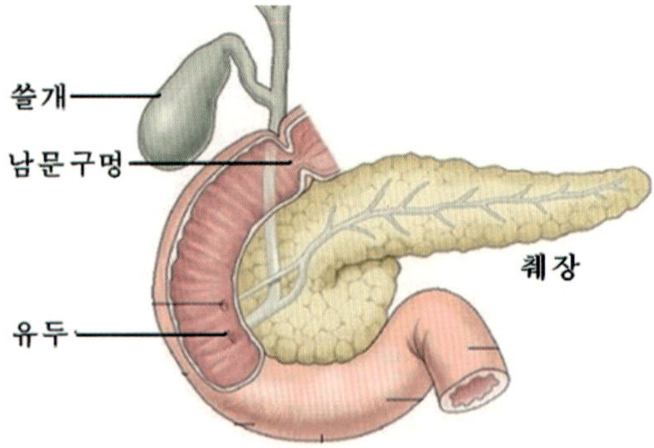


그림6. 12지장 구조

위산의 과다분비로 위산의 농도가 기준 값보다 높거나 쓸개의 크기가 작아서 간에서 생산되는 담즙의 공급량에 문제가 발생되면, 위산의 영향으로 췌장에서 만들어진 인슐린의 농도가 낮아지고 당뇨라는 증상이 나타난다. 뿐만 아니라 치질, 전립선질환, 요실금, 췌장암 등의 질환이 발생되며, 이를 장기적으로 방치하면 소장, 대장이 위산에 의해서 피해를 입게 되어 장기능이 현저하게 떨어진다. 결국, 음식물 소화섭취가 어렵거나 불가능하게 되어 사망에 이르게 된다.

일부 병원에서 쓸개 암으로 쓸개를 제거하는 경우, 인위적으로 담관을 연결시켜 주어야 하는데 이를 시행하지 않으면, 위산농도에 따라서 다르겠지만 짧으면 6개월 길면 1-2년을 살지 못하고 사망에 이르게 되고, 췌장암으로 수술을 할 때에도 결과는 같다.

## 4. 신장(콩팥)

신장(콩팥)은 혈액에 포함되는 노폐물, 즉 소화기관에서 흡수된 인체에 불필요한 물질을 배출하는 역할을 한다. 혈액의 산성화로 콩팥의 겉질과 속질의 근육(섬유질)이 늘어지면, 그물망이 촘촘해져서 물보다 입자가 굵은 지방, 혈전, 기타 등의 물질은 배출이 어렵기 때문에 체내에 축적되어 혈액순환에 방해가 되고, 혈압을 상승시키고 비만을 초래한다. 동시에 각종 불필요한 물질이 콩팥에 축적되어 각종 질환을 유발하기

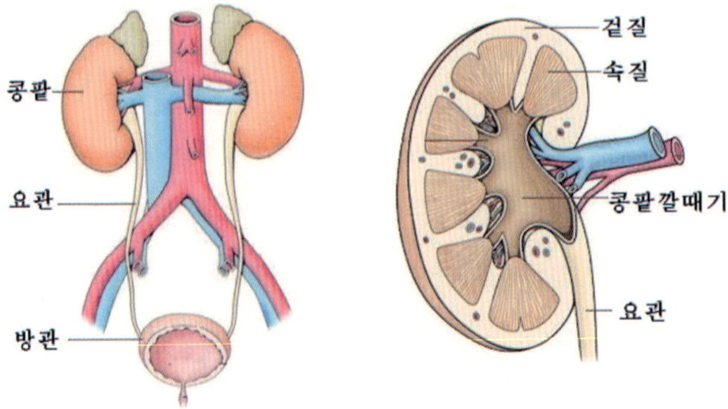


그림7. 콩팥 신장구조

때문에 건강한 사람이라도 가끔씩 알코올(술)로 콩팥에 축적된 이물질을 녹여서 배출시켜 줄 필요가 있다.

이 콩팥에 축적된 이물질을 방치하면, 부패(변질)하게 되어 소변이나 몸에서 악취가 나게 되므로, 소변에서 냄새가 나면 반드시 알칼리치료와 병행해서 적정량의 알코올(술)을 이용해서 콩팥을 자주 세척할 필요가 있다. 특히 산성식품을 많이 섭취하는 한국인은 콩팥 질환에 의한 소변냄새가 많기 때문에 주의해야 하고, 이 경우 고혈압은 고혈압 치료제로도 치료가 어렵기 때문에 특히 주의해야 한다. 즉 비만이 아닌 정상적인 체형이라도 만성적인 고혈압이 이에 해당된다.

알코올(술)은 개인의 체질이나 위산과다의 차이 등으로 주량에는 차이가 있겠지만, 과다복용(과음)을 하게 되면, 위산의 과다분비를 초래하여, 건강에 치명적인 피해를 주기 때문에 주의해야 하고, 같은 양을 마시더라도 천천히 즉 위가 적응하는 시간을 기다려가면서 마시는 것이 좋다. 즉 같은 양의 술이라도 1시간에 마시는 것과 2시간에 마시는 것은 차이가 발생한다. 빨리 마시게 되어 위가 적응을 하지 못하게 되면, 기억이 사라지고 정신을 잃게 되어 실수를 하게 되고, 이때 운전을 하게 되면 치명적인 피해를 주게 되므로 특히 주의해야 한다.

## 4장. 산, 알칼리치료

위산이나 산성식품 과다섭취에 의해서 혈액pH농도가 낮거나 장 늘어짐으로 배가 나오는 증상 기타 질병의 치료를 위해서, 간의 담즙분비량을 적정수준으로 회복시켜주는 것을 알칼리치료라 하고, 반대로 간의 담즙의 과다분비로 인한 각종 질병을 치료하는 것을 산성치료라고 한다.

어찌 보면 알칼리치료와 산성치료의 경계는 애매한 측면이 있기 때문에 정확한 이론적인 지식이 필요하다. 가능하면 pH 농도계를 사용해서 측정하면서 치료를 하는 것이 바람직스럽지만, 여러 가지로 불편한 측면이 있기 때문에 어느 정도의 치료가 이루어지면, 균형이 잡힌 즉 산성식재료와 알칼리식재료의 적절한 조합에 의한 식사습관으로, 위산농도를 적절히 조절하여 건강한 삶을 살아가야 한다. 이것을 산, 알칼리치료라고 한다.

간의 중요기능으로서, 담즙이라는 강알칼리를 생산하여 소화기관애서 흡수되어 혈액에 포함된 위산을 중화시키는 역할을 한다. 위산의 과다 분비나 산성식품의 과다섭취로, 간이 감당할 수 없을 만큼의 위산이 흡수되어, 혈액이 산성화되면 간의 담즙생산량이 현저하게 떨어지고, 건강한 사람이라도 이 균형이 무너졌을 때 이를 방치해서 이 상태가 지속되면, 각종 질병에 시달리거나 그 정도가 심하면 사망에 이르게 되므로, 평소 각별한 주의가필요하다.

평소 위산에 의해서 소화기관의 늘어진 표면을 원상회복 하는 데는 알칼리치료가 아니면 어려움이 따르고, 소화기관의 표면이 늘어지면 소화과정에서 불필요한 물질을 흡수해서, 혈액을 탁하게(오염)해서 혈액순환장애나 몸에서 냄새가나는 현상이 나타난다. 특히 위산의 흡수량이 증가해서 간 기능이 떨어지고, 각종 질병을 유발하게 되고 이를 치료하지 않고 방치하면, 각종 질환으로 고통스럽게 생을 마감하게 된다.

## 1. 알칼리치료

알칼리치료용 재료는 감초, 강황, 옻나무, 옻나무 순, 헛개나무, 두릅나무, 두릅, 음나무, 개두릅 등이 있다. 이들 재료는 강알칼리로 그 자체를 음료형태로 마시게 되면, 음료형태는 위에서 흡수되기 때문에 혈액pH농도는 개선이 되겠지만, 소화기관의 표면의 늘어짐은 치료가 어렵고, 위는 체질에 따라서 차이는 있겠지만 강알칼리 음료를 마시게 되면, 위산을 과다분비해서 배앓이나 설사를 유발하기 때문에 특히 주의해야 한다. 따라서 알칼리치료는 음료형태보다는 음식물에 첨가해서 위를 속여서, 장 표면을 원상회복(치료)하는 것이 부작용도 없고 치료효율도 높다.

경험적으로 상기 알칼리치료용 재료 중에서 안정적인 측면이나 치료효율 면에서 감초가 가장 우수한 재료라고 생각한다. 두릅, 개두릅은 나물형태나 데쳐서 초고추장에 찍어먹거나 산성식품과 함께 먹는 것이 좋지만, 체질에 따라서 소화불량(체증)발생가능성이 높기 때문에 주의가 필요하고, 옻나무순은 데쳐서 나물로 먹는데, 식감은 우수하지만 알칼리 성분이 매우 강하기 때문에 체질에 따라서 알레르기를 유발하기도하고, 과도한 열을 발생하거나 혈압을 상승시키므로, 열이 많은 사람은 피하는 것이 좋고, 몸에 열이 적은 사람은 효과가 좋지만 주의해야 한다.

### 1) 알칼리 수 만드는 방법

사진1은 알칼리 수 만드는 재료로, 2리터의 물에 얇게 썬 감초를 체질에 따라 1개, 1+1/2개, 정도나 상태에 따라서 2개를 2리터 물에 넣고 수증기가 날 때까지 끓여서 알칼리 수를 만든다.

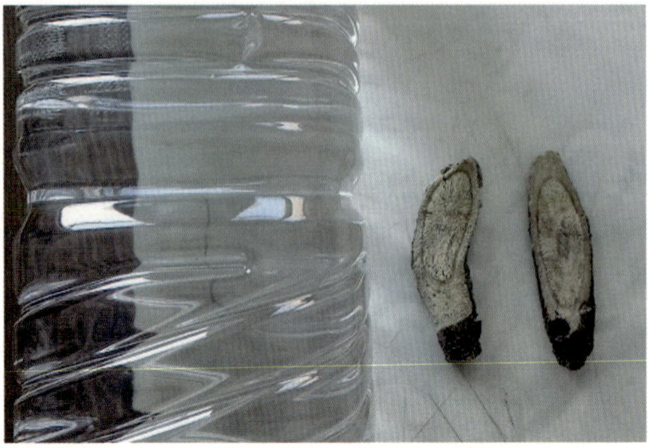

사진1 알칼리 수 재료

이 알칼리 수는 pH7.5(일반 생수)의 물에 끓이면 대략 pH8.4의 알칼리수가 만들어지는데, 이 알칼리 수는 절대로 그냥 마시는 것은 안 되고, 알칼리 수는 높은 온도에서는 쉽게 변질이 되기 때문에 사용하고 남는 알칼리 수는 냉장(저온)보관해야 한다.

## 2) 알칼리 수 사용법

알칼리 수는 산성인 쌀로 쌀밥을 지을 때 밥물로 사용하는 것이 간단하면서도 효과적이다. 밥은 약간 누른 밥이 위에서 잘 풀어지지 않고, 장까지 내려가는 동안 위산으로 산성화된 장 표면을 중화시키는 역할과 늘어진 장 표면을 원상으로 즉 탄력성을 복원하게 되어 위, 아랫배가 나오는 증상을 치료하는데 효과적인 방법이며, 기타 위산이 원인으로 발생되는 치질, 각종 암, 치아 손상, 구강 질환, 특히 간질환 등에도 효과가 있다.

사진2는 쌀밥을 지을 때 밥물로 알칼리수를 활용하는 것으로, 쌀을 씻어서 알칼리수를 붓고, 쌀에 알칼리수가 충분히 흡수되도록 1-2시간정도 쌀을 불린 다음 밥을 지으면 된다.

사진2. 쌀과 알칼리수

사진3. 알칼리수로 지은 약간 누른밥과 신김치

사진3은 알칼리수를 이용해서 지은 밥으로, 산성인 쌀과 알

칼리 수는 궁합이 잘 맞는 재료로, 쌀밥은 산성에서 약알칼리로 바뀌기 때문에 신 김치나 기타의 산성식품과 잘 어울리며, 밀가루 튀김요리, 기타의 알칼리식재료(두릅, 개두릅) 등과 함께 먹을 때는 체질에 따라서 차이는 있겠지만, 후식으로 매실음료, 와인(포도), 청주(정종), 막걸리 등의 산성음료를 같이 먹는 것도 도움이 된다. 와인(포도), 청주(정종), 막걸리 등의 산성음료는 따뜻하게 데워서 먹는 것도 좋은 방법이다.

각종 질환이나 건강에 이상이 있는 경우 알칼리 밥을 2-3개월간 지속적으로 먹으면 혈액pH농도가 상승하고 간의 담즙 생산량도 증가한다. 건강 상태에 따라서 차이는 있겠지만 배가 살살 아픈 배앓이 증상이 발생하면, 알칼리 밥은 지속적으로 먹으면서 산성음료를 식후, 잠자기 전, 아침잠에서 깨어날 때 적정량을 먹는 것(산성치료)으로 치료가 된다.

혈액pH농도가 높거나 선천적으로 간 기능이 우수해서 담즙 생산량이 과다하게 분비되면, 직립하는 낮에는 별 피해가 없지만, 누워서 잠을 자는 동안에는 12지장을 통해서 위로 역류하게 된다. 위는 알칼리가 유입되면 위산을 과다하게 분비하기 때문에 목이 칼칼하거나 배가 아픈(위 통증)증상이 나타나는데, 이러한 증상은 사람마다 체질조건이 다르기 때문에 일률적으로 적용하기에는 무리가 있다.

3) 같은 당뇨 증상이라도 혈액pH농도가 낮아서, 즉 간의 담즙생산량이 적어지고, 공복 시 12지장에서 위산의 중화능력

이 떨어지면, 위산과다로 췌장에서 분비되는 인슐린의 농도가 낮아서 발생되거나, 반대로 담즙분비량의 과다분비로 주로 잠을 자는 동안 12지장에서 담즙이 위로 역류해서 위산의 과다분비로 발생된다. 이 경우는 아침잠이 많은 사람에게서 주로 발생되지만, 개인마다 편차가 크기 때문에 당뇨증상이 있는 경우에는 반드시 혈액pH농도를 측정해서 알칼리치료를 해야 할 것인지, 산성치료를 해야 할 것인지를 알아야 한다.

## 2. 산성치료

알칼리치료와 산성치료는 그 경계가 애매한 측면이 있지만, 알칼리는 변화(반응)속도가 느리고 산성은 변화속도가 빠르기 때문에 가능하면, 알칼리음식 섭취량은 늘려주고, 후식으로 산성음료인 매실음료, 감식초, 와인, 막걸리 등의 산성음료의 양으로 조절하는 것이 바람직스럽다.

담즙 과다분비인 경우는 잠자기 전에 취향에 따라서 산성음료를 적정량을 마시고, 특히 아침잠이나 새벽녘에 잠에서 깨어나면, 번거롭더라도 꽃소금이나 굵은소금으로 입안을 세척(중화)하고, 매실음료나 감식초 등의 산성음료를 적정량을 마셔주는 것이 좋다.

중화제인 소금으로 입안을 세척해주는 것은 잠을 자는 동안, 공복상태에서 위산이 구강으로 역류한 것을 중화시켜주기 위한 것으로, 이 위산의 역류양이 적으면 별 문제가 없지만, 그

양이 많으면 각종 치과 질환인 잇몸 질환, 치주염, 치아 흔들림, 감기 비슷한 잔기침이나 목이 칼칼한 증상 등이 나타난다.

치과 질환의 대부분은 위산의 역류로 발생된다. 즉 턱뼈나 잇몸은 재생능력이 우수하지만, 재생능력보다 위산이 과다 역류하면 각종 치과 질환을 유발하는데, 그 진행속도가 느리기 때문에 평소에는 별 느낌이 없다가 어느 날부터 증상이 나타나면, 그때는 이미 한발 늦기 때문에 평소 위산의 역할에 대한 지식이 있어야 한다. 음식물과 위산의 관계는 무병장수하고 밀접한 관계가 있고, 특히 산성식품의 과다섭취는 치명적이기 때문에 식재료의 특성에 대한 지식이 있어야 한다.

## 3. 매운 고추 활용

매운 고추는 알칼리로 재배지역(토양pH농도)이나 고추 종류에 따라서 치료효과는 차이가 많다. 매운맛이 강할수록 치료효과는 좋지만, 매운맛 특유의 알레르기, 즉 눈이 따갑거나 혀가 아리는 증상이 있기 때문에 주의해야 한다. 뜨거울수록 그 정도가 강하게 나타나고, 매운맛이 강할수록 알칼리농도가 높기 때문에 과다복용 시 위산의 과다분비로 항문 가려움증이나 치질 등을 유발하므로 주의가 필요하다.

매운 고추 알레르기로 고추를 먹지 못하는 경우는 건강에 문제(산성체질)가 있거나. 구강질환을 앓고 있는 경우가 많기 때문에 구강질환의 치료가 필요하다. 입안이 텁텁하거나 냄새가 날 때 사탕을 입에 물고 먹는 경우가 있는데, 이는 잘못된 습관으로 인두실 표면이나 구강내부에 질환이 있는 것으로 반드시 치료를 해야 한다. 구강질환 치료는 굵은 소금, 꽃소금을 잠자기 전이나 아침잠에서 깨어났을 때 또는 입안이 텁텁할 때 한수(큰)푼 정도를 입에 넣고 수10초 후에 칫솔로 양치를 하고 입안을 행구어 주면 된다. 이때 거울을 보고 입안, 잇몸, 혀 위아래에 흰 부분이 나타나면 그 부분이 질환을 앓고 있는 것으로 반드시 치료를 해야 하며, 같은 양의 술을 마시고 음주측정을 할 때 그 수치가 많을수록 질환의 정도가 심하다.

일반적으로 술 냄새가 난다거나 마늘냄새가 난다는 것은 잘못된 상식이다. 냄새의 원인은, 알코올은 침투력이 강하기 때문에 인두실과 구강질환에 침투하여 질환으로 부패된 상처부위를 활성화시켜 숨을 쉴 때 마다 허파에 저장되었다가 시간이 지나면서 축적(누적)되어 냄새가 나게 되는 것이다. 마늘 또한 휘발성 물질을 포함라고 있어서 술과 같은 이유로 입에서 냄새가 나게 된다. 하지만, 구강질환이나 인두실 질환이 없는 경우는 입에서 술, 마늘냄새가 전혀 나지 않게 된다.

매운 고추는 구강질환의 치료나 침샘, 구강선분비샘 등의 구강기능을 활성화하고, 잇몸이나 치아의 건강에 도움이 된다. 감초와 매운 고추는 서로 보완관계가 있기 때문에 단독으로 먹는 것 보다는, 감초알칼리 밥을 먹을 때 같이 먹는 것으로, 알칼리 과잉으로 인한 위산과다로 배앓이를 예방하는 효과가 있기 때문에 매운 풋고추를 매일 먹는 것이 건강에 이롭지만, 과유불급이라고 적정량을 먹는 것이 좋고, 특히 구강선분비액의 분비량을 증가시키는 역할을 한다. 따라서 나이가 들어가면서 구강선분비액의 분비량이 줄어들기 때문에 나이가 들면 매운 고추(매운 생 고추)를 적당히 먹는 것이 건강에 도움이 되고, 매운 고추는 뜨겁게 해서 먹는 것보다는 온도를 낮추어서 먹거나 일명 땡초(청양고추)를 생고추로 먹는 것도 도움이 된다. 개인의 체질에 따라서 차이가 많기 때문에 체질에 맞는 방법으로 먹는 것이 좋고, 왜 매운 고추를 먹어야 하는지 정확하게 이해하는 것이 매우 중요하다.

## 4. 옻나무, 음나무 활용

옻나무는 강알칼리로 혈액pH개선에는 도움이 되지만, 알레르기, 가려움증, 피부질환 등을 유발한다. 하지만 위장질환에는 효과가 있기 때문에 예부터 옻닭의 형태로 활용이 되었다. 가능하면 옻나무 목질을 사용해서 생닭과 푹 고아서, 닭고기는 적당한 크기로 찢어서 다른 것은 넣지 말고, 보온 효과가 큰 도자기 그릇에 다시 끓여서, 소금 간하고 뜨겁게 해서 알칼리 밥에 신 김치를 곁들여서 먹는 것이 좋다.

옻나무 목질부는 겉껍질에 비해서 알칼리 농도는 조금 낮지

사진4. 옻나무 목질부분

만, 알레르기나 기타의 부작용은 적은 이점이 있으며, 경험적으로 양자는 효과 면에서 별 차이가 없기 때문에 취향에 따라서 선택하는 것이 바람직스럽다. 옻닭은 뜨겁게 먹는 것이 효과가 좋고, 담금 주를 담가서 최소 7-10년 정도 숙성해서 마시는 것이 맛이나 효과가 좋다.

옻나무 알레르기가 있는 경우, 음나무는 강알칼리로 목질보다는 껍질이나 잔가지를 사용해서 닭고기와 푹 고아서, 옻닭처럼 먹는 것이 좋고, 음나무 껍질이나 잔가지를 담금주(酒)를 담가서 먹는 것도 효과가 있으며, 오래 숙성될수록 맛이나 효과 면에서 좋다.

## 5. 과일, 채소

과일이나 채소 중에서 알칼리는 노란참외, 단감, 복숭아가 있고, 산성은 사과, 오렌지, 망고, 감귤 등이 있으며, 이들은 종류나 재배지역에 따라서 성분편차가 크기 때문에 후식이나 간식으로 먹을 때 주의해야 한다. 산성과일은 알레르기가 없지만, 노란참외나 복숭아는 알레르기를 유발한다. 즉 노란참외는 체질에 따라서 배앓이나 설사를 유발하고, 복숭아는 가려움증을 유발하는데, 일반적으로 복숭아의 잔털이 가려움증을 유발한다고 하지만 실은 알칼리 알레르기로 가려움증을 유발한다. 물론 이것도 체질에 따라서 차이가 발생된다. 즉 같은 알칼리라도 체질에 따라서 가려움증을 유발하는 정도가 다르기 때문에 주의해야 한다.

# 치매
(Dementia)

Cerebrum(bio-heater)은 발열(Heating)기능과 기억(Memory)기능을 동시에 실행하는 장치로, 치매를 이해하기 위해서는 그림1 Cerebrum의 기억기능의 구성에 대한 이해가 있어야 한다. 즉 사람의Brain(뇌)은 컴퓨터와 똑같은 방식으로 각종 Data를 처리하며, Brain은 ROM, RAM기능을 포함하고 있으며, 일반적으로 좌뇌 우뇌하는 것은 잘못된 것으로, Cerebrum은 Computer에서 Double HDD장치

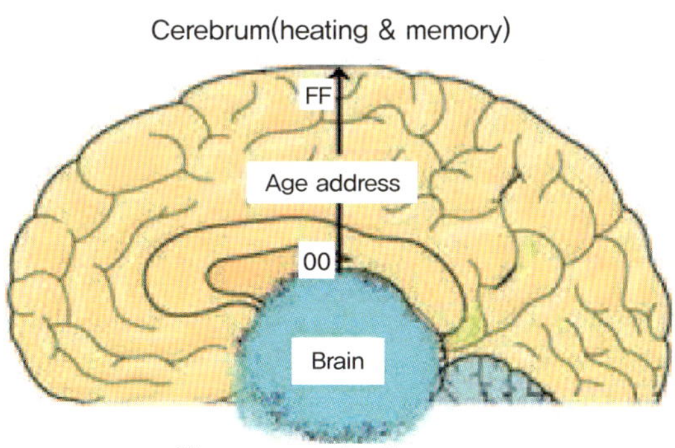


그림1. 나이에 따른 뇌의 기억영역

와 같은 역할을 하는 기억장치로 사용되며, Brain를 기준으로 나이가 그림1에서처럼 어릴수록 00번지에서 시작해서 나이가 들어가면서 점차 FF번지로 기억영역을 확장하게 되고, Cerebrum은 열을 발생시키는 장치이기 때문에 기억기능은 열에 취약한 단점을 갖게 된다.

따라서 나이가 증가할수록 Brain과 Memory사이의 거리가 멀어지고, 피부방열효율이 떨어지기 때문에 열이 상체에 집중되어, Cerebrum의 과열이나 혈액순환장애 등으로 온도가 상승하게 되면, 각종 시각, 청각, 기타의 Data를 저장(Write)하거나 불러(Read)오는데, 시간이 기준 값보다 느려지거나 Data가 저장(Write)이 안 되는 상태가 된다. 따라서 이상태가 가끔씩 발생되면 건망증이라는 기억이 가물가물하는 현상이 나타나게 되는데, 그 상태가 지속되면 치매라는 증상으로 나타난다. 또한 치매증상이 지속되면, 사람에 따라서 Brain에서 가까운, 즉 어린 시절(00번지근처)의 기억만을 갖게 되어, 어린아이처럼 행동하는 경우도 발생 된다.

Cerebrum은 단순한 기억장치이기 때문에 치매증상이 시작 되었다고 해도 일상적인 행동은 정상인과 별 차이가 없기 때문에 초기에 발견하는 것은 매우 어렵게 된다. 따라서 치매증상이발견이 되었을 때는 이미 심각한 상태가 되어, 치료에 어려움이 따르기 때문에 예방하는 것이 무엇보다 중요하다. 또한 치매는 그 전조증상으로 나이가 증가하면서 흰 머리 증이나, 심장의 박동횟수가 증가하거나 많이 먹어도 살이 찌지 않는 심한 야윈 증상 등이 나타난다. 따라서 심장의 박동횟수는 검출하는 것이 간단하므로 6개월 단위로 HR25값을 측정해서 그 값(Value)이 지속적으로 증가하면 치매발생확률이 높아진다. 즉 HR25값은 나이가 증가하면, 감소하거나 같은 값을 유지해야 한다.

치매는 현대 의학적으로 Cerebrum을 좌뇌 우뇌라고 하는 개념(이론)으로는, 상기의 이유로 치료나 예방이 거의 불가능하게 된다. 즉 사람이나 일반적으로 온혈동물이라고 하는 모든 동물은 발열방식의 생명체로, 적정(36℃)의 열에 의해서 생명이 유지되기 때문에 Cerebrum이라는 생체열을 발생시키는 장치를 갖고 있으며, 기억장치로도 사용된다. 따라서 기억기능은 열(체온)과 밀접한 관계를 갖고 있으며, 생체온도(체온)는 심장의 박동횟수(30-150BPM)를 제어해서 생체온도(체온)를 일정하게 유지하는 역할을 한다.

몸에 열이 많은 사람이 술(알코올)을 적당량 이상을 마시게 되면, 알코올은 열을 발생시키는 물질을 포함하고 있기 때문에 Cerebrum의 과열에 의해서 기억기능이 정상적으로 작동하지 않게 되어, 기억이 끊기는 현상이 발생되고, 나이가 증가하면서 기억이 깜빡깜빡하는 현상이 발생되는데, 이는 둘 다 Cerebrum의 과열에 의해서 발생되는 현상으로, 이러한 현상이 지속되면 치매라는 증상으로 나타난다. 즉 같은 조건이라도 주로 피부방열효율(skin heat radiation efficiency)이 높은 사람은 치매 발생확률이 낮지만, 반대로 피부방열효율이 낮은 사람은 치매발생확률이 높아진다. 따라서 나이가 들어가면서 외부 열이나 내부의 열에 의해서 체온이 상승하게 되어, 혈액순환장애나 피부방열효율이 현저하게 떨어지게 되면, 상체에 열이 집중되고 Cerebrum의 온도가 기준 값보다 상승하게 되어, 기억기능이 현저하게 저하하게 된다.

이러한 현상은 식습관이나 각각의 개인의 체질에 따라서 차이가 발생하게 되고, 주로 녹차(홍차), 커피, 홍삼(산삼), 각종 식물성약제나 기타 등을 건조된 상태에서, 고열로 가열해서 장기간에 걸쳐서 섭취하게 되면, 혈액의 열전달효율이 현저하게 떨어지기 때문에 치매 발생 확률이 높아지게 되고, 치매는 치료가 가능한 치매와 치료가 불가능한 치매의 2가지 종류가 있으며, 둘 다 예방이 가능한 증상이다.

**1. Cerebrum의 과열에 의해서 발생되는 치매는 치료가 가능한 증상으로, 과열로 인한 치매는 열을 낮추어 주는 것으로 치료나 예방이 가능하다.**

일반적으로 식물은 종류에 따라서 차이는 있겠지만, 대부분의 식물은 건조된 (Dried)상태로 가열하여, 지속적으로 음료형태로 섭취하게 되면, 혈액의 열전달효율이 현저하게 떨어지게 되고, 특히 동물성지방의 섭취량이 많아지면, 혈액순환의 장애를 유발하기도 한다. 또한 Cerebrum에서 발생되는 열, 근육마찰열, 외부의 열, 등이 인체내부에 축적되어, 주로 피부로의 방열이 정상적으로 이루어지지 않게 되면 열이 상체에 집중되게 된다. 따라서 열이 상체에 집중되면, 심장의 박동횟수가증가하고 혈압(고혈압)이 상승해서, Cerebrum의 고온 증상으로 Brain에서 거리가 먼 곳의 기억기능이 원활하지 못하게 되어 치매를 유발하게 되지만, 이는 체질에 따라서 다르기 때문에 일률적으로 적용하기에는 무리가 있다.

1) 대체적으로 녹차(홍차)를 많이 마시는 국가는 치매발생이 많게 된다. 녹차를 많이 마시는 영국(홍차)이나 일본(녹차)은 일상적으로 차를 많이 마시기 때문에 지구온도가 낮은 과거에는 고혈압 정도였지만, 과거에 비해서 지구온난화로 지구온도가 상승하고, 평균수명이 늘어난 현제는 치매나 고혈압발생이 기하급수적으로 늘어나게 된다. 또한 같은 녹차(홍차)를 마시는 국가라도 주위 온도가 낮고, 평균수명이 낮은 국가는 상대적으로 섭취량이 적기 때문에 치매발생 확률이 낮아지게 된다.

2) 독일(맥주)이나 프랑스(와인)처럼 알코올 성분이 포함된 맥주나 와인을 주로마시는 나라의 치매 발생률은 영국이나 일본에 비해서 상대적으로 낮게 된다. 즉 알코올은 혈액순환에 도움이 되고, 열을 발생시키는 에너지 역할을 하기 때문에 적당량의 알코올 섭취는 치매 예방에 도움이 되지만, 개인의 체질에 따라서 차이가 발생한다.

3) 커피는 녹차에 비해서 발열효율이 높은 물질을 많이 포함하고 있어서 주로 비만의 발생확률이 높게 되고, 고혈압이나 심장의 과부하에 의한 각종 심장질환으로 사망에 이르기 때문에 미국은 다른 나라에 비해서 상대적으로 치매의 발생 확률이 낮게 된다. 따라서 커피를 많이 마시는 미국은 비만이 많고, 치매발생 가능성도 높지만 신체적인 조건이나 평균수명 등의 조건의 차이로, 일본이나 영국에비해서 치매발생률은 낮지만, 미국 역시 평균수명이 늘어나면 치매는 기하급수적으로 증가하게 된다.

결과적으로 녹차(홍차), 커피, 홍삼(산삼) 등의 식물을 건조된(Dried)상태에서 고온으로 가열해서 자주 마시는 국가일수록 치매, 고혈압, 심장질환 등의 과열에 의한 각종 질환의 발생확률이 높아지기 때문에 이러한 습관을 바꾸지 못하면, 지구의 온도상승과 함께 고혈압이나 치매는 기하급수적으로 증가하게 되고, 열에 대한 개념이 전혀 없는 현대 의학적인 방법으로는, 치매치료가 불가능하기 때문에 개인적으로나 국가적으로 많은 비용을 지불해야 한다.

일부에서 커피를 즐겨 마시는 사람들이 많은데 커피는 섭취량이 많으면, 그 자체로도 인체에 해롭지만, 여기에 유제품인 프리마나 기타의 유제품을 함께 마시는 것은 아주 치명적이이다. 이 또한 체질에 따라서 차이가 발생되며 가끔씩 마시는 경우는 피해가 경미하지만, 장기간에 걸쳐서 지속적으로 마시게 되면 그 피해가 크면서 서서히 진행되기 때문에 어떠한 증상이 나타났을 때는 그 원인을 알 수 없게 된다. 즉 떨어지는 물방울이 바위에 구멍을 뚫듯이 지속적으로 마시는 것은 특히 주의해야 한다.

2. Cerebrum의 손상이나 굳어서 발생되는 치매는 위산과다나 산성식품의 과다섭취로 발생되므로, 예방은 가능하지만 치료는 불가능하다.

나이가 증가하면서 혈액pH농도가 낮아지면, 각종 내장질환이나 소화효율의 저하로 주로 음식을 많이 먹어도 살이 찌지 않는 야윈 형태의 사람들에게서 많이 발생되는 현상이다. 혈액pH농도가 낮아지면 위산흡수량이 증가하여, 위산을 중화시키는 간의 담즙생산량이 감소하고를 반복하게 된다. 이 현상은 천천히 진행되기 때문에 우리가 인지하지 못하는 사이에 발생되며 Cerebrum, 근육, 뼈, 폐(허파)질환 등은 위산에 매우 취약하여 녹아내리는 증상이 발생되며,

1) Cerebrum이 녹으면 치매가 되고, Cerebrum은 재생이 불가능한 장기로 치료는 불가능하고, Cerebrum 자체의 질환으로 그 기능이 정상적으로 동작하지 못하거나 굳어지는 현상으로 발생되는 치매는 의학적인 방법이나, 기타의 어떠한 방법으로도 치료가 불가능하다.

2) 근육이 녹으면 사지에 힘이 없고 어깨, 무릎 등의 통증에 시달리지만 피해정도가 심하지 않으면, 근육은 재생이 가능하기 때문에 치료가 가능하지만, 그 증상이 심하면 치료가 불가능하다.

3) 뼈가 녹으면 골다공증이라는 증상이 나타나고, 넘어지거나 다치는 경우 뼈가 부러지거나 으스러지는 증상이 나타나며, 치료는 매우 어렵고, 예방하는 것이 최선의 방법이다.

4) 폐(허파)는 손상되면 재생이 불가능한 장기로, 폐(허파) 질환역시 예방하는 것이 최선의 방법이며, 구강선분비샘의 질환으로도 발생되며, 이때 발생되는 각종 세균에 의해서 허파꽈리의 표면이 손상되거나 탄력이 떨어져서, 산소흡수량이 떨어지면 혈중 산소부족으로 사망에 이르게 된다.

상기 증상의 대부분의 발생원인은 위산에 의해서 발생되는 것으로, 앞에서 설명한 '요리란 무엇인가?'의 식사습관의 개선이나 산, 알칼리 치료하는 것으로, 어느 정도의 치료나 예방이 가능하다.

# 조류독감, 구제역 유감

## 조류독감(감기+심장정지), 구제역(감기+동상)

1. 조류독감은 추위나 일교차가 심한 겨울에 닭이나 오리 등의 덩치가 작은 가축이, 추위 때문에 주로 하루 중에서 기온이 가장 낮은 새벽녘에 저체온으로 심장이 멎어서 폐사하는 현상이다. 필수적으로 저온바이러스로 인한 감기를 동반하게 된다.

참고로, 중국이나 홍콩에서 조류독감으로 사망했다고 하는 것은 전혀 잘못 판단된 것이다. 중국이나 홍콩에서는 겨울철에 온돌이라는 시설이 없고 주로 머리 크기가 작은, 즉 추위를 많이 타는 사람 중에서 보온이 정상적으로 이루어지지 못해서 심장정지(저체온증)로 사망에 이르게 된 것이다. 대한민국에서는 온돌문화로 겨울 동안 사망에 이르는 경우는 거의 없다. 하지만 보온을 소홀히 하는 봄에 일교차가 심한 날씨가 반복되면, 새벽녘에 많은 사람이 사망에 이르게 되는 현상을 저체온증에 의한 사망이라고 한다. 심장이 멎었다고 하더라도 심장의 온도가 30℃ 근처인 경우에는 외부에서 가열하는 것으로, 즉 심장의 온도를 상승시켜주는 것으로 소생이 가능한 증상이다.

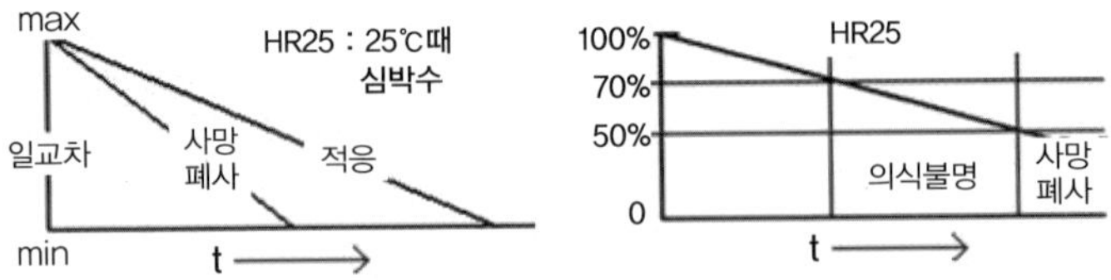


참고도. 심장박동횟수(체온)변화에 의한 사망, 폐사개념도

독감이나 감기는 저온(찬바람)의 공기 중에 포함되어 있는 여러 종류의 저온에서 동작하는 바이러스 때문이다. 그 중에서 온도변화폭(일교차)이 클수록(대략 12℃ 이상) 독성이 강한 바이러스가 영양분이 많은 구강선분비액(인두실)에서 번식하게 된다. 온도변화폭이 크면 클수록 독성이 강한 바이러스가 번식하고, 온도변화폭의 크기에 따라서 서로 다른 바이러스가 번식한다.

구강선 분비액은 사람, 조류, 가축은 서로 성분에서 차이가 발생되기 때문에, 각각의 성분에 따라서 동작하는 바이러스의 종류도 차이가 발생한다. 따라서 이종(異種)간에 전염은 거의 불가능하다.

2. 구제역은 소나 돼지는 덩치가 크기 때문에 닭이나 오리처럼 심장이 멎어서 사망에 이르는 경우는 거의 없다. 하지만 우사나 돈사가 열저장 특성이 좋지 않은 콘크리트 재질로 구성되었거나 일교차가 심한 변동적인 날씨가 지속되면 동상(凍傷)이 걸리는 것으로 이 역시 필수적으로 감기증상을 수반한다.

참고로, 몽골처럼 추운 지방에서 온도변화가 급격하게 이루어지면 땅바닥이 흙이기 때문에 동상은 어렵지만 저체온증에 의한 심장의 정지로 폐사하게 되고, 감기증상을 동반하므로 어찌 보면 전염병처럼 추론하게 된다.

3. 과거에는 대한민국에서 조류독감이 전혀 없었다. 그리고 철새가 조류독감을 옮겨온 것으로 인식하는 경우가 있는데, 이는 전혀 잘못된 인식이다. 과거에도 차가운 공기 중에는 저온바이러스가 존재했고 온도도 낮았다. 현재처럼 조류독감이 발생되지 않았던 이유는 소는 집안에서 사육하고 소죽을 끓여서, 즉 따뜻한 사료를 먹이고 바닥도 볏짚을 깔아주어서 감기나 동상이 없었기 때문에 조류독감은 발생되지 않았을 뿐이다.

4. 조류독감이나 구제역은 실험적으로 재현하거나 지역적인 일기예보가 정확하면 예측하는 것이 가능하다. 이를 예방하기 위해서는 양계장, 우사, 돈사의 바닥은 가능하면 열저장 특성이 나쁜 콘크리트재질을 피해야 한다. 겨울철에는 보온을 철저히 해서 온도(일교)차이를 줄여주어야 하며, 가능하면 바닥에 가열(발열)장치를 설치하여 온도를 높여 주어야 한다. 또한 감기를 예방하기 위해서는 찬물은 피하고 온수를 공급해 주어야 하고, 면역력을 높여주기 위해서는 약간의 구운 소금이나 발효된 된장을 첨가해야 한다.